ギリシア人の物語 1
民主政のはじまり

すべてメトロポリタン美術館蔵（ニューヨーク）

新潮文庫

ギリシア人の物語1

民主政のはじまり

塩野七生著

新潮社版

11540

読者への手紙——長くてしかも個人的な内容にはなるけれど——

なぜ今になってギリシア人の歴史を書く気になったのかという、されること必至の質問に先に答えてしまうが、理由は二つある。

まず、私の作品の中で古代のギリシア人を取りあげたのがあの程度とは、いくら何でも失礼ではないですか、と思いはじめたのが第一の理由。

「ギリシア・ローマ時代」と呼ばれるくらいに、後に来るキリスト教とともに西洋文明の二大基盤の一つがギリシア・ローマ文明であることは、今では誰でも知っている。

そのうちのローマに関してならば、十五巻を費やしてすでに書き終えた。ところがギリシアとなると、『ローマ人の物語』の最初のI巻の、単行本にすれば二七〇ページのうちの五二ページで取りあげただけなのだ。なぜならあそこでは、ローマの側から見たギリシアを書いたからで、その後も関係がつづいていれば書いていたろうが、ローマの元老院議員三人による最盛期のギリシア視察という紀元前四五三年当時の接触の後も、ギリシアとローマは、関係と呼ぶに値する関係は持たずに三百年が過ぎる。地理的にも隣り合うギリシアとローマの間は、アドリア海がへだてるだけであったにかかわらず。

なぜそうなったのか、だが、簡単に言ってしまえば、ギリシア人にとって、当時のローマは相手にするに値する存在ではなかったからである。クレイステネスの改革によってアテネが民主政に明確に舵《かじ》を切ったと同じ時期、つまり前六世紀末、ローマだって王政を脱して共和政に移行していたのだ。それでもローマが、ギリシアから相手にされない状態は変わらなかった。

古代のギリシアを知るに不可欠な著作は、ヘロドトス、ツキディデス、クセノフォン、そしてプラトンとアリストテレス、また当時の民心を知るには好適な風刺喜劇作家のアリストファーネス等の諸作品だが、それらのどこを探しても、ローマ人の「ロ」の字も見出《みいだ》せない。イタリア半島の住人の中でギリシア本土のギリシア人が「相手」と見ていたのは、シラクサやターラントのような南イタリアにあるギリシア系の植民都市だけであった。そこから五百キロも北に行けば達せるのに、ギリシア本土の都市国家群《ポリス》が興隆し衰退するまでのすべての歳月、ローマはギリシア人から、無視されつづけたのである。卑俗な言い方をすれば鼻もひっかけられなかったのだが、これはもうローマ人にしてみれば、「ローマは一日にして成らず」とでも言わないことには立つ瀬はないことになる。そう思ったら、笑いがこみあげてきてしかたがなかった。

ギリシア人は短距離走者であり、ローマ人は長距離走者であったのだ。大王と呼ばれることになる若きアレクサンドロスによる輝きの後にギリシアが静かに沈滞化しつつあった時代、ローマのほうはようやくイタリア半島の制覇を成し遂げていたのだから。それに、統治する地域の広さも断じてちがった。ギリシア人にはまったく相手にされなかったローマ人だが、元老院議員三人で成る視察団を送った後も必要に迫られるたびに、先行しているギリシア人のやり方には注意を払いつづけていたように思う。何を見習うべきか、何は見習わないほうがよいか、を考えながら。

そして、イノヴェーションの塊《かたまり》のようなギリシア民族にして唯一《ゆいいつ》イノヴェートできなかった「あること」、その一事の重要性に気づきそれを現実化していくことによって、ローマは、ギリシアをも飲みこむ広大な帝国の創造に成功する。

だが、そのローマ人ならばすでに、『ローマ人の物語』で書き終えている。あれから九年が過ぎた今の私の心中にわきあがってきたのが、ローマ人などは視界に入れなかった時代のギリシア人を書いてみたい、という想《おも》いであった。ゆえに、今度はギリシア人が主人公になる。そして、あの時代に書かれたギリシア人の著作がベースになる以上、私も彼ら同様に、ローマ人なんて相手にしない立場、に身を置く必要がある。

それでこの作品の内容だが、『ローマ人の物語』の第I巻、今では口にするたびに笑ってしまうようになったが、その「ローマは一日にして成らず」と銘打った第I巻で、ギリシア人について書いた部分を、より拡大しより詳細に述べたものになるだろう。

登場人物も多彩になり、今度はギリシア側に立って書くのだから当然にしても、あのときには言及しなかった数多くの事象も加わってくるので、五〇ページどころか全三巻にはなってしまうかも。

それでもこれ以上にはならないと思う。なぜなら、人間に譬《たと》えれば三十歳になったかどうかまでの時期のローマ人を書いたのが第I巻だが、歳月ならばそれと同じであるにかかわらず、ギリシア人のほうは、急速に興隆し急速に衰退して行ったのだ。一方はようやく青年期に入ったというのに、他方は早くも人生の最終段階に入っていたという感じ。経過した歳月ならば、『ローマ人の物語』の第I巻で取りあげたのと同じ歳月の中で、ギリシア人の歴史は事実上終わってしまう。ギリシア人はやはり、短距離走者なのだ。ただし、今に至るまで破られていないという、世界記録の保持者ではあったのだが。

最後になったが、ギリシア人を書く気になった理由の第二について簡単に述べておきたい。

それは、昨今とみに耳にすることが多くなった、民主主義とは何か、民主政下のリーダーはどうあるべきか、についての論争が発端になる。この問題を声高に論ずるのは、政治家とマスメディアと、メディアに登場すること頻繁ないわゆる有識者たち。しばらく交《つ》き合っていた私もついに拒絶反応を起し、これについて論ずる新聞も雑誌も読まなくなり、テレビもチャンネルを変えるようになった。騒々しく論争しても有効な対案には少しも結びついていない、と思ったからである。

しかし、民主政とその政体下でのリーダーたちの能力の有る無しは、一介の私人にとっても重要な問題だ。個人の努力で解決が可能な問題と、国家が乗り出してこないと解決できない問題のちがいは、厳として存在する。それで私が選んだのが、古代のギリシアに、それもとくにアテネにもどってみることであった。何と言おうが、彼らこそが民主政治の創始者であったのだから。

というわけでこの作品の中では、民主主義はどうあるべきかとか、民主政下のリーダーはどう行動すべきか、また有権者の側はそれにどう関与すべきか、についてはいっさい言及されない。

その代わり、なぜ彼らは、それまでは誰一人考えつかなかった民主政を創《つく》り出す気になったのか。また、いつ誰が、どのようにしてそれを機能させ、また国家存亡の危機に際しても有権者はどう関与し、なぜそれが可能であったのか。そしてその後はどのような結果につながっていったのか、という事柄のすべてをたどることになるだろう。

『ローマ人の物語』の通しテーマを私は、彼らの言語であったラテン語の「レス・ジェスタエ・ポプリ・ロマーニ」(RES GESTAE POPULI ROMANI)、つまり「ローマ人の行跡」とした。「行跡」(ジェスト)をたどっていくのが、私にとっての最大の関心事であったからだ。ゆえに主人公がギリシア人に変わっても、彼らの「行跡」をたどっていくという私の姿勢《スタイル》は変わらない。またそれが、現代人にとってどのような意味が有るか無いかの判断も読んでくれる人にまかせる、という態度でも、まったく変わりはないのである。

それでは、古代のギリシア人の世界へようこそ。

二〇一五年夏

塩野七生

目次

第三章　侵略者ペルシアに抗して　157

第四章　ペルシア戦役以降　433

ギリシア人の物語1

民主政のはじまり

黒　海
ビザンティオン
ヘレスポントス海峡
トロイ(イリオン)
サルディス
レスボス
キオス
エフェソス
サモス
イオニア
ミレトス
ロードス
地　中　海

紀元前五世紀のギリシアおよびエーゲ海周辺

第一章　ギリシア人て、誰？

オリンピック

四年ごとに行われる競技会の開催地をオリンピアと決めたのは、なかなかに巧妙な選択であった。ペロポネソス半島の西端に位置しているので、力をつけつつあった有力な都市国家《ポリス》、スパルタやアテネやコリントやテーベからも適度に離れている。

それでいて、ギリシアに住む人々の憧《あこが》れであった、樹々《きぎ》の繁《しげ》る森に囲まれていた。常には、岩だらけという感じの土地に住んでいるので、森に足を踏み入れるとほっと安堵《あんど》するのである。それに、森と言っても昼なお暗い北ヨーロッパの森ではない。南欧の森は樹々を通して陽光がすみずみにまで差し込み、出会うのも、猛獣よりも妖精《ニンフ》のほうが似合う森なのだ。ギリシア人はオリンピアの森を、「聖なる森」と呼んでいた。

この「聖なる森」で開かれるようになった競技会だが、その第一回は紀元前七七六年であったとされている。この時期の選定も、単なる偶然ではなかったにちがいない。しばらく前から進行していた地中海各地へのギリシア人の植民活動も一段落し、本土に残ったギリシア人が、自分たちの住民共同体である「ポリス」の一員であることをより強く意識するようになった時期でもあったからだ。オリンピアで開かれる競技会には、個人で参加するのだが、同時に国家(ポリス)の一員としても参加するのである。

まず、競技場が作られる。両側を観客席が占める中央を走るトラックの長さは、スタディオン。メートルだと、一八五メートル前後というところ。今でも競技場を「スタディウム」と呼ぶが、それも二千七百年以上も昔のあのときから始まったのであった。

最初は、トラックを行って帰るだけの徒競走のみであったらしい。だが、イノヴェーションの塊のようなギリシア人だ。たちまち競技種目は増え、走り幅跳び、円盤投げ、槍《やり》投げ、何をやろうと反則にならないレスリング、こちらも何をやろうと反則を心配する必要のないボクシング、と増えてくる。一人で徒競走と走り幅跳びと円盤投げと槍投げとレスリングの五種目すべてで力量を競う「ペンタトロン」(五種競技)

が、しばらくは競技の最後を飾る種目として観衆を熱狂させた。

そのうちに、ギリシアの神々の主神であるゼウスに捧《ささ》げられた大神殿も完成する。競技会の初日に選手全員が神殿に詣《もう》で、正々堂々と闘います、と誓う儀式《セレモニー》も定着した。

その間にも、競技種目のほうは多彩化する一方。ギリシアの都市国家の兵士と言えば「ホプリーテス」(hoplites)と呼ばれる重装歩兵だが、頭部と顔半分をおおう兜《かぶと》をかぶり、胸と脚部を守る武具を着け、円型の盾と長い槍を持つという、そのままで戦場に向える装備で、スタディウムを何周もする競技も加わる。だが極めつきは、四頭立ての戦車を御しての競走で、これには観客席が総立ちになるのだった。

四頭立ての戦車競走がオリンピアで初めて行われたのは紀元前六八〇年、オリンピックも二十五回目を迎えた年であったというが、あまりもの人気にその後は毎回、競技会の最後を飾る種目として定着する。

四頭立ての戦車がいっせいに走り出すだけでも壮観だが、それで競技場を一〇周はするのだ。技能だけでなく、耐久力も競う闘いになる。ギリシアの都市国家では男は三十歳を迎えて初めて一人前になるとされていたので、四頭立ての戦車競走は、壮年期のギリシア男が全力を投入するにふさわしい競技と思われていたのだろう。

選手たちは、裸体での参加と決まっていた。ギリシア人は、均整がとれ鍛えぬかれた人間の肉体ほど美しいものはないと考え、健全なる肉体には健全なる精神が宿る、と信じていたのである。また、オリンピアでの競技会は七月から八月にかけて行われるので、裸体でもいっこうに不都合はない。ちなみにギリシアの夏は、気候の上でもすこぶる快適な季節である。

観客席には、ギリシア人以外の外国人も奴隷《どれい》でさえも坐《すわ》れたのに、女の観戦は認められていなかった。ギリシア人の世界はローマ人の世界以上に、男たちの世界なのである。

なぜオリンピアで開かれる競技会が、発明し創造する能力ならば抜群ではあってもその持続性となると劣る古代のギリシア人を思えば笑ってしまうくらいに長く、しかも毎回律義《りちぎ》につづけられたのかだが、つづけることが当のギリシア人に必要であったからである。

古代のギリシアには、ギリシアという国は存在しなかった。ギリシア人はいたが、ギリシアはなかったのだ。小規模のものまで加えれば五百を超える都市国家に分れていたので、アテネ人、スパルタ人はいても、ギリシア人はいなかった。

それでいて、オリンピックに参加する資格は、ギリシア人であること、と決まっていた。この場合に「ギリシア人」とされるのは、
一、ギリシア語を話す人々であること。
二、ギリシアの神々を信仰する人々であること、であった。

神々の世界

ギリシアの神とは『ギリシア神話』によってわれわれも知っている神々で、その筆頭は主神ゼウス。ギリシア北東部にあるオリンポスの山に住み、全ギリシアを守る神とされていた。怒ると雷を落とす癖があるので、シンボルは雷光。

このゼウスの正妻であるヘラは、何やら専業主婦の守り神という感じの女神で、嫉《しっ》妬《と》深いのも、あちこちで浮気をしては子を生《な》す夫を持っては当然だが、この女神のシンボルは孔雀《くじゃく》とざくろ。

ゼウスが別の女との間にもうけた娘が、女神アテナ。知恵を司《つかさど》る神とされている。

都市国家アテネの守護神で、シンボルはふくろうとオリーブ。

ただし、この女神の担当分野とされている「知恵」だが、定義は簡単ではない。ホメロスの叙事詩『イーリアス』と『オデュッセイア』の中でこの女神が、登場する英雄たちの中でも最も愛し援助を惜しまなかったのは、『オデュッセイア』では主人公になるオデュッセウスである。

トロイに侵攻したギリシア連合軍の総大将であったアガメムノンでもなければ、美男でしかも勇猛果敢なアキレウスでもない。「木馬の計」を考え出し、それによって十年もつづいたトロイ攻防戦に終止符を打ったオデュッセウスなのだ。女神アテナが司る「知恵」とは、「悪賢さ」としてもよいものであったのだから。この女神を守護神にした都市国家アテネの人々も、この辺りの事情もわかってのことであったと思われる。

常に美しい若者で表現される男神アポロンは、ゼウスがこれまた別の女との間にもうけた子で、陽光や音楽の守り神とされていた。シンボルは、月桂樹《げっけいじゅ》と竪琴《たてごと》。人間にとって必要不可欠なことに加えて愉楽まで司る神だけにギリシア人の信仰すこぶる厚く、オリンピアにはゼウスに捧げられた神殿があれば、デルフォイにはアポロンに捧げられた神殿があり、四年に一度どころか常時参拝者で賑《にぎ》わっていた。祈りを捧げるために訪れるというより、神託を授かるために訪れる人で賑わっていたのだが。デルフォイに行く、と言えば、巫女《みこ》の口を通して告げられるアポロンの神意を聴きに行く、ということと同じだった。

その御神託なるものをどう受けとるかは、あの時代でも人さまざまであったのは言うまでもない。私には日本の神社の御みくじに似て解釈しだいのように思えるが、古代のギリシア人の多くは信じていたのである。あのソクラテスでさえも、どうするべきかというあまり彼には関心のないことを相談されたりするときには、デルフォイに行け、と言っている。

男神アポロンと双生児であったというアルテミスだが、ラテン語ではディアナ。英語でもダイアナとなるこの女神は、うら若き女と見れば追いかける双生児の兄とはちがって、彼女が追いかけるのは森に棲《す》むいのしし。狩りの女神とされ、シンボルは当然のごとく弓矢で、男にはまったく関心を示さない。この女神が守護するのが処女というのも、何やら兄を敵視してのことかと思ったりする。フェミニストたちが守り神にすればよいのにと思うが、一神教の欧米では無理なのだろう。

主神ゼウスがまたも別の女との間に作った娘であるアフロディテ。ラテン語ではヴェヌス、英語になるとヴィーナスとなるこの女神は、神々の中で最も美しい神とされ、美の女神として有名だ。特別なシンボルがないのは、この女神のたぐいまれな肉体こそがシンボルであるからで、お伴《とも》には常に、弓矢を持ったキューピッドを連れている。その美しさに嫉妬した継母のヘラが自分とゼウスの間に生れた醜いヘーファイストスと結婚させたのだが、当然のごとく夫婦仲は良くなく、アフロディテは浮気ばかりの毎日。これと眼をつけた男にはキューピッドに命じて矢を射させることでモノにしてしまうのだから、女神の浮気は止まらないのである。

寝取られ男の代名詞になってしまった感じのヘーファイストスだが、実は堅実一方の働き者で、金属をあつかう際の火の使い方を人間に教えた神とされている。鍛冶屋《かじや》の守護神で、シンボルはハンマーとペンチ。

ゼウスとの兄弟争いに敗れてオリンポスの山を離れ海に棲むようになったというポセイドンは、英語ならばネプチューン。兄ゼウスとケンカ別れしたゆえか怒りっぽく、彼が怒ると海が荒れ狂うので、船乗りたちは捧げ物と祈りを欠かさない。壮年の男の像で表わされるこの男神のシンボルは三叉《さんさ》のほこで、これが振りまわされると、暴風雨になるだけでなく地震まで起きる。津波も、ポセイドンの仕わざかもしれない。ゼウスと、これまた別の女との間に生れたのがヘルメス。英語だとマーキュリーだが、若い男として表わされるこの男神の特殊技能は足の速いことで、それゆえかゼウスのメッセンジャーボーイとして使われることが多い。シンボルは翼のついた杖《つえ》。旅人だけでなく、商人の守護神としても知られ、なぜか泥棒の守護神でもある。商人と盗人を同列視したギリシア人の皮肉《アイロニー》には笑ってしまうが、このような具合で神々までがすこぶる人間的なのが、ギリシア人の世界なのである。

この他に戦いの神アレスや家を守る女神ヘスティアやデメトラも加えて、ギリシアの神々のヒエラルキーの上部が構成され、その他に二級の神々とされる酒の神ディオニッソスや医術の神アスクレピオスや愛の神エロスまでが加わって、ギリシア神話の世界が構成されている。つまり、これらの神々が、古代のギリシア人の信仰を集めていたのであった。

ならば、神々の世界なのだから争いなどは起きなかったにちがいない、と思うとおおいにまちがう。トロイをめぐる攻防戦が十年もの間ケリがつかなかったのは、トロイ側を応援するアフロディテとポセイドンに対して、ギリシア連合軍の側に立つアテナが一歩も退かなかったからである。調停役のゼウスはしばしば癇癪《かんしゃく》を破裂させ、そのたびに人間世界は雷雨に見舞われる始末。

トロイ戦争のほうは「木馬」によってケリがついたが、現実の人間世界ではそうはことはうまく進まない。人間世界には、ゼウスのように権威があって強力な調停役もいなかった。かと言って、毎年のように夏になると戦争ばかりしているのも非人間的である。ならば休戦すればよいではないかと思うが、人間同士が結ぶ休戦などはすぐに破るのがギリシア人である。

そう考えるうちにたどり着いたのが、オリンピアで開催する競技会であった。ギリシア人が何よりも好む体技を競うのだから、その間にかぎっての休戦ならば破られないであろう、と。オリンピアの地に建てた神殿の中でゼウスの像を前にして、各都市国家を代表する選手たちが「正々堂々と闘うことを誓います」と宣誓するのにも、理由は充分にあったのだ。他の神ではなく、神々の調停役でもあるゼウスに向って誓う。そしてその後は、大好きな競技に全力を投入する。

たしかに、四年に一度ではあった。それも、競技の行われる七日をはさんでの、わずか一ヵ月間の休戦ではあった。だが古代のギリシア人は、戦争に敗れた国の参加は認めないとか、どこかの国のやり方が気に入らないからボイコットするとか、は絶対にしなかったのである。何やら現代の競走車のレースのように、セフティカーが入ってきた以上は追い越しも何も不可、という感じで、昨日までの戦場での対決も一ヵ月の間だけは凍結されるのである。

ギリシア人には、オリンピックが必要であったのだ。でなければ、ああも長い歳月にわたって、ギリシア人には珍しい律義さでつづいたはずはない。ゼウスに誓ったのだから人間ごときが破るわけにはいかないとの想《おも》いも、継続の後押しになったかもしれない。オリンピックとは、戦いばかりしていた古代のギリシア人から生れた、人間性に深く基づいた「知恵」であったのだった。

競技会の最後にまとめて成されたという優勝者の表彰式だが、勝者が頭上にするのは、ギリシアならばどこにもある月桂樹の枝葉を編んで作った冠でしかなかった。しかし、優勝した選手は、彼が属す都市国家の誇りである。全市民が熱狂する中で帰国した優勝者には、実際にはその後も食べる心配はなかったと思う。食事時に誰かの家を訪れれば、どうぞどうぞと食卓に招じられたであろうし、短衣に用いる布地を買いにでも行けば、店の払いにしますから、などと言われて贈呈される始末。古代のギリシア人の著作の中には一介の兵士でしかなくても名が記されていたりするが、その場合はまるで形容詞でもあるかのように、何回目のオリンピックの優勝者、とつけ加えられているのが常なのだ。

オリンピアで開かれる競技会の優勝者は、彼が属す都市国家の誇りであり、郷土の人々全員の心をふるい立たせる喜びなのであった。もしかしたら、戦闘が劣勢であった時点でセフティカーが入り、それによる凍結の後に再開された戦闘で、オリンピックでの勝利に気を良くした側が、凍結以前の劣勢を挽回《ばんかい》したことさえあったかもしれない。それほどにも、古代のギリシア人にとってのオリンピックは、重要な行事であったのだ。年度の数え方も、何回目のオリンピックの年、という言い方がされていたのだから。

紀元前七七六年に始まったオリンピアの地で開かれる競技会は、紀元後三九三年に廃止を命ぜられるまでの実に一一六九年もの間、つづけられたのである。四年に一度なので、二九二回もつづいたことになる。

後三九三年に終わりを遂げたのは皇帝テオドシウスが命じたからで、洗礼を受けてキリスト教徒になっていたローマ帝国皇帝テオドシウスは、ローマ帝国の国教はキリスト教のみと定め、他はすべて邪教とした皇帝でもあった。

キリスト教は一神教だ。一神教が一神教である由縁は、他の宗教は認めないところにある。キリスト教徒であるテオドシウスにとって、邪教の親玉という感じのゼウスに捧げたオリンピックなどは認めるわけにはいかなかったのだ。それに初期のキリスト教徒は、裸体を嫌った。また、スポーツに名を借りたにしろ、競い合うことも嫌った。オリンピックは、二重にも三重にも存続の意義を失ったのである。

しかし、廃止される六百年も昔にすでに、オリンピックは生彩を欠くようになっていたのだ。ローマがギリシアをも飲みこんだ地中海帝国を創《つく》りあげて以後も、ギリシア文明を愛し尊敬していたローマ人は、偉大なる業績を残したという理由で、アテネとスパルタに、国内自治権を持つ自由都市としての待遇を与えていたのである。ただし、戦争をする権利だけは認めなかった。

オリンピックの持つ意義の大半は、戦闘中に〝セフティカー〟が入ってくることにある。それが、戦争がないことの代名詞でもある「パクス・ロマーナ」の時代になっては、熱狂の色合いも度合いも変わってくるのは当然だ。しかも、都市国家を代表して参加していたのが、個人として参加するようになったのだから。それでも、継続する利点はあった。

第一に、均整がとれ鍛えぬかれた肉体への讃美が、その後も持続されたこと。

第二は、ギリシア語を話さない民族でも、参加できるようになったこと。

ローマ帝国二代目の皇帝に就任するティベリウスも、帝位にはまだ就いていない時期のことだが、四頭立ての戦車を駆ってオリンピックに参加して優勝し、月桂冠を頭上にしている。この時代になると北アフリカや中近東からも参加する者もいたので、競技が開催中のオリンピアでは、以前のようにギリシア語だけではなく、ラテン語もフェニキア語も聴かれるようになったろう。だがそれは、もはや体技を競うだけの競技会なのであった。

海外雄飛

普通ならば、いまだ〝未成年〟の時期にある住民共同体は、それがギリシアのように「都市国家」(ポリス)と呼ぼうが、ローマのように「国家」(レス・プブリカ)と呼ぼうが、まずは内部での体力充実に努めるものである。だが、ギリシア人はちがった。

ギリシアの内陸部を旅していて感ずるのは、ギリシア神殿も所詮《しょせん》は、そこら中に数多《あまた》ある岩石の置き場所を左から右に変えただけではないか、という想いだ。つまり、土地が痩《や》せている。そのうえ狭い。平野らしい平野は、中部のテッサリア地方ぐらいしかない。

ただし、冬季には雨が降り、夏季には、いやというほど陽光が降りそそぐので、オリーブや葡萄《ぶどう》の栽培には適していたし、羊や山羊《やぎ》は岩の間に生える草でも育つ。だが、主食であった小麦の生産性は低かったにちがいない。

そして、狭い谷あいの地にへばりつくようにある村や町におおいかぶさるように迫る山の向うはもはや別のポリスで、四年に一度のオリンピックのとき以外は、攻めたり攻められたりをくり返していたのである。

以前に、マルセーユからドーヴァー海峡まで、フランスを縦断したことがある。そのときに痛感したことが二つあった。第一は、農業が主要産業であった時代のフランスの豊かさ。第二は、この国では中央集権が早期に実現したのも当然だ、という想いである。このフランスに比べれば地勢的にはイタリアはより複雑だが、そのイタリアと比べてもギリシアの地勢は複雑なのである。

山道をバスで行く腸捻転《ちょうねんてん》でも起しそうな旅の後で海にたどり着いたとき、視界が広がる快感を胸いっぱいに満喫したものだった。しかもエーゲ海は、水平線までつづく海ではない。日本語の訳語の「多島海」が、実態を良く示している。数多くの島が点在する、常には波静かな海なのだから。ヘルメス神のように翼のついた靴でもはいて島伝いに飛んだら、対岸の小アジアの地まで容易に着けそうな感じだ。これでは誰でも、陸路を整備するよりは船を出していただろう。

王政と呼ぼうが君主政と呼ぼうが、一人に権力が集中する政治システムのメリットは、放っておけば割拠する一方の部族なり豪族なりを押さえつけておくことにある。だが、ギリシアの地勢が、王政の確立を許さなかった。良く許せば、群雄割拠の時代が長くつづいたのである。

ギリシアの歴史では、アテネやスパルタのような都市国家《ポリス》の時代を「古典《クラシック》ギリシア」と呼び、それ以前を「アルカイックなギリシア」と呼ぶ。また別名、「ギリシアの中世」と呼ぶこともある。だが中世とは、まだ花は開いていなくとも根は深くめぐらす時代だ。ギリシア史の「中世」を特色づける地中海各地への植民活動にふれないでは、その後の「古典ギリシア」を物語れないとしてもよいくらいに。

なにしろあの狭いギリシアで角突き合わせているのだから、そのうえ独立心には満ちていても協調の精神などは薬にしたくもないギリシア人のことだから、いずれはどちらかが出て行かなければ事態は収まらなかったのである。泥沼の内戦状態にならなかったのは不幸中の幸いだが、それも彼らが良識に富んでいたからではない。アルカイック時代のギリシアが、何を措《お》いても死守するほどには豊かでなかったからだ。というわけで、一族郎党を引き連れての海外進出が、ギリシア民族あげてという感じで始まった。

しかし、エジプトのようにすでに国家が確立している地は避けたにしろ、人が住んでいない地に入植したのではない。原住民は追い出すか奴隷にして、その地にゼロから自分たちだけのための街を港を建設していったのである。

アテネ人の入植から始まったというナポリ、スパルタ人が建国したターラント、コリント人の植民地から発展したシラクサと、代表的な入植先をあげていくだけでも、立地条件に対する彼らの眼の確かさには感心させられる。そのいずれもが、海に向って開かれていながら豊かな後背地、つまり耕作に適した土地まで合わせ持っていた。そしてその後も、本家からの「のれん分け」という感じで植民都市（コローニア）の数は増える一方になる。

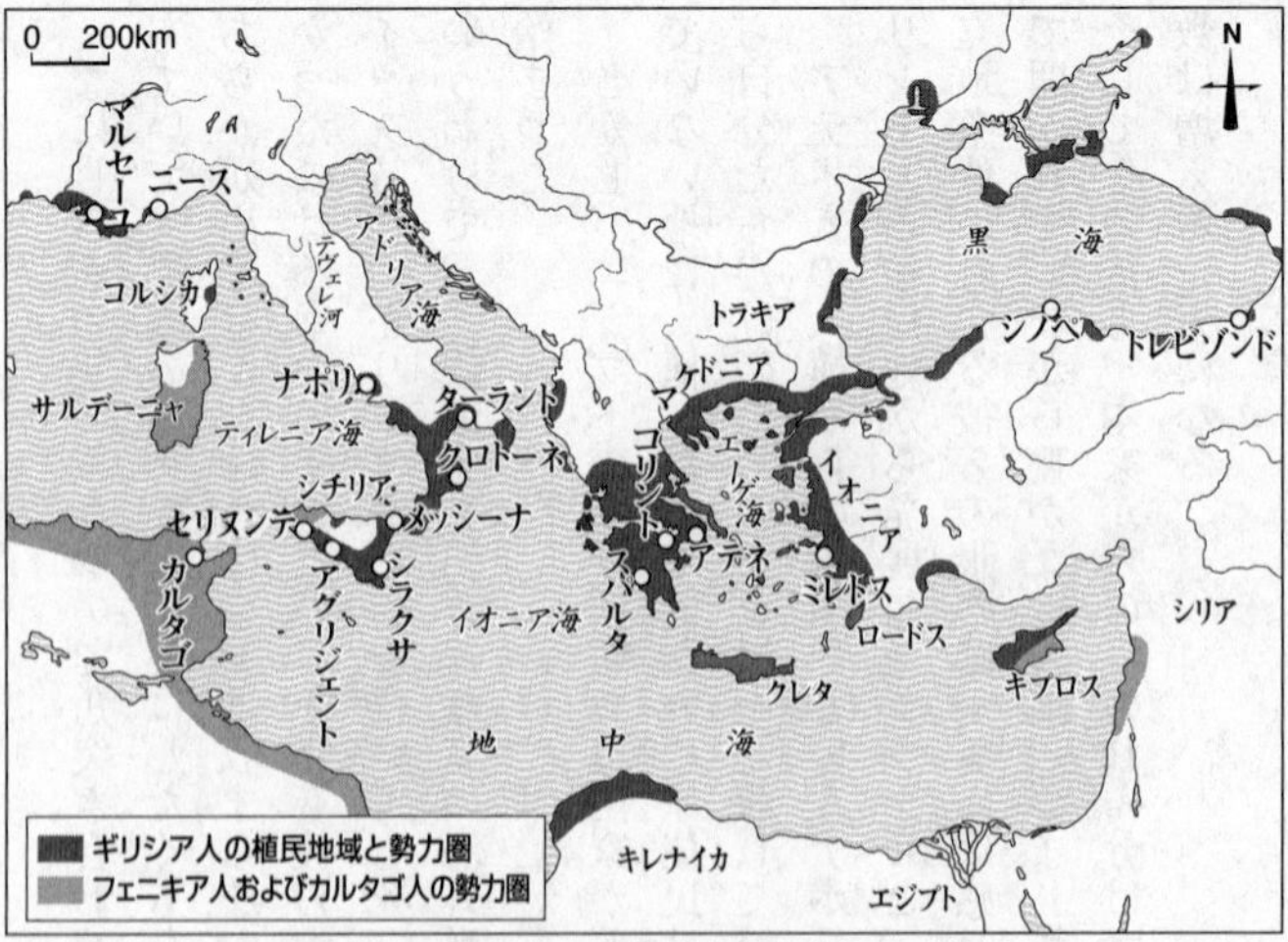

ギリシア人の植民地域

ギリシア人が入植した南イタリアとシチリアは、まもなく母国ギリシアに対して「大ギリシア《マグナ・グレキア》」と呼ばれるほどの繁栄を謳歌《おうか》し、知的にも、ピタゴラスが学校を開きユークリッドが学説を発表し、プラトンが訪れ、アルキメデスを生むという水準にまで達する。泥沼の内ゲバにエネルギーを費やすよりも海外雄飛を選んだのは、正解であったのだ。ただし、海に出た動機が前に述べたような事情にあったので、これらの植民都市と母国の関係は希薄で、冷淡としてもよい関係で終始する。統治機構も社会階層もちがい、アテネ人の入植から始まったとはいえ、この母国のように民主化への道を歩んだわけでもない。これも、ギリシア人の独立独歩の精神の証《あか》しであった。

とはいえ、ギリシア語を話しギリシアの神々を信仰する点では変わりはなかったのだから、オリンピアで開かれる競技会には参加の資格はあり、実際に参加している。

また、これ以上に重要なのは、ギリシア人の植民活動によって、ギリシア人の経済圏が、エーゲ海に留まらずに地中海の全域に広まったことである。このギリシア人に対抗できるのは、当時では、フェニキア人の入植から始まったカルタゴしかなかった。

ギリシア人による植民活動は、まず島伝いに着けそうな近距離にあるエーゲ海の対岸地帯、つまり、まもなくイオニア地方と呼ばれることになる小アジア西岸への入植から始まり、次いでは南伊とシチリアへの植民が活潑《かっぱつ》化する。この時期を、第一次植民活動期という。そして、一段落した後に再び始まる第二次の植民活動は、入植後早くも都市国家に成長したイオニア地方の諸都市とアテネを筆頭にするギリシアのポリスによって、北部ギリシアから黒海の南辺までが対象になった。エーゲ海は文字どおり、「ギリシア人の海」になったのである。

この第二次植民活動には、スパルタは参加していない。もともとからして内陸部に位置するスパルタには海外雄飛の気運が希薄なのだが、アテネ人による植民都市は数多いのに、スパルタ人の入植先はターラント一箇所。それにスパルタにはスパルタ特有の事情もあり、ギリシアの「中世」も終わりに近づいた紀元前八世紀末、自らの体力の充実、つまり国体の整備のほうを、優先する気になったのではないかと思う。

こうして、「アルカイックなギリシア」が終わり「古典ギリシア」に移る段階で、先行したのはアテネではなく、スパルタなのであった。

第二章　それぞれの国づくり

スパルタ――リクルゴス「憲法」

スパルタが、他のギリシアの都市国家《ポリス》と比べて特異であったのは、北から侵攻してきたドーリア民族に征服されて出来た国家、というだけではない。このスパルタの特異性の最たるものは、その後も長く、征服者と被征服者の間が明確に分離したままでつづいた、ということのほうにある。そしてこの国内での格差は、リクルゴスによる改革によって、完璧《かんぺき》なまでに固定化されていくのである。

オリンピアで開催される競技会も十五回目を迎えるかという紀元前八世紀も末近くになったスパルタに、リクルゴス（Licurgos）という名の男がいた。前八世紀も末近く、としか書けないのは、また、生年も顔もわかっていないのは、「古典ギリシア」期に入るまでのギリシアはいまだ伝説の世界にあったからで、伝説や伝承の時代に正確な情報を求めること自体が無理なのだ。

王ではなかったが、社会的には高い地位にあった人のようで、識見の高さでもスパルタ人の尊敬を集めていたという。

この人が、おそらくは壮年期に入ってしばらくしての頃と思うが、諸国歴訪の旅に出た。漫遊の旅ではない。確とした目的を持っての視察の旅である。当時の大国エジプトはもちろんのこと、東地中海の波が洗う地方のすべてを旅してまわったようである。そして帰国後に提出したのが、「リクルゴスの改革」の名で知られる法令の数々であった。

後世の研究者たちにはそれを、「改革」(reform)と呼ぶ人が多いが、私には「憲法」(constitution)であったと思えてしかたがない。改革《リフォーム》ならば、それ以前にすでに法律が存在していなければならない。だが、リクルゴス以前のスパルタには、慣例はあっても、法律と呼べる法律は存在しなかった。

また、リクルゴスによる「改革」は、将来にわたってスパルタの国体を明確にし、スパルタ人の生き方をはっきりと定めたものになる。後に成されるアテネの「ソロンの改革」が頭にあるから「リクルゴスの改革」としたのかと思うが、ソロンの改革は

「改革」だが、リクルゴスの改革は、スパルタに「憲法」を与えたと同じことではなかったか。

これ以後のスパルタ人はしばしば、「法を守る」という言葉を口にするようになるが、それは、「リクルゴス憲法」に明記されている法律を守ること、なのであった。

リクルゴスは、スパルタ特有の社会階層には手をつけていない。手をつけるどころか、より固定化したのである。

都市国家スパルタには、侵攻して来て居着いて長い征服者の「スパルタ人」と、そのスパルタ人の侵攻に従《つ》いてきたか、それとも早々に降伏したかはわかっていないが、いずれにしても支配層には入れてもらえない「ペリオイコイ」と呼ばれる人々が存在し、そして最下層に属す「ヘロット」を加えることで成り立っていた。住む地も分れていたが、役割もはっきりと分れていたのである。

スパルタ人――市民権は彼らにしかなく、軍務に従事することだけが仕事で、都市国家の市民である以上、国政参与の権利は完璧に持つ。「スパルタ市民」とは、彼らのことでしかなかった。

ペリオイコイ――そのスパルタ人が必要とするものを作ったり調達するのが仕事で、

手工業や商業に従事するのが本来の役割。国政参加の権利はまったく認められず、それでいて、主戦力であるスパルタの兵士の補助戦力として、戦場に駆り出されることもある。人間の権利の中でも重要な、移動や結婚の自由などは認められていた。

ヘロット――奴隷《どれい》ではないが国家スパルタ所有の農奴であり、農作業と牧畜に加え、簡素な布地ぐらいは織るのが仕事。結婚の自由ぐらいはあったが、それ以外の市民の権利となると、認められていないと言ったほうが適切だ。戦場に駆り出されるときも、戦闘には参加させてもらえない。スパルタの戦士附きの従僕という感じで、正統スパルタ人の身のまわりの世話をするだけ。スパルタ軍の主戦力である重装歩兵が戦場に向うときは、その一人一人が七人ものヘロットを従えていたのである。

都市国家スパルタを構成していた三階層である「スパルタ市民」と「ペリオイコイ」と「ヘロット」の割合は、一対七対十六、程度であったという。この説が正しければ、一万人を超えることはまれであったという「スパルタ市民」に対し、「ペリオイコイ」は七万人、「ヘロット」に至っては十六万人にもなる。

だが、古代社会では、祖国の防衛を担当するのが市民たる者の第一の責務とされていたので、女や成年前の子供は勘定に入れないのが常だ。だから、二十歳以上のスパルタ市民の数が一万前後というのは真相に近いとしても、ペリオイコイやヘロットの人口数が成年男子だけの数なのかという疑問に、答えてくれた人はまだいない。この人々の仕事である手工業も商業も農作業も、当時では女でも子供でも働かされていたのである。七万人や十六万人という数は、女や成年前の少年も加えての数ではなかったか、と思ったりする。

それにしても、一対七対十六の比率は、支配者であるスパルタ市民に、常に相当なプレッシャーを与えていたにちがいない。居住地域を厳然と分離したのも、それへの対処の一つかと思う。

スパルタの都市内には、もっぱらスパルタ人だけが住んだ。その外側をめぐる農耕地は、ヘロットたちの居住地域になる。ペリオイコイは、そのさらに外側に点在する町に住む。

都市スパルタのすぐ外側にヘロットを住まわせたのは、ヘロットのほうを、ペリオイコイよりも信用していたからではない。ヘロットたちが、都市国家スパルタに隣接する、ということは常に仮想敵であったということだが、その彼らが近くに住む他国の住民と共謀して反乱を起すことへの予防策であった。

アテネが市内人口十万に達するという時代になっても、アテネと並ぶ強国のスパルタの市内人口は、三万程度で留まっている。都市の内部に、スパルタ市民とその家族以外の人が住むのを嫌ったからである。このスパルタは強力な軍事国家として有名になっていくが、それも、外敵に対する防衛よりも内部の敵への防衛の必要から始まったのであった。

子供が生れると、「エフォロス」(ephoros) と呼ばれる五人の監督官による試験を受ける。その結果、スパルタの戦士として恥ずかしくない肉体に育つと見なされた赤子だけが、その後もスパルタ人として育つことを許される。障害をもつ子は、この段階で早くもふるい落とされ、障害の度が軽症であっても、ペリオイコイかヘロットへの格下げは免れない。障害が重度であれば、そのまま崖《がけ》から突き落とされて終わる。試験に合格した赤子は、七歳までは母親のもとで育てられる。七歳からは集団生活が始まるのだが、そこでの日常は、簡単な読み書き以外は連日、肉体を鍛えることと武術の訓練で過ぎていく。眠るだけに帰る寄宿舎も天幕《テント》づくりで、地面にじかに置かれた、それも自分の手で作った乾草入りのマットレスの上で眠る。食堂などというものはない。地面に坐《すわ》って、鉄製の皿から食べる。皿には、肉の塊りと野菜を入れて水を満たしてぐらぐらと煮た鍋《なべ》から、給仕役のヘロットが配るスープが満たされているだけ。

黒く濁った中に固く味もない肉の塊りが浮いているこれこそが有名な「スパルタのごった煮」だが、スパルタ人自らも、悪味の極と認めていた。だが、一人前のスパルタ人になるには、美味の追求などはもってのほかなのだ。パンは、これまた石のように固い黒パン。飲み物も水だけ。

劣悪な環境に耐え、実戦さながらの厳しい訓練にも耐え、悪味の極にも耐えられる者だけが、「スパルタの戦士」になれるのだと、リクルゴスは考えたのだろう。

また、リクルゴスの「憲法」では、七歳から始まって二十歳で終わる未成年期の最後に来る、成年期への「通過儀礼《イニシエーション》」も決まっていた。

二十歳に達するや、弓矢と剣と槍《やり》と盾《たて》を持つだけの半裸体で、山野に放り出される。たった一人で七日の間、生き抜いていかねばならない。盗みは、ヘロット相手ならば罪とされていなかったので、彼らの家畜を盗むか、いのししなどの野獣を仕留めるかで食いつないでいくのだが、寝る場所も自分で見つけなければならない。二十歳になった時期が冬季にでも当っていたりすれば、相当に厳しい試練であったろう。

しかし、七日間が終わって寄宿舎にもどる前に行わねばならないと決まっていた

「通過儀礼」に至っては、人間性の限界を越えていた。それでもスパルタ人は、越えるとは考えていなかったのである。

七日間が過ぎて寄宿舎にもどる若者には、不意を襲って殺したヘロットの首を持ち帰ることが義務づけられていた。これらすべてのことをやりつくして初めて、スパルタの男は成年に達したと認められるのである。

成年期に入っても三十歳までは、それ以前の集団生活がつづく。三十歳に達して初めて、寄宿舎の外に家を持つことが許され、妻や子供たちとの家庭生活もできるようになるが、それでも夜になれば寄宿舎にもどって眠らねばならなかった。

スパルタでは二十歳から六十歳までが「現役」とされていたので、スパルタ男の人生の大半は、男だけの集団生活の中で過ぎていくのである。

このスパルタでは女たちも、頑健な子を産むためという理由で、筋骨隆々タイプが賞讃されていた。心も肉体も「女らしい」のは、スパルタではさしたる価値ではなかったのだ。トロイの王子パリスと駆け落ちしたことでトロイ戦役の発端になってしまう絶世の美女ヘレナはスパルタの王妃だった人だが、あれはリクルゴスよりは五百年も昔の話である。

そして、男だけの集団生活がこうも長くつづけば、別の想《おも》いがわき起ってくるのは避けられない。このスパルタでは他のギリシアのどの国よりも、同性愛趣向が強かった。

当然でもある。七歳で親から離されては、誰かに頼りたい想いになるほうが人間的だ。それに、年長者はすぐ近くに、しかも何人もいるのだった。

何ごとであろうと監視しないと気が済まない「エフォロス」（監督官）がしばしば寄宿舎を視察に訪れたと言われているが、「エフォロス」たちが心配したのは、この種の関係によるスパルタ男の軟弱化ではなかった。その趣向が支配的になろうものなら生ずること必至の、少子化のほうを心配していたのである。

そして、少年の頃からこうも長年にわたって鍛錬を重ねてきたスパルタ人なのだから、オリンピックでは月桂冠《げっけいかん》を独占したであろうと思うところだが、実際はまったくそうではない。優勝者の記録が残っている前五世紀の半世紀間ほどにしても、その間にオリンピックで優勝したスパルタ人は一人だけなのである。

四年に一度オリンピアで開かれる競技会は、都市国家を代表して出場しているとはいえ、結局は選手の一人一人が力量を競い合う場であった。

スパルタ人は、一人でも充分に強かった。だが、それが集団になるや、彼らの強さは、足し算から掛け算に一変する。仲間がそばにいると、強力無双と化す。スパルタの重装歩兵団の強さがギリシア一とされていたのも、集団を組んで闘うからであった。

しかし、この男たちの強さの原因が彼らの間の男色関係にあったとしたのでは、正確さを欠くことになるだろう。それとはまったく関係なく、長年にわたって次のことを叩《たた》きこまれてきたのが彼らであるからだ。

敵には絶対に、背を見せてはならない。

戦場では、勝つか、死ぬか、しかない。

リクルゴスの考えたスパルタを、後世は、「武器の上に築かれた国家」と評する。リクルゴスの頭には、オリンピックで優勝することなどは入る余地もなかったにちがいない。

このように実に「スパルタ的」に養成されたスパルタの戦士たちだが、一つの贅沢《ぜいたく》は許されていた。男色趣向は、度を過ぎなければ黙認、であったが、こちらのほうは公認である。それは、頭髪を長く伸ばし、人によっては何本もの三つ編みにして肩を

長髪の戦士

重装歩兵

おおうまで伸ばすことである。長髪にしていた理由はわかっていない。研究者の中には、重装歩兵の重い兜《かぶと》を首筋に密着させるためであったとする人もいるが、同じように重い兜を着用していたアテネの重装歩兵の頭髪は、スパルタ人に比べれば断じて短い。また、後にはローマの軍団兵が、兜を首筋に固定させるには短髪のほうが適していることを実証する。ゆえにスパルタの戦士たちの長髪は、必要に迫られてのことではなかったのだ。だが、それゆえにか、明日は戦端が切って落とされるという前夜、彼らが最後にするのが頭髪の手入れであった。

そして、スパルタ人とて、ロボットではなく人間だ。ということは、人間並みの欠点に完全には無縁ではいられないということである。リクルゴスは、その面への対処も忘れなかった。

スパルタの通貨は、鉄貨のみと決められた。銀貨の流通が始まっていたギリシア世界で、スパルタだけが時代に逆行する、鉄製の通貨の流通しか認めないと決めたのである。

鉄貨では、他国の商人がまず、受け取るのを嫌う。そうなれば、他国からの物品はスパルタに入ってこなくなる。必要最小限の物はスパルタ内で調達できるので、他国産の品の輸入が途絶えても、質実剛健をモットーとするスパルタ人のこと、不都合はないとリクルゴスは考えたのだろう。

それに、もともとからしてスパルタ市民は裕福ではなかった。奴隷と小作農の中間だから、日本語では「農奴」かそれとも「隷農」と訳すべきかと迷ってしまう「ヘロット」だが、彼らが主人であるスパルタ市民に払う〝小作料〟は収穫の二分の一。経済面にかぎれば、スパルタ人はヘロットを、ひどく搾取《さくしゅ》していたわけではない。これ以上に搾取しようものならヘロットによる反乱が絶えなかったであろうし、スパルタ人の生活からしてが、さして費用のかかる水準にはなかったのである。

このような事情でもともとからして質素なスパルタ人のふところ具合だが、それでも鉄貨となれば貯《た》めこむ気も失《う》せる。また、いかに低い水準に押さえられていようと、市民の全員が平等に低い水準の生活をしているのだ。格差のない社会では、嫉妬《しっと》も羨《せん》望《ぼう》も生れようがない。このスパルタに、泥棒さえいないことは有名だった。アテネでは日常茶飯事だった権力抗争もなく、政治上の安定を長期にわたって維持することに成功する。ただし、あくまでも「スパルタ的」に、つまり閉鎖社会、にしたからではあったのだが。

リクルゴスの定めた都市国家《ポリス》スパルタの政体は、形としては実にシンプルに出来ていた。図にすれば次のようになる。

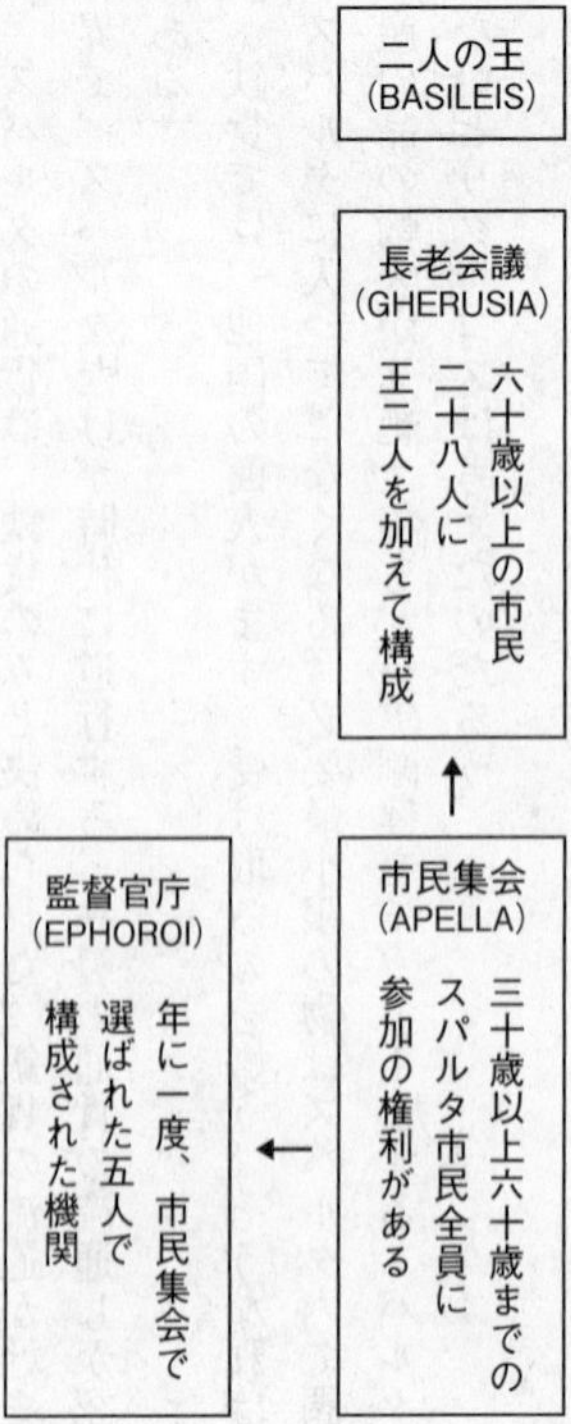

王（バシレウス）——スパルタに昔からつづく名門の二つの家系から、それぞれ一人ずつの王が出ると決まる。任期は終身。地位ならば最も上位にくるので、それなりの敬意は払われ、公式行事では常に貴賓席が提供された。

この王二人の任務は、スパルタの誇りである重装歩兵団を率いて戦闘を指揮することだけで、王を二人制にしたのも、そのうちの一人が戦死した場合の穴を直ちに埋める必要からにちがいない。

ただし、王二人が担当するのは軍事に限られており、政治には、それが外政であろうと内政であろうと、ほとんどと言ってよいくらいに関与は許されなかった。

長老会議（ゲルーシア）——六十歳以上、ということは現役を引退したということだが、その市民二十八人に王二人を加えた三十人で構成される機関。王二人の役割は、それも戦場に出ていなければだが、議長役という程度。政治と軍事を分離する考えに立つリクルゴスのこと、もともとの彼の考えは、この会議に、内外ともの政治を担当させることにあったのではないかと想像する。なぜなら、現代国家ならば「上院」としてもよい機関であったのだから。

市民集会（アペッラ）——三十歳以上六十歳までの全市民で構成される、現代ならば「下院」という感じの機関。ただしスパルタでは、活潑《かっぱつ》な討論が交わされるわけではなく、戦争をするかしないかの決定でも、票を投じて決めるのでもなく挙手で決めるのでもない。「おう！」という声が高ければ、開戦が決まるのである。

スパルタが位置する地方は、ラコーニア地方と呼ばれていた。それで、形容詞風に「ラコーニコ」と言えば、スパルタ人を意味するだけでなく、「寡黙《かもく》な人」も意味していたのである。おしゃべりは、スパルタ男にはふさわしくないとされていたからだが、同時代のアテネ人はそのスパルタ人を、あいつらは言いたいことがないから黙っているだけなのだ、と笑いの種にしていた。今でもヨーロッパでは、寡黙な人を、沈黙は金、と思うよりはアテネ式に解釈するのが主流になっている。

監督官庁（エフォロス）――年に一度市民集会で選ばれる、五人の監督官（エフォロス）で構成される。

これがスパルタ独特の機関になる理由は、リクルゴスの意図が、自分が定めた「憲法」としてもよい「改革」がスパルタで根づくよう、監視させ監督させることにあったからだろう。

だが、監視し監督すること自体が、強大な権力につながるのは必然の帰結でもある。この機関が他のどれよりも、「リクルゴス憲法」のウィークポイントになる危険があった。

それでもいまだ、ギリシアは「アルカイックなギリシア」の時代を脱け出していなかった。そのギリシアで、自国の防衛を最優先事項にした国体造りとしては、リクルゴス体制は鉄壁であったと言うしかない。

そのうえ、リクルゴスは、民衆操作でも優れた能力を示す。彼の「憲法」も、人間である彼が考え出したのではなく、たびたび神託を求めてデルフォイに出向き、そこで受けた神託に沿って作り上げた、という風評を広めたのだ。神託好きのギリシア人の中でも、スパルタ人は群を抜いて神託好きなのである。

しかも、画龍点睛《がりょうてんせい》としてもよいのは、「憲法」をスパルタ人に飲みこませた後でした彼の行動だった。

リクルゴスは、スパルタ市民の全員を前にして言った。

「これからわたしは旅に出る。わたしが再び帰国するまで、改革で決まったことは、絶対に変えないと誓ってもらいたい」

全員が誓ったのはもちろんだ。リクルゴスは、スパルタを後にした。すでにその頃はリクルゴスの「憲法」は他国でも評判になっていたようで、訪れる各地で彼は、その地の王たちから助言や忠告を求められることが多かったらしい。それにていねいに応じていた彼にとっての海外生活は、前回よりは快適だったろう。にもかかわらずリクルゴスは、祖国には絶対にもどらなかった。死も、他国で迎える。遺灰さえも、帰国を許さなかった。

だが、こうすることで、「リクルゴスの憲法」は、「法律」ではなく、「宗教」になったのである。法律ならば時代の変化に応じて改めることはできるが、宗教になってしまっては変更は許されない。護憲主義の極だと思うと、笑わないではいられないのだが。

しかし、ギリシアが「アルカイックなギリシア」が終わって「古典(クラシック)のギリシア」に移行し始めた前六世紀に入ると、鉄壁であったリクルゴス体制にもほころびが見えてくる。

まず王——王位に就く資格のある二つの家系に属す男たちの中でも、王位継承の順位が高いとされた者には、七歳から始まる集団生活も、二十歳に達するや待っているあの非人間的な「通過儀礼」も、免除されていたのである。これはリクルゴスの「憲法」でも決まっていたことだから、これ自体では問題はない。

だが、長年にわたる集団生活の中で叩きこまれる服従の精神に染まる度合いが少なかったということは、自分の頭で考える時間が、他の一般のスパルタ人よりは多かったということだ。にもかかわらず王に認められていたのは戦場での指揮権だけで、政治にはいっさい口をはさめない状況では変わりはない。

始めの頃はそれでも王が不満でなかったのは、何も知らなかったからだ。それが時代が進むにつれて、王を出す家系の男たちの精神的知識的な「蓄積」が増えていくにつれて、疑問のほうも頭をもたげてくる。他国の王は国政の責任者でもあるのに、なぜスパルタだけはそうでないのか、と。

長老会議――この機関が、時代が進むにつれて有名無実化してしまう。戦争ばかりしていたスパルタで、現役引退の年齢とされる六十歳を過ぎても生存している人が少なかったのが、有名無実化の真因であった。だがこれでは、国政を担当するどころではなくなる。

市民集会――市民全員に、参加し国政を決議する権利があるとされていた機関だが、スパルタでは、市民はイコール兵士なのである。服従のみを叩きこまれ、アテネ人に笑われるくらいに寡黙なこの男たちに、立法機関を担《にな》う能力はなかった。

監督官庁――結局、五人の監督官《エフォロス》で成るこの機関が、「内閣」の役割を果していくことになる。官庁としたのは、この五人の下に、実務遂行係という感じの男たちの集団が控えていたからであった。

青少年の訓練の場を訪れて、男色関係が度を越えないよう見張るのはまだ可愛《かわい》いほう。子のない王に向って、王妃を離婚し別の女を妻に迎えよと忠告し、それを王が拒否すると、妾《めかけ》をつくれと強制する。

戦場にまで王に従《つ》いて行き、なぜ戦火を切らないのかと詰め寄ったり、戦火を切れば、敵は皆殺しにするべきだと、戦略などはおかまいなく強要する。王という権力者の行うことの軌道を修正するのは自分たちの責務であると、信じて疑わないのが「エフォロス」であった。

他の都市国家からの使節がスパルタを訪れれば、交渉の場に出てくるのも五人の「エフォロス」。アテネ政府の大臣と言ってもよい「ストラテゴス」の一人が行った場合でも、交渉する相手は王ではなく、五人の監督官《エフォロス》なのであった。「ストラテジー」の語源になる「ストラテゴス」は、政治にかぎらず軍の司令官でもある。アテネでは政治も軍事も「国政」と考えられていたからだが、一方のスパルタでは、内政に留まらず外政、つまりは外交、までも「エフォロス」の管轄《かんかつ》になっていたのである。

しかし、監督官《エフォロス》とは、年に一度、市民集会で選出される市民でしかない。任期は一年だから、毎年人が代わる。それに、市民イコール兵士のスパルタで、現役引退者の集まる長老会議の一員にはなっていないということは、いまだに現役の兵士ということだ。長年にわたる集団生活と厳しい現役生活で、自分の頭で考え自分で判断を下す精神的時間的余裕も、充分には持てなかった男たちである。

しかも、服従一つ取っても、それを求める立場と、それを受け入れる立場はちがう。何千人にもなる重装歩兵集団を率いる人と、その中の重装歩兵の一人では、考え判断を下すうえでの複雑度と負う責任の量がまったくちがってくる。市民集会は現役の重装歩兵で成っており、五人の「エフォロス」は、その中から選ばれた者たちであった。

スパルタの歴史を少しばかり注意して調べていくと、都市国家スパルタの決断がひどく遅いのがわかり、行動に移るに際しても遅れがちになるのがわかる。

また、王とエフォロスの間が、しばしば対立していたのもわかる。

スパルタのエフォロス	——✕——	スパルタの王たち
中世ローマ教会の法王代理	——✕——	十字軍を率いていた司令官たち
イスラム教のカリフ	——✕——	イスラム世界のスルタン
中世キリスト教世界の異端裁判官	——✕——	皇帝フリードリッヒ二世 その後はガリレオ・ガリレイ

とはいえ、毎年人が代わるのだから「顔なしの五人の男」としてもよいエフォロスたちは、私利私欲で職務を遂行していたのではない。「リクルゴスの憲法」を守り通すという大義の率先者だと、信じて疑わない人々であったのだ。動機が私利私欲だと、ときにはそれがブレーキ役になるのだが、スパルタの「エフォロス」には、この種のブレーキもなかった。

しかし、「リクルゴス憲法」はスパルタ人にとって、もはや信仰の対象である。その旗印を立てて迫る「エフォロス」と対立しても、引き下がるのは王たちのほうであった。引き下がらなければ、不幸な結末が待っていた。まるで、エフォロスによる復讐《ふくしゅう》でもあるかのような、悲惨な結末が待っていたのである。社会の正し手と自認している人ほど、狂信的になり、執念の虜《とりこ》になりやすいのだ。

それでも、スパルタの戦士たちは強かった。ほころびが目立つようになっても「リクルゴスの憲法」が存続できたのは、一にも二にも、スパルタの軍事力が強力であったからである。

私には、机の前を離れた後でも何か考えが浮んでくるとメモするくせがあるが、それをそのままで使うことはない。だが今回だけは、メモにすぎないと断わったうえで紹介する気になった。「お役に立てば幸いです」という感じで。

アテネ――ソロンの改革

アテネ人がなぜ、「改革」という名の国体改造を、スパルタに遅れること一世紀以上もしてようやく始める気になったのか。理由は二つある。

一、その一世紀の間はまだ、アテネ人は海外への植民活動のほうを活潑に行っていたこと。

二、アテネにはすでに、貴族政が存在していたこと。この少数指導制が機能しなくなったから改革が必要になったのだが、存在することは存在していたのである。

もう一つ、スパルタについて述べてきた以上、そのスパルタとこれから述べるアテネとのちがいを、オリンピックに譬《たと》えてみれば次のようになる。

スパルタ――リクルゴス一人で、スタートからゴールまで走った徒競走。

アテネ――ソロン、ペイシストラトス、クレイステネス、テミストクレス、ペリクレスという五人が、バトンタッチをつづけながら走るリレー競走。

宗教になってしまっては、変えることは人間には許されない。だがそれが法律であれば、改正に改正を重ねることも許されるのである。

紀元前六三八年にアテネに生れたソロン(Solon)は、貴族と呼ばれていた当時の名門の出身である。だが、血筋は良くても資力では〝ミドル〟であったという。父親が心優しい人であったらしく、頼ってくる者に援助を惜しまなかったので、要するにカネを貸しても返ってこない場合が多かった、ということだと思うが、ソロンが家督を継いだ頃は資産は底をついていたのである。それで、若きソロンは海外に出る。出ると言っても移民になるのではなく、海外の各地をまわってのビジネスに専念したのだった。

リクルゴスも、「改革」の前に諸国を歴訪した。だがそれは、改革に着手する前の調査や視察が目的の旅である。ソロンも各地を歴訪したことでは同じだが、彼の目的はビジネスにあり、当時のソロンは、いずれは自分も改革者になるとは夢にも見なかったにちがいない。

四十歳になって、母国アテネにもどる。商いの才能にも恵まれていたらしく、彼の資産も〝アッパーミドル〟ぐらいにはなっていたようである。なぜかスパルタ人を除いたギリシア人にはビジネスのセンスに長じた人が多く、ソロンの親友で哲学者のターレスも、翌年の小麦の収穫を予測し早々に粉ひき場を押さえたりして大もうけしている。ソロンはビジネスでの収穫もアッパーミドルぐらいで良しとし、ターレスもこの種の投機には二度と手を出していないが、二人とも、バランス感覚、つまりは自己制御の能力、が優れていたということだろう。

四十過ぎて帰国したソロンが見たアテネは、貴族と平民の間での抗争が以前よりも激化していた。既得権階層と非既得権階層の間の抗争である。ソロンは、出身ならば前者に属したが、その色は濃くはなかった。長く海外にいたので、抗争に加わっていなかったのだ。

階層間の抗争の解消の必要性は、貴族のほうが強く認識していた。彼らのほうが危機感を強く持っていたからというより、解消の必要を認識する能力が、貴族のほうによりあったからである。その人々が、ソロンに注目する。まずもってソロンは、自分たちの側に属していた。

紀元前五九四年、四十四歳になっていたソロンは、「アルコン」(arcon) に選出される。任期一年で毎年九人が選ばれる「アルコン」とは、内閣としてもよい機関の一員で法案を提出する権利があり、この公職には貴族だけに選出する権利がある以上、彼らが結束すれば、自派から選出させることも容易だった。つまりソロンは、既得権者たちから推《お》されて、アルコンに就任したのである。それでいて、彼を推した貴族たちは彼に、「改革」遂行の職務も与えた。

ソロンは、政治のセンスにも恵まれていたようである。最も注目を引きやすいことをまず法制化し、その後で本格的な改革に進む、というやり方を選んだのだから。一種のショック療法だ。なにしろ任期は一年、再選されるという保証はなかった。

ソロンが提案し、市民集会が可決したのは次の法であった。

即《すなわ》ち、借金の返済ができなかった者は自らの肉体で返済する、つまり債務者は債権者の奴隷になると決まっていた従来の法を、撤廃した法であったのだ。

都市国家アテネの市民集会は、貴族と平民で構成されている。この時代にはまだ平民たちには国家の要職に選出される権利はなかったが、選挙権はあった。それに、数ならば多い。

既得権を崩されることになるのだから貴族には不満があったかもしれないが、貴族と平民の間の抗争の解決の必要を認識していたのは、当時では広い視野を持っていた彼らのほうである。ソロンは、改革の第一歩を着実に踏み出したことになった。

だが、なぜソロンは、古代ではまったく前例のなかった、このような法を考えついたのであろうか。

ソロン

なぜなら、ソロンが法制化したのは、現代風に言ってしまえば、貸し手（銀行）の救済ではなく、借り手（債務者）の債務負担の軽減を目指した政策であったのだから。
古代の史家たちは、ソロンは名門の出であったが資力には恵まれなかった、と書き、その理由は、頼ってくる人々に同情した父親が援助を惜しまなかったからである、としか書いていない。だからそれを、カネを貸しても返ってこない場合が多かったからだろう、としたのは私の推測である。だが、推測でも根拠はある。

もしもソロンの父親が、従来の法に忠実に債務者を奴隷にして売り払っていたとしたら、ソロン家の資産が底をつくこともなかったではないか、ということ。

また、父が死んだ後に家督を継いだソロンが、父の温情的なやり方を改め、他の多くの貴族同様に借金を返せない者は奴隷にして売り払うやり方に転回していたとしたら、海外に出て行って商いに従事する必要もなかったではないか、ということ。だが、若きソロンは、海外でのビジネスによる資力の再建のほうを選んだのである。

いずれにせよ、ソロンが提案し法制化に成功したこの法は、古代では実に画期的な法律であった。

まず、ヒューマンな視点に立つだけでも画期的だ。そのうえ、経済の活性化という視点に立つならば、まさに画期的であったのだ。

借金というと、食べていけなくなったから借りるカネ、と思いがちである。だが借金には、先行投資の意味もある。いや、こちらのほうが多いくらいである。

だが、先行投資にはリスクがつきものだ。天候不順で収穫が激減したとか、商品を積んで出した船が嵐《あらし》に会って沈没したとか、物産を買い取ってくれるはずの国とアテネが戦争状態に入ってしまい、物産は倉庫に置かれたままとか、リスクは数限りなくある。

そして、そのために借金が返済できなくなった場合、自分だけでなく家族までが奴隷の身に落ち、しかも家族でも離れ離れに売り払われるとしたら、誰が、先行投資という形の「勝負」に打って出る気になるであろうか。

この種の借金は、想定外の事故が起きても返済に困らないだけの資産を持つ人のみに可能なこと、になってしまう。そうなっては、富裕者はますます富裕者になり、そうでない市民たちとの間の格差は広がる一方になる。つまり、社会不安の温床になる。

次いでソロンは、さらなる一歩も踏み出した。すでに存在している借金も、議題にのせたのである。

ただしその法案は、借金を全廃するなどという、喜ぶ人はいても反撥する人が出ること必至のドラスティックなものではなかった。借金という文字などはどこにもない、通貨の価値を下げることだけを、明記した法案であったからである。

それまでのアテネでは、重量の単位である「一ミーナ」(約五百グラム)の銀は、百七三ドラクマの価値があると決められていた。それをソロンは、一ミーナの価値は百ドラクマ、に改めるとしたのである。これはもう「平価の切り下げ」以外の何ものでもないが、この法案が可決されれば、事実上、借金の四分の一が軽減されることになる。

そしてこの法案には、市民集会では多数を占める平民だけが賛成したのではなく、貴族までが賛成票を投じた。彼ら富裕者たちも、借金を返済しなくても奴隷にされないと決まって債務者たちがカネを返さなくなるのを心配していたので、四分の一の犠牲は我慢しても返済の可能性を残すほうを選んだからである。

だがこれは、意外な副産物に結びつく。ドラクマ銀貨の切り下げを知った他国の商人たちが、と言っても他の都市国家《ポリス》に属してギリシア語を話す人々だが、その彼らがアテネに移り住んでのビジネスに関心を寄せるようになったのだった。

もちろんソロンは、ただちに対応する。どうぞどうぞおいでください、というわけだ。しかし、自国の市民たちとは差をつけた。

何年住もうと、市民権は与えない。ゆえに、国政への参与は認めない。

住まいもオフィスも、自分で所有することは認めない。だから他国人は、アテネ市民から借りるしかないことになる。

また、他国人とて都市国家アテネに住むことで利益をあげている以上は、アテネの防衛にはノータッチ、というのでは市民が承知しない。とは言っても、アテネの正規兵はアテネ市民の義務とされている。それで、都市国家アテネ在住の他国人に課される兵役は、緊急時にのみ召集される補助的な軍事力、ないしは後方支援、となったのだった。

他国人が移り住むのは、彼らにとっても利益が期待できるからである。だが、「利益」とは、経済的なものとはかぎらない。あそこに行けば認めてくれる人がいるとか、あそこなら仕事がしやすいとか、この種の形にならない利益にも、人間は敏感に反応する。

ソロンの親友でもあったターレスはギリシア哲学の第一走者とされているが、イオニア地方(後代の小アジア西岸部)に生れ、そこから生涯動かなかった。だがその後、哲学もふくめたギリシア文明の中心は、イオニア地方からアテネに移る。ソロンの開国路線は、アテネが、文明文化の中心になる第一歩もしるしたことになった。

ソロンは、三年後の前五九一年には、再び「アルコン」に選出されている。もしかしたらこの年に、彼の改革の最重要事である、政体の改造が現実化したのかもしれない。

この推理が正しければ、三年は遊んで過ごしたのではなかった。なぜなら、ソロンが考える政体の改造には、国勢調査を欠くことはできなかったからである。そして、それを基にした改革は、「ティモクラティア」、これまでの日本語訳だと「金権政治」、と呼ばれることになる。国政への関与の権利が所有資産に比例して与えられる政体、という意味である。

ソロンはまず、アテネの市民権を持つ全員、つまり成年男子の全員を、四つの階級に分けた。それも、出身家系や社会的地位や名声には関係なく、収入の多少だけで分けたのである。

当時のアテネは農業国であったので、収入も農産物の量で計られる。基準単位は「メディムノス」。一メディムノスは小麦だと、約五二リットルの量になった。

第一階級——五百メディムノス（約二百トン）以上の小麦か、それに相当するオリーブ油や葡萄酒《ぶどうしゅ》を収穫できる土地の所有者。当時のアテネでは超富裕者だから、当然数も少なかった。

第二階級——三百から五百メディムノスの、収穫を期待できる土地の所有者。

第三階級——二百から三百。

第四階級——収穫量ならば二百メディムノス以下の市民だが、ローマでは「プロレターリ」と呼ばれることになる無産階級の意味でもある。毎日働くことで生活の糧《かて》を得ることができる市民、のことだ。

この階級分離は、税金を徴収する目的で成されたのではない。古代は間接税の世界で、直接税に当るのは、「血の税」とも呼ばれた兵役で支払う。市民にとっての権利が国政への参与であれば、義務は、祖国の防衛を担当すること、にあると考えられていたのである。

ゆえに、この四階級すべての市民に、兵役の義務があった。アテネも、市民皆兵の国であったのだ。

第一と第二の階級に属す市民には、騎兵としての軍務が課される。騎兵となると馬も一頭では済まず、従者や馬丁も必要になるので、資産に余裕のある者しかその負担に耐えることができないからであった。それだけに数も少なく、ギリシアの都市国家の中では人口が多いアテネでも、現役は一千前後でしかなかった。

最も多数になる第三階級に属す市民たちは、重装歩兵として祖国防衛の義務を負う。長槍と盾は国から支給されるが、兜、胸甲、脚甲、剣やその他の諸々《もろもろ》は自己負担になるので、中流階級の資力は必要だった。

第四階級に属す市民だが、陸上ならば軽装歩兵、海上ならば船の操縦や櫂《かい》の漕《こ》ぎ手を務めるのが、この人々に課された軍務になる。戦争の様相が一変する百年後ともなるとこの階級の存在理由が急速に上昇してくるが、ソロンの時代はまだ、最下層の市民に課される軍務と考えられていた。

この改革に着手する前にソロンがさせたのではないかと想像する「国勢調査」、これまた古代では最初の例になる「国勢調査」の目的が軍務に使える人間の数を調べることにある以上、「数」は無視できない問題になる。騎兵の数が一千前後であったのに、重装歩兵は一万は超えていたのがアテネであった。ということは、第一と第二の階級に属す市民の合計に対し、中産階級としてもよい第三階級に属す市民だけで、その十倍はいたことになる。

にもかかわらずこの人々の身分は平民であり、ゆえに国政への参与も制限されて当然だと考えられていたのが、ソロンによる改革以前のアテネであったのだ。この辺りの事情も考慮したうえで成ったソロンによる政体改造を、図にしてみれば次ページのようになる。矢印は、選出の権利を示す。

ある人が、ソロンに質問した。最善の改革を成したという自信はあるのか、と。それにソロンは、次のように答えたという。

「この時期のアテネ市民が受け入れられる範囲で、最善の改革は成したという自信はある」

その後で、諸国歴訪の旅に出た。いわば自主亡命を選んだのは、不満分子による暗殺を恐れたからではない。殺されようものなら自分が成した改革のすべてが、反古《ほご》になってしまうのを怖《おそ》れたのだ。

出国に際し、スパルタではリクルゴスがやったような、自分が帰国するまで自分が成した改革は絶対に変えてはならないと、アテネの市民全員に誓わせることはやらな

ソロン以前の貴族政（ARISTOCRATIA）時代のアテネの政体

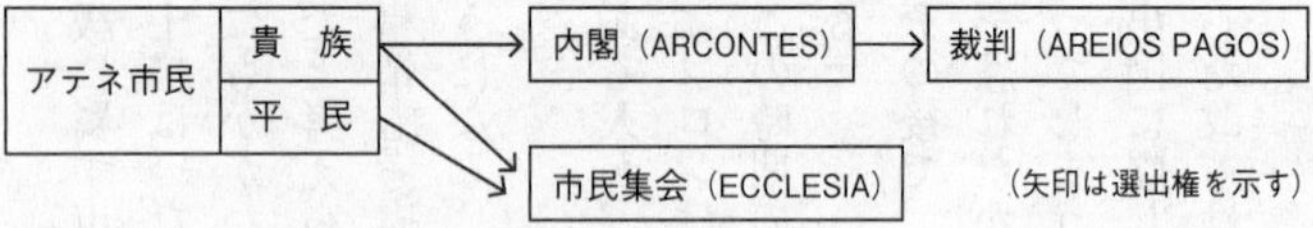

内閣　任期1年、9人のアルコンで構成される。
裁判　アルコン経験者で構成される。
市民集会　全市民に参加の権利があるが、それは選挙権に限られ、被選挙権は認められていなかった。

ソロンの改革（TIMOCRATIA）以後のアテネの政体（594〜508BC）

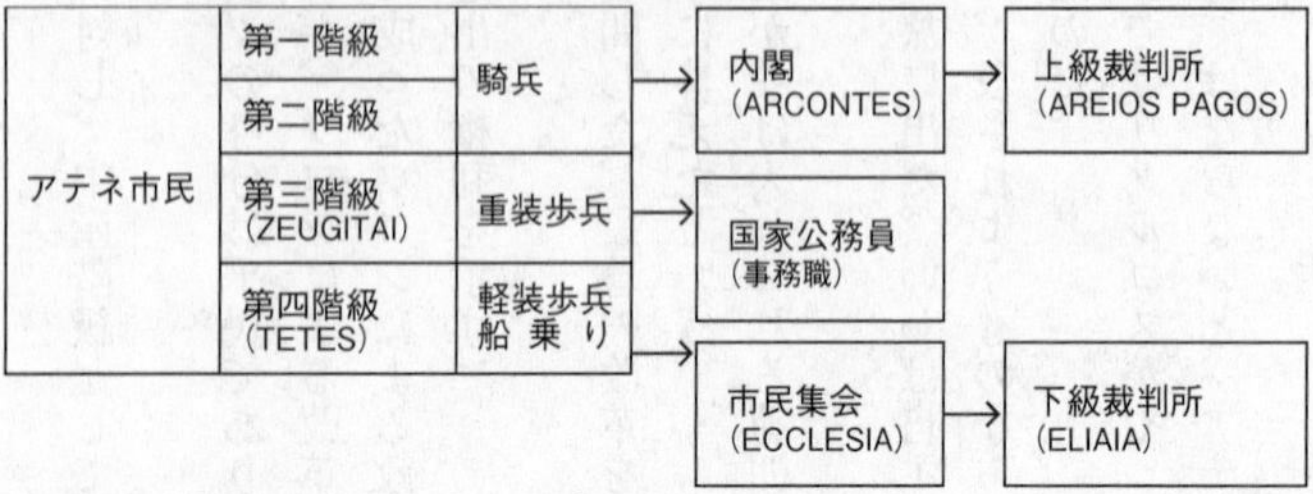

上級裁判所（AREIOS PAGOS）　アルコン経験者で構成される。
下級裁判所（ELIAIA）　四大部族からの100人ずつ、計400人で構成される。
市民集会（ECCLESIA）　いまだ、被選挙権はNO。

かった。批判精神の旺盛《おうせい》なことでは人後に落ちないアテネ市民である。そのような誓いを求めようものなら、失笑を買うだけであったろう。

発《た》つ前に、自主亡命の期限も明言した。十年過ぎたら帰国する、と。そして、ほんとうに帰国したのである。だから彼は、死もアテネで迎え、墓もアテネにある。

スパルタ人のリクルゴスは、自分が成した改革を「宗教」にしたが、アテネ人のソロンにとっての改革は、あくまでも法律に基づいた「政治」であったことを示している。

これより述べることは、ソロンが決めたというより、ソロンの改革が成った後のアテネで自然に形が作られ、それで定着したという感じの、教育と兵役に関することである。

なにしろアテネも、市民皆兵の国家であることではスパルタと同じなのに、アテネでは、教育でも兵士に対する考え方でもその訓練の仕方でも、スパルタとはまったくちがっていたのだから。

アテネでは、生れてすぐの「ふるい分け」はなされない。七歳になると親許《おやもと》から引き離され、集団生活に入ることも要求されなかった。アテネの少年は、ずっと親許で育てられるのである。

七歳を過ぎるや始まるのは、私塾としたほうが適切な学校に通うことで、そこで午前中、読み書きとアバクス（そろばん）を使っての算術を学ぶ。

学年が進むと、詩文の朗読や暗唱が加わる。これが重要視されていたのは、文芸を味わうことに加えて、文人が得意とする、少ない数の言葉でさえも本筋に迫ることのできる、発信力を養うためであった。

教科書も、これ以上の教科書はなかった。今なお世界文学史上の一大傑作とされる、ホメロス作の叙事詩『イーリアス』と『オデュッセイア』であったのだから。少年たちも、英雄アキレウスや智将《ちしょう》オデュッセウスにでもなった気分で、朗読し暗唱したにちがいない。

アテネの学校では、リュートを弾いての演奏や、音楽に乗ってのダンスも、教育の重要課目になっていた。調和《ハーモニー》の精神を、学ぶためであったという。

十二歳に達してからは、午後の体育訓練場（パレストラ）通いが奨励される。強制でないのは、この種の施設も国営ではなく私営であったからで、少年たちの親が払う学費で運営されていたからだ。と言っても、国が奨励するからには学費も高額ではまったくなく、理論的には全市民の子弟に開放されていた。ただし、親の仕事を手伝う必要のある第四階級の市民の子供たちは、実際問題としては毎日は通えなかったかもしれない。それでも、第三階級から上のすべての市民の子弟にとって、午後のパレストラ通いは毎日の習慣になっていた。

ギリシア人は、肉体を鍛えること自体が好きなのだ。国が強制しなくても、親は喜んで送り出し、少年たちも喜んで通っていたにちがいない。

ローマ時代もその後も今日まで「パレストラ」の名で定着することになるこの種の施設は、少年専用ではなく大人でも通う人が多いので、世代を越えた市民の接触の場にもなっていた。

パレストラでは全員が、裸体か、おおったとしても下半身だけ、という姿で肉体の鍛錬にはげむのが習いになっていた。ギリシア彫刻は、芸術上の理由によって裸体で表現されたというのは結果論にすぎない。「いつものまま」を映し出したら、「芸術」になったのである。

もちろんアテネにも、男色関係は存在した。だが、隠さねばならないこととは、まったく考えられていなかった。ギリシア人は、真・善・美の世界の住人なのだ。美は、善であるとともに真でもある。それでもアテネでは、この種の趣向が少子化につながる心配はなかった。生涯の大半を男だけの集団生活で過ごすスパルタとちがって、アテネ人の日常生活は、かほどもストイックではなかったからである。だが、このアテネも、市民皆兵の国家であることではスパルタと変わらない。兵士になるための訓練も、欠くわけにはいかなかった。

十八歳に達すると成人として認められるのだが、スパルタのような「通過儀礼」はない。居住地の役所に出頭し、兵士としての記帳をし、その後に家で家族が祝ってくれるだけである。だが、その後二年にわたって、それぞれが属す階級ごとに、騎兵、重装歩兵、軽装歩兵として、兵役経験者である教官の指導のもとでの訓練がつづく。最も多数になる重装歩兵を例にとれば、円型の盾《たて》は直径一メートルはあり、長槍《ながやり》に至っては、身長の二倍もの長さになる。それを駆使できないことには話にならないのだから、訓練も容易ではなかった。

個々の訓練が終われば、隊を組んでの訓練が待っている。ギリシアの都市国家の主戦力である「重装歩兵」(hoplites) は、隊を組んで攻め進んでこそ最大限の威力を発揮できるのだ。教官たちの指導も、ひときわ熱が入ったことだろう。

〝インターン〟と言ったほうが適切な訓練期の二年目は、国境に点在する基地に送られる。これには、第四階級に属す若者も、またアテネ在住の外国人も、送り出されたようであった。アテネがアッティカ地方全体を統治する都市国家《ポリス》である以上、この地方の各地にある要塞《ようさい》に駐屯しての国境警備は、市民としても重要な任務なのであった。

この〝インターン〟の二年間が終わって初めて、正規の兵士に昇格できる。国からは盾と長槍が支給され、インターンを終えての帰宅にも持ち帰る。召集がかかれば、ただちに集結地に駆けつけられるようにと、武器は家に置いておくのも習いになっていた。

現役としての兵役期間は、騎兵でも重装歩兵でも軽装歩兵でも変わりなく、二十歳から五十歳まで。それ以後は「予備役」に入る。十八歳から二十歳までの〝インターン生〟と五十歳以上の予備役は、現役たちが出払ってしまったときか、国家存亡の危機にでもならないかぎりは召集されない。

ただし、この決まりは兵卒の場合であって、指揮する立場に立つ者には適用されなかった。優れた能力と年齢制限は、折り合いの悪いものなのだ。

このようにアテネの兵士は、いつもは普通の市民生活をしている人なのである。スパルタの兵士が、その一生を兵士専業で送ったのとは反対に。

このスパルタとアテネの軍事力だが、主戦力と考えられていた重装歩兵の数で比べると、時代が進むにつれての変化を考慮しても次のようになる。

スパルタ――五千から八千

アテネ――八千から一万

この二国に大きく差をつけられて、コリントやテーベがつづく。

古代ギリシアの都市国家《ポリス》の中では、やはりこの二国が群を抜いていたのだ。そして、この二大ポリスが向う方向を定めたのは、スパルタではリクルゴスであり、アテネでは、一歩を踏み出したソロンにつづく、リレー・チームの四人組なのであった。

アテネ――ペイシストラトスの時代

紀元前五八〇年、自主亡命の十年を終えて帰国したソロンが眼にしたアテネは、彼が期待していたものとはちがっていた。

ソロンの改革によって成ったアテネの政体は、そのまま残っていた。だから、改革そのものは反古にされたわけではない。ただ、彼がその改革によって解消しようと考えていたアテネの内部抗争は、いっこうに改善されていなかったのである。その要因は、四つあげられるかと思う。

都市国家アテネの国土であるアッティカ地方は、大別すれば四つに分れる。首都アテネと、その背後に広がる平野と、海に面した沿岸地方と、そして山間部の四つだ。

平野と言っても他国のそれと比べれば広いとはとても言えないが、岩だらけではないから耕作には適している。アテネの富裕階級は、この地方に土地を所有している人々なのであった。

ソロンの改革では、部族は四つ。ということは、この人々の経済基盤は、分断されることなく温存されていたことになる。これが、第一の要因。

第二は、沿岸地方の経済力が向上しつつあったことである。植民活動によってエーゲ海の向う岸にも市場が広がった結果、物産の交流が一段と盛んになっていたのだった。私の想像だが、ソロンが第三階級とした中流階級が、アッパーとロウアーに二分しつつあったのではないかと思う。

第三の要因は、この変化に、山間部に住む人々だけがとり残されてしまったことにある。岩だらけで生産性の低いのに加え、国を捨て他の地に植民しようにも、すでにそこには同じギリシア人が入植している。居残るしかなかった「ロウアー」は、かぎりなく第四階級に近づいていたのではないか。いや、状況はもっと悪かったかもしれない。都市では、選ばなければ職は見つかるが、山あいに孤立して住む人々には、問題は簡単ではなかった。

要因の最後は、資力の多少によって分けたがゆえに「ティモクラティア」と呼ばれることになるソロンの改革には、海外にある資産が入っていなかったことにある。これもあって、アテネの富裕階級は、数は少なくても隠然たる勢力を持ちつづけていたのである。

しかしこれを、ソロンに責任を負わせるわけにはいかない。ギリシア人も、そして後のローマ人も、私有財産を完璧《かんぺき》に認め、その保護は、彼らの法の基本原則であった。海外にある資産も、その人か、それともその人の先祖が、自らリスクを負って切り開いた結果なのである。その多くが鉱山であったのは、原住民はその価値をわからないでいたのに、外から来たアテネ人に、わかる能力と活用する能力があったからである。

アテネの著名人に海外資産を持つ者が多いのには驚くが、歴史家ツキディデスがアテネから追放されても悠然と著作活動をつづけられたのも、所有していたトラキアの鉱山からの収入があったからだった。それでもツキディデスは、「超」のつく富裕者ではなかったのである。

私有財産をまったく認めないことで成り立っているスパルタとは、この面でもアテネはちがっていた。

そのアテネを改革しようと努めたソロンは、今風に言えば、穏健的《モデラート》であったのだろう。だが、現実的《リアリスト》でもあった。

ケンカばかりしているアテネ市民の争いの要因を解消するのは簡単にはいかないが、ケンカはひとまずやめ、全員が賛同してやれることは何か、を考えたのである。ソロンが眼をつけたのが、サラミスの島であった。

アテネの外港ピレウスを背後に、エーゲ海の島めぐりをしようとヨットに帆を張ったとき、その帆が大きく風をはらんで波を切り始めるや早くも視界に入ってくる島が、サラミスなのである。

もともとからして海外雄飛の気運が旺盛なアテネ人は、ピレウスの港から自由に安全にエーゲ海に出て行けることを望んでいた。自由に安全に行き来するのは、その近辺の海の制海権を手中にしてこそ現実になる。この意味での制海権は、対岸まで自国領にして初めて完璧になる。ゆえにアテネ人にとって、サラミス島の領有は昔からの夢であった。

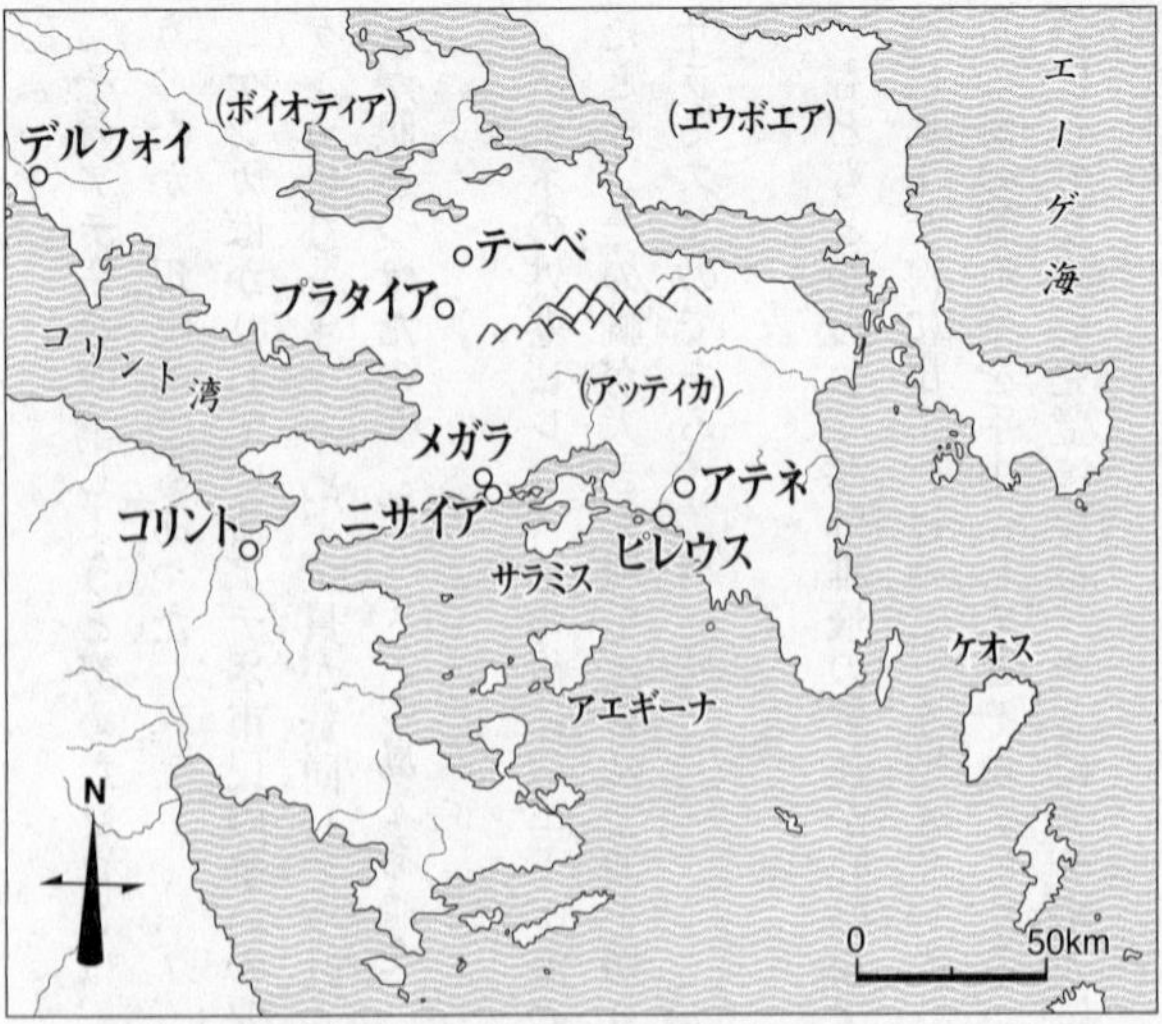

アテネとその周辺

しかし、アテネ人がそう考えるなら、近くにある別の都市国家の住人も同じように考える。サラミスの東側がアテネと向い合ってい れば、この島の西側はメガラと向い合っていた。そのメガラが黙って引き下がるわけがなく、サラミスの領有は、メガラ相手の戦闘に訴えることなしには実現しないのだった。

それでも、サラミス領有のために起す戦争は、市民集会で多数で可決するのは確実だった。そして、戦争になれば、国内のケンカも自然に収まるのである。

このようなことを帰国後に考えているうちに、二年が過ぎる。ソロンも、六十歳になっていた。また、自主亡命とはいえ、祖国を十年も留守にしている。彼が成した改革当時は少年でしかなかった若年層への自分の影響力を過信するには、ソロンは現実的でありすぎた。と言って、若年層を動員できなければ戦争は始められない。

ソロンの母方の親族の一人に、ペイシストラトス（Peisistoratos）という名の若者がいた。ソロンがアテネを離れた年には、まだパレストラ通いも始めていない十歳でしかなかったが、今では凛々《りり》しい二十二歳の青年に成長していた。

二十二歳だから、兵士になるための二年間の訓練期間は終えている。市民としても一人前になっていたということだが、なぜかこの若者のまわりには同年輩の若者たちが集まるのだった。

六十歳は二十二歳を招き、親しく話し説いたのではないかと思う。二十二歳も、ただちにことの重要性を理解する。市民集会は、凛々しき若者の口からほとばしり出るスローガンに熱狂した。

「出陣しよう、闘おう、あの美しい島のために、これまでの屈辱から解放されるために」

サラミス獲得を目標にかかげた開戦は決まったのだが、実際の戦闘にただちに入れたわけではない。サラミスは島である。そのサラミスを攻めるには、海軍が必要だ。前六世紀初めのこの時代、アテネは海軍国ではなかった。海運用の船はあった。だが、商船と軍船はちがう。当時、軍船までそなえていたギリシアの都市国家は、一にコリント、それに次ぐのがメガラとアエギーナであって、アテネではなかったのだ。ちなみにアエギーナは、サラミスの南に浮ぶ島である。

このような事情があって、開戦は決めたもののグズグズしていたアテネだが、アテネ人の知力には悪賢さも入る。アテネがサラミス獲得に実際に動き出そうものなら援軍を派して邪魔してくること必至の、メガラ内部の争いに眼をつけたのだった。

アテネの外港がピレウスならば、メガラの外港はニサイア。都市国家メガラは、このニサイアの住民の反抗に手を焼いていた。

ペイシストラトスは、自分同様に正規の兵になったばかりの若者の一群を引き連れて、ニサイアに上陸する。われわれが手を貸すから、メガラのお偉方どもに一泡ふかせてやろうよ、というわけだ。そして一方では、サラミスにも同志を送り、戦闘に訴えることなしでのアテネへの帰属を説得させていたのである。

このような事情があって、市民集会では勢いよく可決したものの、サラミス島の獲得にはさらなる時間を要することになる。

ここで、ソロンが助けの手を差しのべた。スパルタに仲介を頼もう、というわけだ。ただしスパルタは軍事大国だが、決断を下すのが常に遅い。それでまたも年月が過ぎたのだが、ソロンはあきらめなかった。

スパルタには、ホメロス作の『イーリアス』中の英雄の一人アイアックスは、アカイア人であるだけでなく、今なおサラミスの島民たちが敬愛する英雄だから、サラミスがアカイア地方を領するアテネに帰属するのは理に適《かな》っている、という論法で説得したのである。少年時代にホメロスの叙事詩を教科書に使っているアテネの市民には、このようなことはへ理屈であるのはすぐにわかる。だが、無学なスパルタ人は、ホメロスを持ち出されて困ってしまった。困ったあげく、彼らが考えた解決策というのが、次のことであったのだから笑ってしまう。

アテネは、ニサイアへの軍事援助をやめる。これでメガラは、ニサイアを、自国の外港として確実にする。

その代わり、メガラは、サラミス島がアテネに帰属することを認める。

スパルタを仲介役に引き出したことでアテネが得た利益は、メガラ人にしてみれば唖然《あぜん》とするしかないこの解決策を、メガラに飲ませたところにあったのだった。

紀元前五七〇年、十年間にわたってグズグズしていたサラミス問題もついに解決した。六十八歳になっていたソロンを思い出すアテネ市民は少なくなっていた。「サラミスのヒーロー」とされ、一躍市民の人気の的になったのは、三十歳のペイシストラトスだ。

しかし、バトンはタッチされたものの、ペイシストラトスはただちに走り出せたわけではない。強力な邪魔者が、二人もいたのである。二人とも、「超」がつく富裕階級に属した。

平野部の豊かな土地の所有者たちで成る一派を「平野党」と呼ぶとすれば、その派の頭目はリコウルゴス。一方、沿岸部に位置することで海外との交易によって力をつけつつあった「沿岸党」を率いるのは、アテネの名門中の名門のアルクメオニデス一家の総帥《そうすい》メガクレス。

この二者は、ソロンの改革以後もアテネの主導権をめぐって争っていたのだが、若きペイシストラトスへの市民の人気の高さを眼にして結束したのだった。

ペイシストラトスも、名門の出ではあったが「超」がつく富裕階級の出身ではない。壁は、やはり厚かった。市民の支持を背にしばらくはそれに挑戦したのだが、ここは引き退《さが》る、と決める。年齢も、四十歳になったばかり。アテネの都市を離れ、アッティカ地方の山間部に移り住んだ。この戦略的撤退を決めたのは、敵は早晩、抗争を再開する、と見たからである。そして、一年も過ぎないうちに、それは現実になった。連立の申し入れを「平野党」に拒否された「沿岸党」の党首メガクレスが、連立の相手をペイシストラトスに代えてきたからである。メガクレスの娘をペイシストラトスに嫁がせること、が条件だった。

ペイシストラトスは、これを受ける。四十歳になっていたかつての「サラミスのヒーロー」は、二人の息子をもうけた妻を亡《な》くしていた。こうしてペイシストラトスは、アテネに帰ってきた。だが、この帰還も、長くはつづかなかったのである。

ペイシストラトスを取りこむことでライヴァルの「平野党」を一掃しようと考えたメガクレスだったが、当の婿《むこ》がいっこうにそれに協力してくれない。アテネの名門中の名門アルクメオニデス一門との関係が密になりすぎるのを、ペイシストラトスが嫌ったからである。これに怒ったメガクレスは、再び「平野党」に接近した。またも、強力な敵二人が再度結束したことになる。

だが、この人々にも理由はあった。一度目の戦略的撤退から帰国してしばらくしたときにペイシストラトスが行ったある行為が、彼ら既得権者に結束の大義名分を与えたのだ。

それは、アテネの町中を歩いていたペイシストラトスが一群の男たちから襲われ、軽傷とはいえ傷を負ったことで、彼が市民集会に、友人たちを警護役に連れて歩く許可を願い出たことから始まる。なにせ、「サラミスのヒーロー」の要望だ。市民集会も多数で可決した。ただし、市民集会はオッチョコチョイにも、警護役の数の上限を決めていなかったのである。こうして少しずつ、ペイシストラトスのSPの数は増えていった。これが、ペイシストラトスは「暴君」(tyrannos)を目指しているという、敵側の非難に口実を与えたのである。

事情がこうなってしまっては、ペイシストラトスには再度、戦略であろうとなかろうと、撤退するしかなかった。今度は、アッティカ地方の山間部に移るだけでは話は済まなかったようで、四十四歳になっていたペイシストラトスは一家を引き連れ、北部ギリシアにあるカルキデア地方に移り住む。妻も、父親よりは夫を選んだらしく、自主的とはいえ国外追放の身になったペイシストラトスに同行した。民衆に好まれる男は、なぜか女にもモテるのである。

このときの「戦略的撤退」は、実に十年もの間つづくことになる。だが、ペイシストラトスは、坐《ざ》して不幸を嘆く男ではなかった。

カルキデア地方の背後には、トラキア地方が控えている。この、豊かな鉱脈に恵まれたトラキア地方で、ペイシストラトスは鉱山経営者に一変したのだ。しかも、新たな鉱山を開拓しただけでなく、そこから採取する鉱産物の質を高める技術まで開発したらしい。そのうえ、質が良くなった鉱産物の販路まで開拓した。販路は、アテネとスパルタ以外のギリシア世界のすべてに及ぶ。アテネは敵側の支配下にあり、スパルタは、輸入品は何であれシャットアウト、の国であったからである。

販路開拓の途上で、各地の有力者たちとの間に友人関係を結ぶのも忘れなかった。カルキデア地方は西北部の境を、マケドニア王国と接している。前六世紀当時のマケドニアはギリシア世界の辺境に位置する後進国にすぎなかったが、当時から王国ではあった。ペイシストラトスは、このマケドニア王と親友の間柄になる。また、諸国を遍歴しながらナクソス島の領有を狙《ねら》っていた、リグダミスと知り合ったのもその時期だった。鉱山経営で資力も豊かになっていたペイシストラトスは、それを投じて傭兵《ようへい》隊《たい》を編成し、この親友の目標達成を助けたのである。

もちろんその間も、アテネ内部での同志たちとの連絡は絶やさなかった。最初の戦略的撤退で移り住んだ当時に知り合った、山間部の農民たちである。十年は、無為に過ごしたのではなかった。

クーデター

紀元前五四六年、今度ばかりは満を持して動き出す。傭兵にしたアルゴスの兵士一千に、馳《は》せ参じた山間部の農民たちを加えた軍勢は、マラトンの平原近くの海岸に上陸した。マラトンとアテネは、ほぼ四十キロの距離。アテネも早速、迎え撃つための軍勢を送り出す。

ところが、いざ正面からの激突か、となったとき、激突は回避されたのである。ペイシストラトスとアテネ側の将が話し合って回避したのではない。アテネから送られてきた兵士たちが、戦闘に入るよりも自分の家に帰るほうを選んだからである。市内にもどってきた兵士たちと入れ代わるように市内から逃げ出したのは、これまでの十年間、争いながらも都市国家アテネを牛耳ってきた、「平野党」と「沿岸党」の領袖《りょうしゅう》たちであった。海外資産も豊富な人々だから、国外への亡命も、経済的には心配のない人々であった。

しかし、こうも早く事態が進むとは思っていなかったので、子供たちまで連れて逃げる時間的余裕はなかったらしい。立ちふさがる者もいないままにアテネに入城したペイシストラトスだが、その彼の前に連れて来られたのが、この子供たちであった。ペイシストラトスはこの子供たちを、親友リグダミスが支配するようになっていたナクソス島に送る。ナクソス送りの名目は、しばらくの間の海外留学。子供たちにはナクソスの島民たちの家がホームステイ先として用意され、勉学もパレストラ通いも、アテネにいたときと変わらない生活が再開された。

何とも間の抜けた展開に終始したクーデターではあったが、まったくと言ってよいくらいに血が流れなかったのは事実である。

しかし、このクーデターの張本人であるペイシストラトスは、これからが勝負だ、と心に誓ったにちがいない。二十二歳でソロンに見出《みいだ》され、三十歳で「サラミスのヒーロー」になったペイシストラトスも、五十四歳になっていた。

近現代の歴史研究者たちは、このペイシストラトスを、「ティラノス」（独裁者）と断ずる。これから述べる彼の治世を、「アテネが独裁者によって治められていた時代」と呼ぶほどだ。こうは悪い評価までは下さない人でも、「僭主《せんしゅ》」とは言う。クーデターで権力を掌握したのだから当然の呼称でもあるけれど、日本の辞書にある、「帝王・君主の名を僭称する者」という説明は、ペイシストラトスには当てはまらない。彼は、王を僭称したことは一度もなかった。それどころか、後世の歴史家たちから、「民主政への一里塚」と言われることになるソロンの改革には、一指もふれていない。まったくそのままで継承している。ただし、その運用の仕方となると、彼なりの「色」はつけて、ではあったのだが。

いずれにせよこれより述べるのは、独裁者が治めていた時代のアテネの二十年、である。

アテネに返り咲いたペイシストラトスは、反対派の有力者たちの子弟のナクソス島への海外留学という、穏やかな形にしろ人質は人質だが、それを手中にしている間に早くも手を打つ。

「平野党」の人々が逃げてしまって地主不在になっていたアッティカ地方の土地を接収し、それを小分けにして、これまでの小作農や山間部の農民たちに分け与えたのだ。つまり、農地改革を断行したのである。これで、「平野党」の勢力基盤は崩壊した。

ペイシストラトス

ただしペイシストラトスは、単なる「貧しい人々の味方」ではない。自営農民になった人々に、税金を課したのである。その農地が豊かな土地ならば、そこからあがる収益の十分の一、痩《や》せた土地ならば、収益の二十分の一。当時では、少ない額である。それでも実質的には直接税ではあるのだから、間接税のみの時代では画期的だった。

ペイシストラトスは、この税の使い道も明らかにした。都市国家アテネを運営する経費に当てる、がそれである。国政への参加は無償でやる時代であったから、そのためにかかる費用ではない。それでも、盾と長槍は国が支給しても他の武装すべては自己負担であった兵士の出費は軽減され、国家の運営に要する細ごまとした経費や公共事業の財源も、これでひとまずは確保されることになった。

一人一人から徴収する税は、少額だった。だが彼らは、数が多い。それにペイシストラトスは農民に、税で収める分を除いた残りの農産物を市場で売ることを奨励したので、農民たちの収入も、増えることはあっても減ることはなかった。農産物は、都市国家アテネの人々の口を満たすだけではない。都市部や沿岸地方に運ばれた農産物は船で、ギリシアの他の地方にも売られる。それまでは孤立して生きてきた山間部に住む農民たちも、都市部や沿岸地方に住む人々との交流が盛んになった。

そのうえ、ペイシストラトスは、亡命生活中に開拓した販路を、アテネ中の交易商人に開放したのだ。手数料を取って開放したのではないから、商人たちが喜んだのも当然である。交易先は、アテネの支配者になったペイシストラトスの友人たちが支配する町々。この間を結ぶビジネスが、以前よりは容易になったのも当然だった。

だがこれで、もう一つの有力な反対派であった「沿岸党」の権力基盤も、骨抜きにされたのである。

ナクソス島に送られていた子供たちも親許に帰り、逃げ出していた「平野党」や「沿岸党」も、亡命をつづける領袖を除く若い世代はもどり始める。ソロンの成した政体はそのままなのだから公務はあり、ゆえに選挙もあり、軍役という義務もあった。アテネのエリートたちには義務の観念が強く、またペイシストラトスは、反対派を力ずくで排除するようなことはしなかったので、彼らとて、今のところは御手並拝見、という想いであったのかもしれない。

経済力を向上させるには、アテネでは三つの条件が満たされる必要があった。

一、相手側も喜んで受け取る、信用の置ける自国通貨を確立すること。

二、自国内は安定し、他国との間も、友好な関係を維持すること。

三、領土も広くなく人口も多くは望めない都市国家である以上、製品は安物の大量生産方式ではなく、単価が高い品に重点を移すこと。つまり、高価でも買いたいと思う品を生産することである。

2500年昔の4ドラクマ銀貨

現在のギリシアが発行している1ユーロ硬貨

アテネには、通貨はあったのだが確立していなかった。しばしば他国との交易には、コリントやアエギーナの銀貨で払うしかなかったのである。その状態を、ペイシストラトスは改革する。表面は女神アテナの横顔、裏面は、その女神にはつきもののふくろうが刻まれた、ドラクマ銀貨の誕生である。最も広く通用した「テトラドラクマ」(四ドラクマ銀貨)は、この後二百年以上にわたって、アテネを象徴する通貨になるのである。

銀貨を常時鋳造《ちゅうぞう》するには銀鉱山の確保が必要になるが、こうなればペイシストラトスにはお手のもの。トラキア地方の鉱山に加え、アッティカ内でも鉱山を開発してしまったのだから。

ソロンの改革は、アテネに秩序を与えた。ペイシストラトスが目指したのは、そのアテネに安定を与え、それによって経済力を向上させることであったのだ。「野党」の存在は否定されてはいないのだから、内閣を構成する九人のアルコンは、「野党」から選出される可能性は充分にある。ペイシストラトスがやったのは、候補者に自派の人物をぐりこませることで、内閣が野党一色にならないようにすることであった。

法治国家である証《あか》しの裁判所《エリアイア》も、市民集会から選ばれる四百人でつづいている。ペイシストラトス自身、証人喚問に応じて出廷し証言したこともあった。

ギリシアの他の都市国家との関係に至っては、これはもう平和外交以外の何ものでもなかった。はっきりと敵対関係にあるポリスは一つとしてなく、亡命中から良好な関係を築いていたテーベやアルゴスやエレトリアはもちろんのこと、サラミス島がアテネに帰属するようになったことで神経を尖《とが》らせているアエギーナ、アテネの台頭に嫉妬《しっと》を隠さないコリント、常に疑いを持たずにはアテネを見られないスパルタという、めんどうな相手とも友好な関係を結ぶのにも成功している。テッサリア地方の支配者とは、生れた自分の息子をテッサロスと名づけたと伝えただけで仲良しになったというのだから、感心するよりも呆《あき》れてしまう。

しかし、ペイシストラトスの外交には、確とした一線があった。領土拡大への野心はないと、相手側に認識させることである。四年に一度の休戦というオリンピアでの競技会の真の意図が、全ギリシア人に共有されていた時代である。都市国家間の戦争は、領土をめぐる争いから起るのが常であった。

ペイシストラトスの治世の二十年というもの、アテネが戦争をしたとする史実は存在しない。その間ずっとアテネは、本格的な軍勢を派遣するほどの戦争を知らないで過ごすのである。経済力向上の条件の第二である、国内国外ともの安定と平和は達成されていたのだった。

経済力向上の条件でもある第三は、安物の大量生産方式ではなく、単価の高い物産の製造方式への移行である。

ペイシストラトスがアテネ国政を牛耳るようになる以前のギリシアで、この面での先進国はコリントであった。

正しくはコリントス（Corinthos）と呼ばれるこの都市国家は、湾よりも内海という感じのコリント湾に面している。この広い湾は、狭くなった地にあるナウパクトゥス（後代のレパント）を経由してイオニア海と通じている。イオニア海に出さえすれば、南イタリアとシチリアまでは西に一直線。コリントは、この地の利を活用して、地中海の中央部にまで市場を広げていた。これらギリシア人にしてみれば海外になる諸都市は、もともとはギリシアからの移民によって建設されたのだが、母国ギリシアよりも広大な土地と富を有するようになったという意味で「マグナ・グレキア」（大ギリシア）と呼ばれるまでになっていたのである。

イオニア海とその周辺

　これらの諸都市との交易によって富を貯《たくわ》えていたコリントは、当時のギリシアではどの都市国家よりも大量の船を所有し、有名なコリント製の壺《つぼ》を、イオニア海を渡るだけの西方に留まらず、ペロポネソス半島をまわってエーゲ海に入り、さらにそのエーゲ海を渡らなければ着けない東方にまで売りさばいていたのである。ペイシストラトスの意図は、このコリントが独占していた高級品市場に斬《き》りこむことであった。

壺は、ギリシア人の生活には必需品である。彼らは壺に、何でも入れてしまう。葡萄酒もオリーブ油も、まだ粉にしていない小麦でも豆類でも、壺に入れないものはない、としてよいくらいに活用する。だから、ギリシア人が住む地ならどこでも、壺は製造されていたのである。

しかし、コリント産の壺は美しかった。代表的なものは人物が描かれたものだが、実に清楚《せいそ》な美を漂わせている。他国も模倣したのだが、オリエントを想わせる静的な美しさではコリント産が断じて優れていた。

アテネで壺を製造していたのは、ソロンの改革では第四階級に属すとされた職人たちである。この職人の背中を、ペイシストラトスがどのようなやり方で押したのかはわかっていない。だが、何らかのやり方で、彼らの仕事を活性化させたことは確かだ。また、小企業者と呼んでもよいこの人々は、ソロンの改革の一つである、借金が返せなくても奴隷《どれい》には落ちないとした法の、恩恵を受けた人々でもあった。

例えば、販路はこちらが考えるから上質な品を製造することだけに専念せよ、とペイシストラトスから言われ、その気になった職人がいたとする。職人は、これまでは息子たちに手伝わせるにしても自分一人で作っていたのだが、これからは何人か人を傭《やと》って仕事をさせ、自分は最初のアイデアと最後の仕上げに徹するようにすれば、上質の品をしかも数多く製造できると考える。こうなると、新規に傭い入れるのは奴隷になるが、それが簡単ではない。

壺の製造を経験した奴隷を購入するとなると、自分の一日の稼ぎの二十倍はするのだ。そのうえ、技《うで》が良いことで評判の、今で言えば熟練技術者の奴隷を買おうものなら、自分の一日の稼ぎ分の五百倍は吹きとんでしまう。ゆえに、小とはいえ規模の拡大は容易な話ではなく、先行投資の意味の借金に頼ることでしか実現できない話なのであった。

おそらく彼の場合は、次のようにしてこの難関を切り抜けたのだろう。自分の一日の稼ぎの四倍出せば買える少年奴隷を二人求め、彼らに手伝いをさせながら仕事を覚

女性の装束を描いた
コリント・スタイルの壺

えさせていく。一方では即戦力として、自分の一日の稼ぎの二十倍を投資して職人奴隷を購入し、彼らに製造の中間過程をまかせながら、デザインと仕上げは自分でする、というやり方だ。たとえ失敗に終わっても奴隷の身には落ちないソロンの改革もありがたかったろうが、上質な製品さえ作れば売るのは国が考えるという、ペイシストラトスの政策もありがたかったにちがいない。

こうして、当時の製造業では重要な分野を占めていた、アテネの壺製造業が大きく飛躍することになる。

コリント産の摸倣ではない。安物を大量に生産することで、価格競争で勝とうとしたのでもなかった。まるでコリント産に挑戦するかのように、アテネ産の壺の主力は、朱色の地に黒か、黒地に朱色かで、人間が描き出された壺になる。

しかもちがいは、色だけではなかった。静止した人を描いたコリント産に対して、アテネ産の絵柄はダイナミックで人間の数も多い。ホメロスの叙事詩の一場面を描くことから始まり、オリンピアの競技会を描くとなると、裸体の男たちが一団となって走る競走から、四頭の馬が疾駆する戦車競走までを絵にしてしまう。

その一方で、アテネの庶民の日常生活から食材の魚や鳥とテーマは多岐にわたり、アテネ人のファンタジアの豊かさには舌を巻くしかない。そして、想像力が刺激されれば、それも現実化する技能のほうも向上する。その結果、「絵師」と呼んでもよいデザインの専門家が出てくるようになる。この人々は、壺や皿の絵図のみを描くことで工房を渡り歩くフリーの職人で、地位が向上した証しにこの人々は、壺や皿に自分の名を記入し始めていたのだった。

前六世紀後半というペイシストラトスの治世から始まって、アテネ産の壺が地中海市場を席巻《せっけん》するようになったことは、考古学によっても証明されている。ギリシア人のこの面での才能を敬愛していたローマ人が住んでいたイタリア半島では、大小まじえた数多くの壺や皿が発掘されている。しかも、このアテネ産を摸倣したエトルリア産の壺と比べて見れば、その出来のちがいはシロウトにもわかる。これほどの品が、

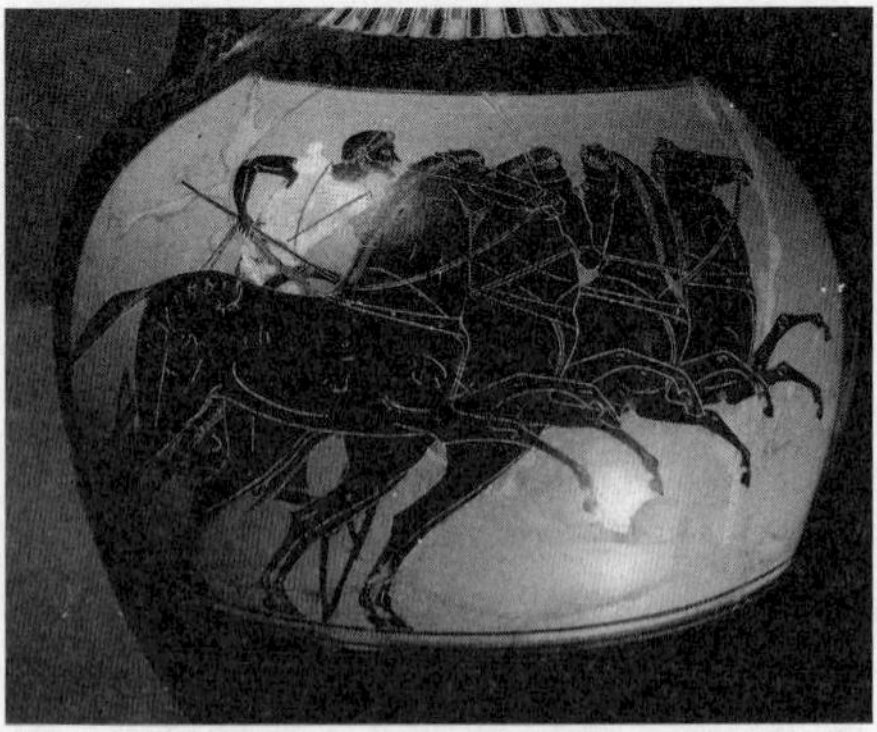

四頭立ての戦車競走を描いた
アテネ・スタイルの壺

アテネでは、日々働かないと生活していけないという理由で第四階級に入れられていた、ローマ人の言う「プロレターリ」、の手で製造されていたのだった。

ギリシアの伝説の王ミダスは、手をふれたものすべてが黄金に一変することで知られていた。華麗でありながらユーモラスでもあるアテネの壺や皿に描かれている絵を眺めていると、アテネ人が手をふれたものはすべて「美」に変わるのか、と思ってしまう。

だが、この場合の「美」は、黄金でもあった。なぜなら、売れれば金貨が入ってきたのだから。これらのアテネ産とシロウト眼にもわかる壺や皿の数々を眺めながら、これならば二倍の値でも買うだろう、と思ってしまう。

壺絵によって爆発したアテネ人の想像力が彫刻の分野にも波及するのは当然の帰結。ペイシストラトスの時代に、アテネが代表するギリシア彫刻は、それ以前のアルカイック・スタイルから、クラシック・スタイルに移行したのである。静止していた彫像も、動きのある彫像に変わっていったのだ。「古典《クラシック》ギリシア」の誕生であった。

古典ギリシアの開花は、神殿建築にも及んだ。ローマ人にとっての公共事業は街道や水道や橋になるが、ギリシア人にとっての公共事業の第一は、神殿を建てることにつきる。神殿には、それをささえる円柱が欠かせない。前七世紀までの円柱は、ドーリア式と呼ばれるどっしりした造りで、安定感は充分でも鈍重な感じは免れなかった。それがこの時代から、すっきりとそびえ立つイオニア式に変わっていくのである。列柱と言うくらいだから、それが四方に並び立つ。列柱として使った場合の、イオニア式の美しさは格別だった。

ホメロスの叙事詩『イーリアス』と『オデュッセイア』もそれまでは口伝であったのを、羊皮紙に書き取らせることで「定本化」したのもペイシストラトスである。アテネの学校で教える教師たちも、以後はこれを使えばよいのだから楽になった。と言うより、この世界文学の最高峰を読む後代の人々はみな、ギリシア語が読める人はペイシストラトスが作らせた定本の原本を、読めない人でもその各国語訳を読んでいるのである。

この人は今で言えばイヴェントの祖だな、と思うと笑ってしまうが、四年に一度、女神アテナに捧《ささ》げる「汎《はん》アテネ祭」を打ち上げたのである。オリンピックとちがって、競うのは歌唱力。ギリシア人ならばどの都市国家からも参加でき、歌と言ってもホメロスの叙事詩を、竪琴《たてごと》の伴奏で朗々と歌いあげ、それを競い合う祝祭である。

ギリシア人は体技を競うのも好きだが、歌や踊りを競い合うのも大好きなのだ。ホメロスの叙事詩も定本化したのだから、自分勝手にストーリーを変えたり原本にはない人物を登場させたりすることはできない。「汎アテネ祭」は、この世界文学史上の傑作の一般への普及にも役立ったのである。

イヴェント好きには、自分でも愉《たの》しいことを考えるのが好きだが、他人が愉しむのを見るのも好き、という人が多い。

ペイシストラトスは、それまでは二級の神とされてきたディオニッソスを、主神ゼウスやアテナやアポロンに次ぐとはいえ、同列の一級の神に格上げした。ディオニッソスとは、ラテン語ではバッカスと呼ばれ、酒の神とされている。それまでは、葡萄《ぶどう》畑を持つ農民の神であったのを、ペイシストラトスは全アテネ市民の神に格上げしたのである。

ただし、葡萄酒を飲んで騒ぐだけでは、わざわざ格上げした意味がない。ギリシア人は何をしても神々の側面援助があると信じている民族なので、ディオニッソスにも守護の対象を見つける必要がある。演劇が、それになった。演劇の上演はディオニッソス神に捧げられ、それを観《み》た後ならば、酒を飲んで騒ぐのもディオニッソスの認めた行為になる、というわけだ。

こうして、半世紀後にはアイスキュロスを生むことになる、ギリシア悲劇の全盛期への扉は開かれたのであった。

このペイシストラトスが、批判精神の旺盛《おうせい》なアテネで、なぜ二十年間も支配者でありつづけることができたのかを、実証的に示してくれた史料はない。だが、警察国家にしたわけではなく、反対派でも、亡命した者はいても殺された者はいず、牢獄《ろうごく》生活を強いられた市民もいなかった。今のところにしろ、それを記録した史料は見つかってはいないのである。

自分ではSPに守られながらアテネ市民には武器の携帯を禁じていたのは、彼が独裁者であった証拠だとする研究者はいるが、市内での武器携帯禁止は、今ならば先進諸国では普通に実施されている治安対策にすぎない。頭に血がのぼりやすい二千五百年昔のアテネ人は、議論が激化してくるとついついベルトにはさんでいた短剣を抜く、という事態になりかねなかった。以前は日常茶飯事であったアテネ市内での刃傷沙汰《にんじょうざた》も、この禁止令によって過去のことになっていたのである。

イギリス人らしく、民主主義者ということでは人後に落ちないはずの学者でも、次のように書くしかなかった。

「たしかにペイシストラトスは、専制的な統治者であった。だが、快適な専制者ではあったのだ」

イタリア語に、「ガリアルド」(gagliardo) という言葉がある。男を形容する場合だと、「図太いが愉快な奴《やつ》」となるが、形容の対象が葡萄酒になると、「vino gagliardo」となって、「強くて質の良い葡萄酒」の意味になる。

あるイタリア人は、ペイシストラトスはガリアルドなリーダーだった、と言い、それにこうつづけた。

「ペイシストラトスの統治下にあったアテネは、毎日がエクスポ（見本市）であったのかも」

外国人と彼らが持ってくる外資の導入への扉は、すでにソロンが開いていた。ソロンの改革には、一指もふれなかったペイシストラトスのこと、彼の統治した二十年間、都市国家アテネの首都は、ますます国際色を強めていたのである。

この専制的なリーダーの晩年、スパルタが主導して「ペロポネソス同盟」が結成される。強力になる一方のアテネに、スパルタが警戒心を抱き始めたからであった。

ペイシストラトスが統治した二十年間は、「アテネにとっての高度成長期」ではなかったかと、私には思えてならない。それが、前五二七年、この専制者が、自宅のベッドの上で七十三年の生涯を安らかに終えられた要因ではなかったか、と。

その間ずっと、反対派である「平野党」も「沿岸党」も、つけ入る余地も見出せないままに、領袖たちは自主的にしろ、海外での亡命生活をつづけるしかなかったのである。

しかし、いかに快適で愉快であろうと、「ティラノス」(専制者、悪い評言だと暴君)は死んだ。

アテネ人は、辛辣《しんらつ》な風刺喜劇を生んだ民族でもある。批判精神が人一倍旺盛であったということだが、そのアテネ人が、二十年もの間つづいた専制統治の後に、今やチェンジの時だと思ったとて当然だ。しかし、チェンジするのに適した人物を探し出すのは容易ではなかった。

「平野党」は、彼らの所有地を小分けし農民たちに分配するというペイシストラトスの政策によって、勢力基盤を大きく侵害されたことで弱体化していた。

だが「沿岸党」は、これまたペイシストラトスの海外交易奨励策によって沿岸地方の経済力が向上したおかげで勢いは少しも衰えず、そのうえこの党派は、アテネ人ならば知らない人はいない名門中の名門、アルクメオニデス一門に率いられている。この一門の総帥メガクレスは亡命中に死んでいたが、長男のクレイステネスが後を継いでいた。

クレイステネスは、ペイシストラトスが、無血ではあってもクーデターによってアテネの支配者になった年、十九歳の若者だった。この若者はその年からペイシストラトスが死ぬまでの、正確に言えば十九年間、祖国アテネには一度も帰らない亡命生活をつづけていたのである。一門の他の男たちは帰国しても、一門を率いる立場にある彼だけは帰れなかったのだ。

ペイシストラトスが死んだ年、クレイステネスは三十八歳になっていた。年齢から言っても知名度からしても、アテネに返り咲く状況は充分のはずであった。にもかかわらず、ほんとうの意味で「返り咲く」のには、その後十七年も要するのである。なぜか。

一言で言ってしまえば、ペイシストラトスの死後も十七年間「ペイシストラトス体制」がつづいたからだが、なぜ十七年間もつづいたのか。

ペイシストラトスは、二人の息子を残して死んだ。ヒッピアスとヒッパルコスという名の、生年が不明なので没年から推測するしかないのだが、二人とも二十代の年頃であったと思われる。この兄弟は無能ではなかったので、この二人ならば権力の委譲も可能だと、父親は考えたのかもしれない。

息子二人は、父親が持っていた、そしてそれをアテネ市民も長年にわたって認めていた、カリスマ性は自分たちにはないことはわかっていたようである。だから、SPを従えるようなことはしなかったし、相当に派手だった父親の私生活を踏襲しようともしなかった。もちろんのこと、父でも一指もふれなかったソロンの改革によるアテネの政体は、そのままで継続されていた。アテネでは、毎年選挙が行われていたということで、内閣としてもよい九人の「アルコン」の一人に、前五二五年には、あのクレイステネスも選出されている。ペイシストラトスの死後、わずか二年後のことであった。

ただし、返り咲きはしたクレイステネスだが、九人のうちの一人としてである。「ペイシストラトス体制」とは、反対派に九人のうちの多数を占めさせないよう候補者を事前に調整しておくことにあったから、四十歳になっていたクレイステネスの祖国復帰は、あくまでも「ペイシストラトス体制」下での返り咲きなのであった。

それでもこの「沿岸党」の領袖は、その後も十年間はアテネに留まりつづけたようである。「アルコン」経験者で構成される司法担当機関の「アレイオスパゴス」の一員になったり、再び「アルコン」に選出されたりしながらであったのかもしれない。なぜなら、彼が再び亡命するのは、息子のヒッピアスの統治の最後の時期、前五一四年前後になってからであったのだから。

兄弟二人による統治の場合は兄弟間で割れることが多いのだが、ペイシストラトスの息子二人にはそれが起らなかった。兄ヒッピアスの担当は国政全般で、弟ヒッパルコスはもっぱらイヴェントの担当であったからである。また、この二人による専制がこうも長年にわたってつづいたのは、アテネ市民に、チェンジはしたくてもそのための確たる理由がなく、ふんぎりもつかなかったこともあったのではないかと思う。何が何でもチェンジしなければ、と考えるほどには、アテネの市民は理想主義的ではなかったのだ。

しかし、最初の「ほころび」は、兄弟二人による専制的統治が、八年目を迎えた前五一九年に訪れる。それは、三十七年もの長きにわたって国外に軍勢を送らずに済んできたアテネが、送らざるをえない状況に追いこまれたからであった。

発端は、他国への侵略の常習犯の感あるテーベが、近くにあるプラタイアに攻めこんだことから起る。プラタイアは、最強の陸上戦力を誇るスパルタに助けを求めた。「ペイシストラトス体制」下でペイシストラトスの死後も繁栄をつづけるアテネに警戒心を強めていたスパルタは、プラタイアからの助けの求めをアテネを戦場に引き出

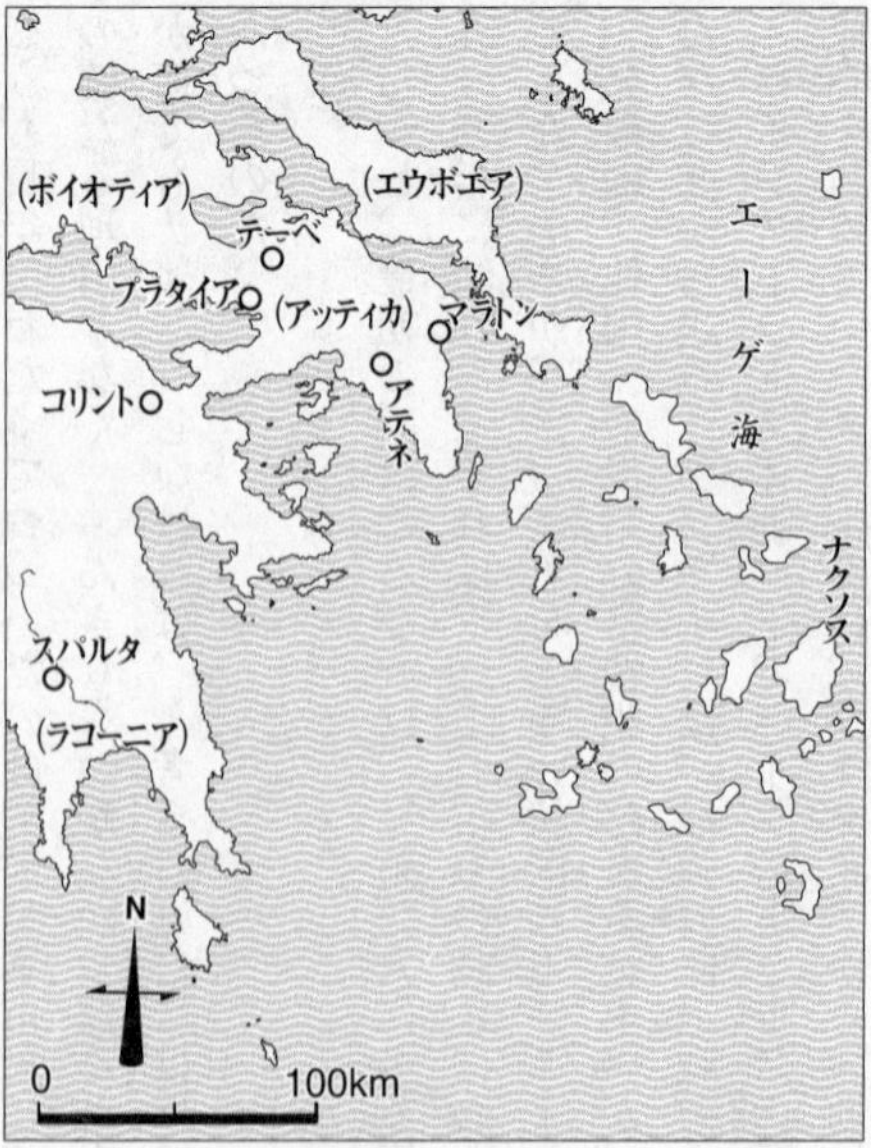

アテネとその周辺

す好機と見て、プラタイアには、地理的にも近いのだからアテネに援軍派遣を求めるのが本筋だ、と答えたのだった。

プラタイアから援軍派遣を求められたヒッピアスもそれを受けるしかなく、市民集会も可決するしかなかったのである。プラタイアがテーベの支配下に入ろうものなら、アッティカ地方は「他国への侵略の常習犯」と直接に国境を接してしまうことになるからであった。

アテネにとっては幸いにも、テーベの軍勢との戦闘はアテネが勝った。だがこれで、ヒッピアス支配下のアテネは、二つの不安をかかえこんでしまうことになる。

第一は、ギリシアの中では有力な都市国家の一つである、テーベを決定的に敵にまわしてしまったこと。

第二は、テーベはそのアテネに対して嫌がらせをするかのように、「ペイシストラトス体制」にとっては反対派になるアルクメオニデス一門に、テーベが領するボイオティア地方の南部を、もしも彼らがアテネに向けて実力行使に入るような場合になったときの、前線基地として贈与したのだった。

もしもこの一件が、アルクメオニデス一門の総帥《そうすい》クレイステネスがアテネ市内にいながら実現したのであったら、後の民主主義のチャンピオンも相当なワルであったことになる。

だが、この事態の変化によって、ヒッピアスには、新たな心配の種ができたことになった。国内にはクレイステネス率いるアルクメオニデス一門、国外はテーベにスパルタと。

しかもこの時期、生前のペイシストラトスとは親友の仲で、その死後も何かと兄弟を助けてくれていたナクソスの僭主リグダミスが死んだ。ヒッピアスにとっては、完全に信頼できた味方を失っただけではない。エーゲ海の南半分という、アテネの商船にとっての幹線航路さえも、以前とはちがって心配しなければならなくなった。リグダミスの支配下にあったナクソス島が睨《にら》みを効《き》かせてくれていたおかげで、その近海を航行するアテネの船の安全は保証されていたのだった。

平静心を失ったのか、ヒッピアスはこの時期、遠方のペルシア帝国にも接近を試みている。それでも、アテネにとっての敵に変わりうる敵のすべてが、ふんぎりがつかなかったのか決定的な一歩を踏み出さなかったので、兄弟二人による専制は、ガタピシしながらもつづいたのだった。

だが、その五年後の前五一四年、弟のヒッパルコスが殺される。汎《はん》アテナ祭を取りしきっていたヒッパルコスを襲ったのは二人のアテネ市民で、戦闘の神でもある女神アテナに捧げられたこの祝祭の期間だけ、武器の携帯は認められていたのだった。

犯人二人は、その場で捕えられ、死刑に処された。ソロンの改革では、二人ともが第一階級に属していた。個人的な恨みが原因の犯行とされたが、ほんとうのところはわからないままだった。

しかし、クレイステネスは、ヒッピアスが一人になってしまったこの時期こそ好機、と見る。前線基地にとテーベから贈られていたボイオティア地方にもどり、一族郎党を率いてアッティカ地方、つまり都市国家アテネの国境に向って進軍を始めたのだった。

それを知ったヒッピアスは、これも父親のおかげで同盟関係になっていたテッサリアに救援を求める。テーベとは仲の悪いテッサリアのこと、ただちに軍勢を送ってきた。こうして、クレイステネスによる軍事力行使は、アッティカ地方の土もまだ踏んでいないという時点で、早くも失敗に終わった。

五十歳に入ったクレイステネスは、方針を転換する。自力ではとうてい成功できないと悟るしかなかった彼は、ここはもう他国の本格的な軍勢に頼ることに決めたのであった。

もともとからしてアルクメオニデス一門は、超のつく富裕階級である。そのうえ、これも超のつく海外資産の所有者でもあった。資金には不足しなかった。

クレイステネスは、自費で、三十五年前に焼失したまま放置されていた、デルフォイにあるアポロン神殿を再建したのである。

デルフォイのアポロン神殿は、リクルゴスの例を思い出すまでもなく、スパルタ人にとっては、ことあるごとに御神託を受けに向う場所なのだ。立派に再建された神殿を見て、スパルタ人は感激してしまい、クレイステネスに好意を抱くようになった。

そしてこれは後になって哲学者アリストテレスが伝えたエピソードなのだが、クレイステネスは、アポロン神殿の神官たちをカネで買収し、御神託を受けに訪れたスパルタ人に対し、「ペイシストラトスの鎖から解放されたいと願うアテネ人を助けよ」と、巫女《みこ》の口を通して言わせることまでしたという。

ヒッパルコスの暗殺から三年が過ぎた前五一一年、クレイステネスの策略はようやく実を結んだ。たとえ巫女から進言されても、スパルタ人は決断が遅く行動も遅いのである。それでも翌年の春には、さしたる規模ではなくてもスパルタ軍はアッティカ地方に上陸することはした。

ところがその彼らを、テッサリアの騎兵一千が待ちかまえていたのである。スパルタの重装歩兵も、このときは騎兵の敵ではなかった。隊長まで戦死という、全滅で終わってしまう。

こうなるとスパルタ人の頭からは、反ペイシストラトス派のアテネ人を助けるとか、アポロン神殿の巫女の告げる神託とかは、完全に消えてしまう。スパルタの戦士にとって戦闘に勝つことは、もはや自尊心の問題になるからだ。決断も行動も遅いスパルタ人にしては珍しく、王クレオメイネスが率いる重装歩兵の大軍がアテネに向った。

一敗地にまみれたのは、今度はヒッピアス下のアテネ兵とテッサリアの騎兵である。隊列も乱さずにアテネ市内に入ってきたスパルタ軍は、そのまま、手勢だけを率いてアクロポリスに逃げたヒッピアスを追って、この丘の上に立つ砦《とりで》を囲んだ。

だが、王クレオメイネスは、スパルタの重装歩兵は城攻めが得意でないことを知っている。それでヒッピアスに使いを送り、降伏しアテネを去るならば、ヒッピアスと彼に従う者全員の安全な退去を保証すると伝えさせたのである。ヒッピアスはそれを受け入れ、アテネを後に、所有地のあった北部ギリシアに向って発《た》って行った。

こうして、紀元前五一〇年、アテネを支配してきた専制統治は終わった。「ペイシストラトス体制」は、それが始められた年から三十六年後に、ペイシストラトスが死んでからでも十七年後に、ようやくにして終わったのである。他国の手を借りたとはいえ、勝ち残ったのはクレイステネスであった。

アテネ——クレイステネスの改革

スパルタ人にとって「市民」とは、リクルゴスが定めたように、祖国の防衛に生涯を捧げる「戦士」しか意味しない。都市国家スパルタの存続に不可欠ではないかとわれわれならば思う、手工業や商業に従事するペリオイコイも農業を担当させられているヘロットも、彼らの考え方では「市民」ではないのである。だからこそ、ペリオイコイにもヘロットにも、市民権は与えられず、ゆえに市民集会への参加も認めていなかった。

一方、アテネでは、ソロンの改革が示すように、職人も商人も農民も「市民」なのである。収入の多少で被選挙権には差別がつけられていたが、市民集会に参加する資格をもつ以上、つまり国政に参与する権利を認められている以上、立派に、市民権を持つ「市民」であった。

紀元前五一〇年、スパルタがペイシストラトスの息子ヒッピアスの追放に手を貸したのは、何も、ただデルフォイのアポロン神殿を再建してくれたクレイステネスに恩義を感じ、そのクレイステネスが欲していたヒッピアスの排除を助けてやったわけではなかった。

しばらく前からスパルタは、「ペイシストラトス体制」を、当時はそのような言葉はなかったが現代人ならば言うにちがいない「ポピュリズム」と見、そのアテネへの警戒心を強めていたのである。農民や職人や商人の経済力の向上に努めたペイシストラトスは、ペリオイコイやヘロットを市民社会から徹底的に排除しているスパルタにしてみれば、これら自国の下層階級に悪影響を与えかねない危険なポピュリストに映ったのだろう。このスパルタ人にしてみれば、「ペイシストラトス体制」の継承者であるヒッピアスを、追放する理由は充分にあった。

と言って、ヒッピアスを排除した後にクレイステネスをすえる気持もなかった。クレイステネス自身は名門中の名門の出身ゆえに既得権階級に属すが、彼の勢力地盤はアッティカ地方の沿岸部で、住民の多くは職人や商人が占めている。この新興階級を率いるクレイステネスは、スパルタ人からすれば、危険分子であることでは変わりはなかったのである。忘れないでほしいのは、スパルタの国政を動かしているのは二人いる王ではなく、市民集会から毎年五人ずつ選ばれてくる「エフォロス」であることだ。リクルゴスが定めたスパルタの国体を守りつづけることに一筋の疑いも持たない、今で言うならば頑固な保守派、なのであった。

軍事力によって「ペイシストラトス体制」を打倒したスパルタが考えたのは、このアテネにも、スパルタに似た政体を樹立することである。つまりこの際にアテネにも、「オリガルキア」(少数指導政)を導入しようとしたのだった。

このスパルタが、イサゴラスという名の男に眼をつける。以前からしばしばスパルタに滞在したりして、親スパルタ派のアテネ人と見られていた男だった。

二年後、今度は小部隊のみを率いただけでアテネに乗りこんできたスパルタ王クレオメイネスは、このイサゴラスを「アルコン」の一人に選出させることには成功する。九人で構成される「アルコン」選出の権利は、資産家とされていた第一と第二の階級に属す市民にしか認められていないから、イサゴラス自身も富裕階層に属していたのかもしれない。

アルコンに選出されたイサゴラスは、市民集会への提案ではなく、スパルタ王の軍事力を背にしての命令という感じで、次の三項を市民に突きつけたのだった。

一、アテネのあらゆる公的機関から、ペイシストラトス派と目される市民の全員を解任する。
二、クレイステネスとその一派もまた、全員がアテネから追放される。
三、市民集会を解散し、それに代わる機関は、新任のアルコン、つまりイサゴラスが決める。

これに、アテネ市民は怒ったのである。怒った市民たちは群れをなし、スパルタ王とイサゴラスが居場所にしていたアクロポリスの上に建つ砦を囲んだ。王に従ってきていたスパルタの兵士たちは勇猛さでは優れていたが、なにしろ相手は数が多い。そのうえ、怒り狂っている。スパルタ王も二日の間防戦したが、本国にいる「エフォロス」（監督官）にも相談せずに独断で、ことを収めるほうを優先したのだった。

市民側の要求はすべて受け入れられた。王クレオメイネスは兵士たちを率いて安全に退去し、イサゴラスとその一派は捕えられ死刑に処された。イサゴラス一人は、どのようにしてかはわかっていないが逃げるのに成功し、スパルタに難を避けたということだが、その後の彼の消息は知られていない。

だが、このゴタゴタの後でアテネ市民は、ようやくにしてクレイステネスを迎え入れる気になったのであった。

紀元前五〇八年、ペイシストラトスの支配下に入ったアテネから亡命して以後三十八年ぶりに、クレイステネスはほんとうの意味で、祖国アテネに復帰したのである。自主的にしろ亡命生活に入った年は十九歳でしかなかった彼も、五十七歳になっていた。そして、五十七歳のクレイステネスは、市民たちが自分を迎え入れたのは、他に人がいなかったからにすぎず、双手《もろて》をあげて自分を迎え入れたわけではないことを熟知していた。

この半世紀余り、西洋史上のルネサンス、中世、古代ローマと書いてきてつくづく思うのは、時代を画すほどの本格的な改革を成し遂げる人は、既成階級からしか出ないのではないか、という想《おも》いである。

既成階級に属す者が皆、自分たちが享受《きょうじゅ》してきた既得権を以後も堅持することしか考えない、単なる保守主義者とはかぎらない。この階級に属す者の中には時に、自分たちの属す階級のどうしようもない欠陥を直視できる人が出てくる。

改革は、既得権階級のもつ欠陥に斬りこまないことには達成できない。斬りこむには、欠陥を知りつくす、と言うか肌で知っている者のほうが有利にきまっている。どこに、どう斬りこめば成功するかを、ローマ人の言葉を使えば、「食卓の話題」で自然に会得《えとく》してきたからである。この種の「蓄積」は、いかに優秀な新興階級の出身者でも、一朝一夕には得られるたぐいのものではなかった。他には適当な教育機関が存在しなかった時代、それを教えこむのは家庭しかなかったのである。

これより述べるクレイステネス（Kleisthénēs）による改革は、一見するだけならば、彼自身が属す特権階級が拠《よ》って立つ基盤を根底から破壊し、それによって国政の行方を全面的に市民の手にゆだねた、かのように見える。

ほんとうにそうか。答えはNO。絶対にNO。

もしも答えがイエスならば、この四十年後とはいえ、アテネの改革チームの最終走者になる、ペリクレスは絶対に生れない。ペリクレスも、クレイステネスが属したアテネの名門中の名門、アルクメオニデス一門の生れなのだ。現代にまで名声とどろく「アテネの民主政」は、エリート中のエリートたちによって成し遂げられるのである。

なぜなら、古代のアテネの「デモクラシー」は、「国政の行方を市民（デモス）の手にゆだねた」のではなく、「国政の行方はエリートたちが考えて提案し、市民（デモス）にはその賛否をゆだねた」からである。
クレイステネスは、自らが属す特権階級をぶっ壊したのではない。それどころか、温存を謀《はか》ったのだ。ただしそれは、当時のアテネ社会の中での力《パワー》の移行を考慮したうえでのことであり、ゆえに特権階級のマイナスの部分はきっぱりと切り捨てて、ではあったのだが。

アテネの民主政は、高邁《こうまい》なイデオロギーから生れたのではない。必要性から生れた、冷徹な選択の結果である。このように考える人が率いていた時代のアテネで、民主主義は力を持ち、機能したのだった。それがイデオロギーに変わった時代、都市国家アテネを待っていたのは衰退でしかなくなる。

まったく、興隆期のアテネの指導者たちは、一人を除く全員が、名門の出身者で占められているのには驚かされる。アテネの改革というリレー・チームの走者の名をあげるだけでも、ソロン、ペイシストラトス、クレイステネス、ペリクレスと、世襲の弊害なんて言ってはいられない、と思うくらいの世襲の連続だ。
そのうえアテネの指導者たちは、それぞれやり方はちがっても、女神アテナが愛したにちがいない、アテネ人でもあるのだった。つまり、理想を追うことがイデオロギーという名の目的になってしまう、人間性に無知で単純な理想主義者ではなかったのである。

ではこれより、自らが属す階級の基盤をぶち壊すことによって、かえってその階級のもつ真の力《パワー》をより強く発揮させる政体の構築という大技《おおわざ》までやってのけた、アテネ人らしく悪賢い（astute）クレイステネスをどうぞ。

「クレイステネスの改革」の名で知られる改革とは、実はひどく複雑に出来ていて、私などは最初頭をかかえてしまったものだった。

頭をかかえながらも浮んできたのは、この改革案は一朝一夕に成ったものではまったくなく、三十年以上にもわたった亡命生活の間、クレイステネスが考えに考えて練りあげたにちがいない、という想いであった。

複雑きわまりないこの改革の全容を、後代に生きるわれわれが頭をかかえなくても理解できるようになったのは、ひとえにアリストテレスのおかげである。この哲学者は何にでも関心を示した人で、『ポエティカ』で悲劇を論じたかと思えば、『アテネの政体』(Athenaion politeia) では、アテネの政体の移り変わりを分析してくれたのだった。

ところがこの便利な解説書は、書かれてから二千年以上も過ぎた西暦一八九一年になって発見され刊行されたものである。ということは、都市国家アテネが歴史上から姿を消した後は長く忘れ去られ、フランス革命やナポレオン時代のヨーロッパ人でも知らなかったことになる。知っていたら、自由・平等・友愛も、その維持は生半可な考えでは不可能であるのがわかったであろうに。

ここでは、「クレイステネスの改革」を、アリストテレスよりもさらに簡略化して紹介することにする。哲学者アリストテレスは、クレイステネスよりは百五十年後の、都市国家アテネが存在していた時代に生きた人である。だがわれわれは、それからも二千三百年以上が過ぎ、都市国家アテネは姿も形もなくなっている時代に生きている。そのわれわれが二千五百年昔のアテネを感じ取るには、さらなる簡略化も許されると思うのだ。

しかし、内実はいかに複雑でも、クレイステネスの真意は明快だった。
一、絶対にアテネには、僭主《せんしゅ》政を復活させてはならないこと。いかに快適であっても僭主政は、市民の全員を平等な立場で国政に参与させるシステムではなかったからだろう。

二、それでいて人的資源であるアテネの市民の活力を、最大限に活用できるシステムでなければならないこと。

一はソロンの改革の精神を継承したものであり、二は、ペイシストラトスの政治の継承である。クレイステネスが、何でも壊す改革者ではなかったことを示している。

すでに述べたように、都市国家アテネの領土であるアッティカ地方は、首都のある都市部と海に面している沿岸地方と内陸部に三分されていた。

そのすべてを、クレイステネスは、「小間切れ」の対象にしたのである。

都市部――一区から一〇区まで分ける。

沿岸部――これも一区から一〇区まで。

内陸部――こちらのほうも、一区から一〇区まで。

このように小間切れにしただけであったならば、合計すれば三〇に区分けしたのか、と思うだけだが、クレイステネスの魔訶《まか》不思議な頭脳は、それぐらいでは解放してくれない。なぜなら彼の真意は、分割しながらも分散は防ぐ、ことにあったからだ。

三〇に小間切れにした区を、今度は三区ずつ合併し、一〇の、ここでは後代にも使われている言葉の語源としてラテン語にするが、その「トリブス」(tribus)に再構成したのである。

都市部の第一区は沿岸部の第一区と内陸部の第一区と合併し、「第一トリブス」を構成するというわけだ。第二区以下の区もこれに準じて合併していくから、合計すれば一〇個の「トリブス」ができたことになる。

「tribus」とは、クレイステネス以前のアテネでも、また現代のイスラム社会でも、「部族」の意味で使われている言葉である。血縁であろうが地縁であろうが利害関係であろうが、有力者を中心にして作られた、その意味では自然に生れた人間集団を意味する。

クレイステネスの改革の核心は、まさにここにあった。三〇個に小間切れにしたのを再び一〇個に再編成することによって、「部族」と訳したほうが適切であった「トリブス」は、そう訳したのではもはや適切でない「トリブス」に変わったのだから。

自然発生的だった「部族」は、人工的な住民共同体である「行政区」に変わったのである。ゆえに、都市国家アテネでは、「部族」と訳すことはできず、「トリブス」とするしかなくなったのだ。

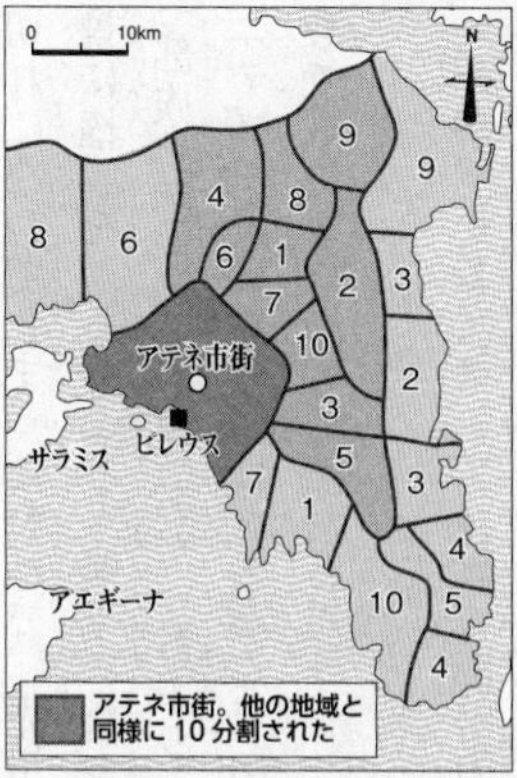

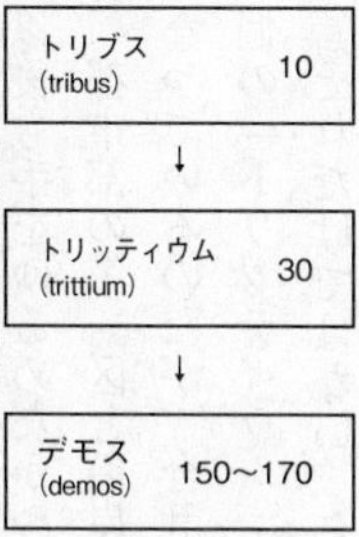

アテネの行政区分

王であろうが僭主と呼ぼうが君主と称しようが、一人が支配する政治体制の唯一《ゆいいつ》の利点は、配下になる各部族の暴走を押さえつけておくことにある。

クレイステネスは、アテネに、王や僭主に頼らずとも国内の部族のエゴを押さえつけ、それによって国内が統合される策を考えたのだ。これまでのアテネを苦しめてきた内部抗争は、有力家門という名の「部族」間の争いから起っていたのだから。

なにしろ、アッティカ全土がこうも小間切れになっては、有力者たちの所有地も各所で小間切れになってしまったわけで、先祖伝来の地なども言っていられず、その地盤を背景に権威をふるうことも難事になったにちがいない。こうなれば当り前だが、旧来の「部族《トリブス》」解体の槍玉《やりだま》にあがったナンバーワンが、クレイステネスが属するアルクメオニデス一門になるのはもちろんであった。この事実を示されては、市民集会が賛成多数で可決したのも当然だと思う。

だが、クレイステネスは、旧勢力の解体だけで満足する改革者ではなかった。これ以後も手をゆるめなかったのだ。

都市部の第一区と沿岸部の第一区と内陸部の第一区が合併して「第一トリブス」になっているのだが、合計すれば一〇個になるこの「行政区《トリブス》」の一つずつを、さらに三個の「トリッティウム」(trittium)に分けたのである。

それだけではない。各「トリッティウム」はなおも、五個の「デモス」(demos)に分けられたのだった。

ここまでやって初めて、都市国家アテネの国土であるアッティカ地方全域は、一〇の「トリブス」、三〇の「トリッティウム」、一五〇の「デモス」、に再構成されたのである。「デモス」の数はその後増えて、一七〇にはなる。そしてこの「デモス」とは、現代国家の「町」や「村」と考えてよい。

クレイステネスは、今からならば二千五百年も昔に、アテネ市民の全員に、「戸籍」を与えたことになる。英語で言えば、「アイデンティティー・カード」を与えたのであった。

しかも、これを実施することで、都市国家アテネの安全保障の基盤まで確実にしてしまったのだから、並の頭脳の持主ではない。

なぜなら、戸籍ないし住民票の所在地を正確に把握することは、現代国家ならば税金の徴収を考えて行われるのが普通だ。だが、間接税の時代である古代には直接税はない。古代の「直接税」は、別名を「血の税」と呼ばれた兵役で支払う。そして「市民《ポリス》」とは、二十歳以上の成年男子という兵役該当者のことであり、彼らだけが都市国家の市民権の所有者であった。

一説では、クレイステネスは、一〇ある「トリブス」の一つ一つに、それぞれ三千人ずつの兵役を担当できる者の名を提出させたという。合計すれば三万人になる。市民皆兵であったアテネとはいえ、四万人前後しかいなかった全市民のうちの三万人までが、兵役該当者として登録されたことになる。騎兵、重装歩兵、軽装歩兵と、内実は分れていたにせよ、数字の上だけならばアテネは、最強の陸上戦力を持つとされていたスパルタの、二倍は優に超える兵力を持つことになったのだった。

クレイステネスには、ペイシストラトス時代の末期にスパルタが実現に成功していた「ペロポネソス同盟」が、頭から離れなかったにちがいない。

「ペロポネソス同盟」とは、ペイシストラトス統治下で急速に繁栄しつつあったアテネに危機感を抱いたスパルタがペロポネソス半島にある都市国家群に呼びかけて結成した同盟だが、この同盟以前と以後で、スパルタは覇権路線を百八十度転換していたのだった。

以前のスパルタは、征服した国の住民はスパルタ本国並みの奴隷《どれい》に近い地位に落とすか、都市国家として残した場合でも、多額の貢納金を払わせるのを常としていた。

そのやり方を変えたのである。

「ペロポネソス同盟」に参加した都市国家に課された義務はただ一つ、スパルタが戦争を始める際には兵力を提供することだけ、になった。スパルタの重装歩兵団の強さは周知の事実である。歴史的にスパルタとは仲の悪いアルゴスを除いて、ペロポネソス半島にある都市国家の多くが、スパルタ主導の「ペロポネソス同盟」に参加を表明する。これをクレイステネスは、忘れてはいなかったのであった。

しかし、目標に向って真っしぐら、という感じのスパルタ人とはちがって、アテネ人のやり方は「真っしぐら」ではない。戸籍の所在地を明確にするという、スパルタ人が疑いは持っても非難まではできないやり方で兵力の増強にも成功したのだが、戸籍を与えることによるメリットは他にもあった。

クレイステネスによる改革以後のアテネ市民の名は、次のように変わる。

「アロペカイのデモに戸籍がある、ソフロニスクスの息子のソクラテス」

「コラルゴスのデモに戸籍がある、クサンティッポスの息子のペリクレス」

ここには、出身階級を示す家門名はない。クレイステネスからして、アテネでは知名度抜群の、アルクメオニデスを名乗るわけにはいかない。

こうなってはもう、個々の才能のみによる勝負の時代の到来ではないか。

クレイステネスによる改革は、アリストテレスが言うように、「民主政を一段と進めた」に留まらなかった。

一段と進めたことによってアテネを、「メリトクラティア」(実力主義)の方向にも大きく進めたのではなかったか。

なぜなら、この二十五年後にアテネの命運を一身に背負うことになるテミストクレスは、アテネのリーダーの中では唯一《ただ》人の「非名門出」であったのだから。

とはいえ「メリトクラティア」とは、後世の人々がラテン語とギリシア語を合わせて作った言葉で、古代のギリシアにもローマにもなかった言葉だが、言語が存在しなかったからと言って、それを体現する人までが存在しなかったことにはならない。それに、「デモクラツィア」と「メリトクラティア」は、意外と相性がよいのではないかとも思い始めている。

クレイステネスの改革によってアテネ市民が得た「戸籍」だが、それはその人の戸籍の所在地を示すものでしかなく、その地に住まねばならないことは意味しなかった。内陸部に生れても、沿岸部に行って交易に従事するのもよし、都市部に家を借りて壺絵の修業を始めるのもOKなのだ。移住の自由は完璧《かんぺき》に保証されていた。そしてこの種の自由もまた、アテネとスパルタを分《わか》つ一因になるのである。

しかしアテネも、市民皆兵ということではスパルタと同じだ。十八歳になるやアテネの若者は自分の「デモ」に出向いて、兵役の訓練期間に入る届出をしなければならない。いかに市民全員に平等な権利を与えても、敵軍に国土が占領されようものなら元も子もないからであった。

ゆえに、兵役について述べることは、クレイステネスが改革したアテネの新政体について述べることと同じになる。

クレイステネスは、ソロンの改革によって成った政体は、そのままではなかったが残した。

歴史上では「ティモクラティア」と呼ばれる、富裕階級から無産階級までを収入の多少によって四分した制度である。小間切れにされてしまったがゆえに富裕階級の富裕度も大幅に減ったとは思うが、富の格差はやはりあった。それに富裕階級には、ソロンの改革では対象にされていなかった海外資産がある。直接税がなかった時代、当然ながら累進《るいしん》課税もない。その時代に、第一と第二の富裕階級には騎兵としての兵役を課すのは、形を変えた累進課税ではなかったか、と思う。

また、盾《たて》と長槍以外の武装は自己負担であった重装歩兵としての兵役を課されていた第三階級も、ペイシストラトス時代に、武装のすべては国庫負担に変わっている。

これによって、無産階級としてひとくくりにされていた職人や商人でも、重装歩兵としての兵役に就けるようになったのではないか。

第四階級の全員が、以前の軽装歩兵から重装歩兵に格上げになった、と言いたいのではない。少なくともその一部ならば、というだけにしても。

研究者たちによると、クレイステネス時代の都市国家アテネで市民権を持っていた人の総数は、四万人前後であったという。二十歳から上の成年男子が、四万人はいたということだ。ただしこれは、五十歳で現役を退役した予備兵から、予備としても使えなくなった老齢者までもふくめての数である。

そのアテネが、このわずか十五年後に行われるマラトンの平原での戦闘に、九千の重装歩兵を投入できたのだ。全成年男子数の四分の一である。そしてその後もアテネの成年男子数はさらに増えていくが、都市国家アテネが戦場に投入できる重装歩兵の成年男子の総数に対する割合ならば、さしたる変化は見られない。ということは数ならば増えたということだが、重装歩兵の数でも、アテネは、常にスパルタの二倍は維持できたのである。

陸上での戦闘の結果は、重装歩兵が決した。軽装歩兵は補助戦力でしかなかったのが、テミストクレスによって海軍が創設される以前のアテネであった。その十五年も

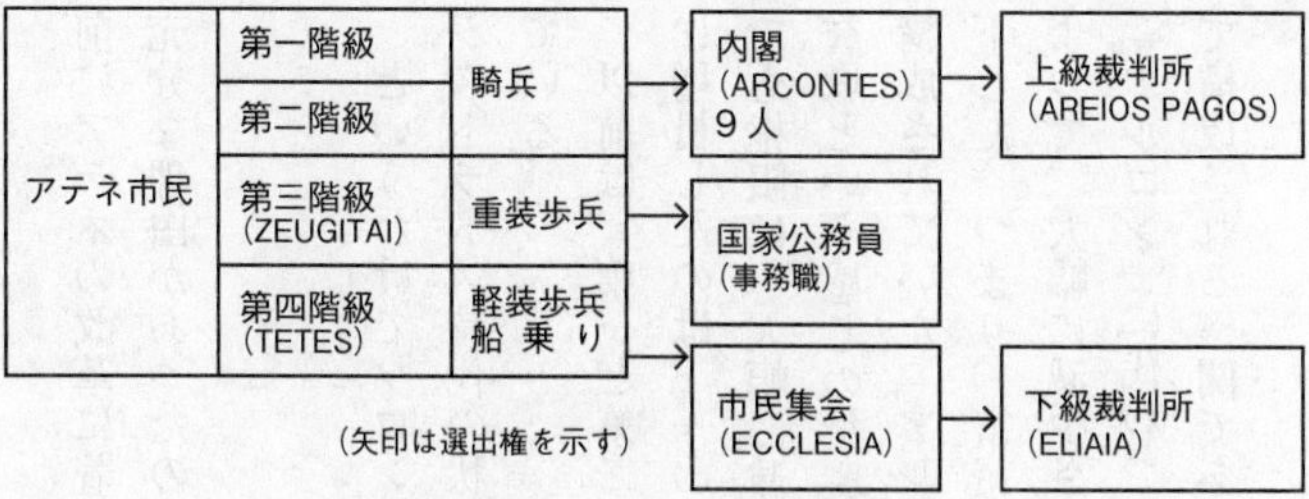

ソロンの改革(TIMOCRATIA)以後の
アテネの政体(594〜508BC)

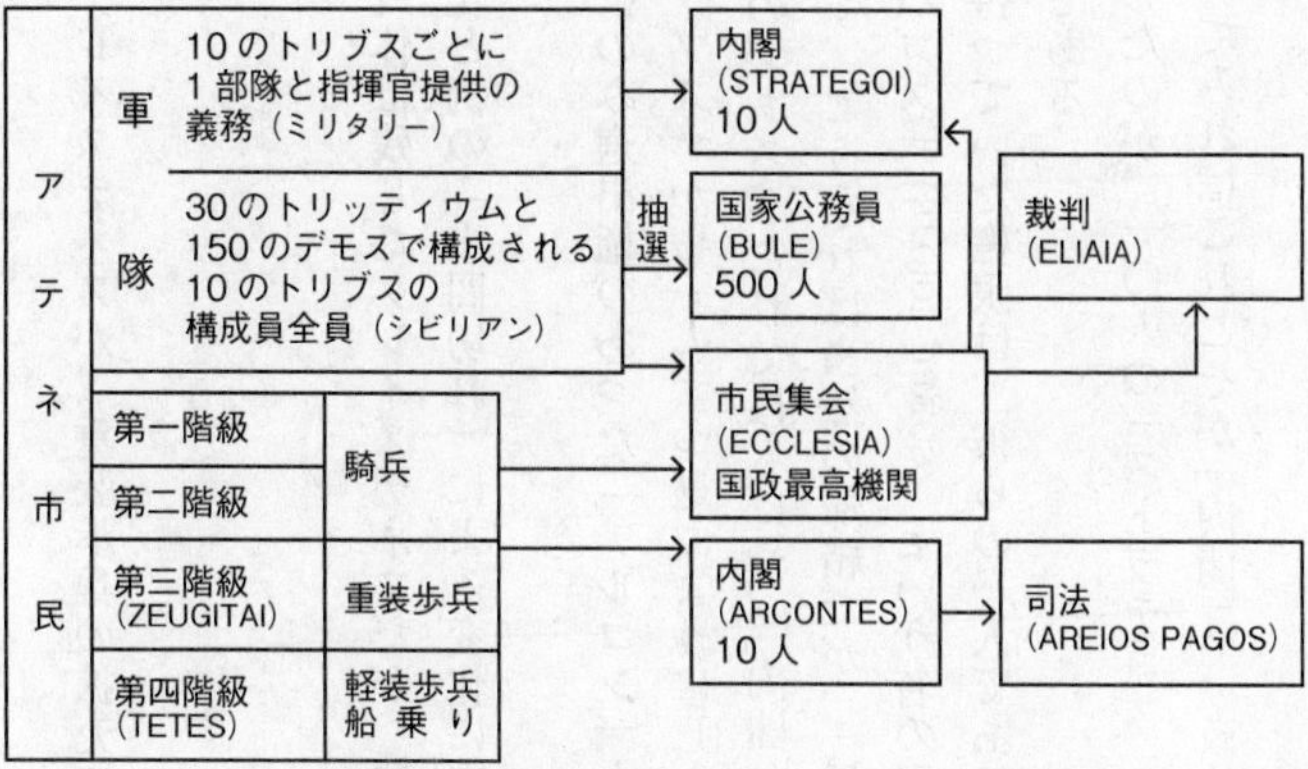

クレイステネスの改革(DEMOCRATIA)以後の
アテネの政体(508〜322BC)

前にアテネの改革に着手したクレイステネスが、重装歩兵の拡充に取り組んだのにも、充分な理由があったのである。

というわけでソロンによる政体は残したクレイステネスだが、残しはしても、ペイシストラトス時代の状況の変化と例の「小間切れ」による変化に応じて、内実は変えている。

以前は、第一と第二の階級にのみ選出権のあった「アルコン」を、九人から一〇人に増員したのは、一〇の「トリブス」から一人ずつ選ぶようにしたからだった。それでも権限は、大幅に減らしたのである。これではもはや、「内閣」とは呼べない。名誉職という感じの役職にすぎず、こうなれば当然の帰結だが、「アルコン」経験者で構成されていた「アレイオスパゴス」(areios pagos) という名の司法機関の権限も低下した。つまり、富裕階級の持っていた権限は、彼らの一人であるクレイステネスによって、大幅に減少されたのである。

「アルコン」に代わって登場したのが、一〇人の「ストラテゴス」(strategos) によって構成される機関である。言ってみればこれこそが「内閣」で、政治も軍事も担当する。

古代では、政治と軍事の境は存在しなかった。その古代ではスパルタだけが、シビリアンとミリタリーを明確に分離していた。そのスパルタ人の頭には、ストラテジー（戦略）の語源になる、「ストラテゴス」は入ってきようがなかったにちがいない。

一〇人のストラテゴスは、毎年改選されるので任期は一年。ただし、続けての再選は可、であったらしい。階級の別なく二十歳以上の成年男子全員に投票権がある、市民集会で選出される。

法治国家を自負したければ、その国の政策は法律で決まらねばならない。だから法律は重要きわまりない決まりだが、何が何でも法令を堅持するという意味でヨーロッパでは言う、「法律の奴隷」になったのでは逆な結果につながりやすい。法の柔軟な適用を知らないほど、クレイステネスの頭は固くはなかった。

クレイステネス
（米オハイオ州議事堂に
飾られた像）

そのクレイステネスが考え出したもう一つの機関は、「ブレ」(bule) である。直接民主政である以上、市民集会を下院と考えれば、五百人からなるこの「ブレ」は、上院かと思ってしまう。だが、近現代国家での「上院」の意味は、「ブレ」にはなかった。ソロンの改革にあった、事務官僚機関と考えたほうが実態には近いのではないかと思う。

なぜなら、「五百人委員会」とも呼ばれた「ブレ」の構成員である五百人は、選挙で選ばれた市民ではない。一〇個ある「トリブス」がそれぞれ五〇人ずつを、自分たちの「トリブス」内に住む三十歳以上の成年男子から抽選で選ぶのだ。

くじ引きと聴いて、アテネ人もずいぶんと無責任ではないか、と思ったとしたら、古代のアテネ人の想いに迫るのは不可能になる。彼らにとっての抽選とは、結果は神々にゆだねる、という意味なのだ。抽選を導入したクレイステネスの深意は、アテネの市民たる者、一生に一度ぐらいは公職を経験すべきである、ということにあったのではないかと想像する。

なにしろ、国全体の政治や軍事を託す「ストラテゴス」になると、抽選ではなくて選挙で選ぶ方法を採用している。アテネ人も、神意と人意の使い分けはしていたのだ。でなければ、めんどうきわまりない直接民主政などを、使いこなせるはずはなかった。

司法関係だが、富裕階級に独占されていた「アレイオスパゴス」の権限低下によって、ソロンの改革でもすでにあった、「エリアイア」(eliaia)と呼ばれて市民の全員に選出権のある裁判所の役割が増大する。アテネ市民が関与する民事裁判は、この機関で処理されることになった。

こうして、人類史上初めて、一般の市民までが積極的に国政に参加できる政体が誕生したのである。

国政の最高決定機関は、二十歳以上の成年男子の全員が投票権を持つ、「市民集会」(ecclesia)になった。紀元前五〇八年からの数年で成し遂げられたクレイステネスによるこのアテネの政体は、何と、前三二二年までの百七十年以上にもわたってつづくことになる。いくぶんかの改定はされても、基本型ならばそのままで。

紀元前三二二年と言えば、大王アレクサンドロスがペルシアの地で死んだ年の翌年になる。東征に行ったままで放って置かれたがゆえに生きのびていた都市国家アテネも、大王の死後の帝国分割でマケドニア王の領国に組みこまれ、独立した都市国家《ポリス》としてはその年を最後に死んだからであった。

しかし、クレイステネスの成した改革の中で、短命に終わったものもある。

それが、クレイステネスの名は知らない人でもこれだけは耳にしたことがあるにちがいない、陶片追放であった。

陶片追放

当時の紙はパピルスを材料に使った紙で、エジプトからの輸入品であるために値が高い。一方、壺や皿の製造が盛んなアテネには、テラコッタの破片ならば捨てるほどあった。

都市国家《ポリス》アテネで行われていた投票とは、その破片に持参の小刃で文字を刻むやり方であったのだ。ゆえに、追放者を選ぶのが目的でない場合でも、陶片（オストラコン）は投票用紙として使われていたのである。

ただし、アリストテレスに言わせればクレイステネスの発明だという陶片追放の場合は、目的が目的なだけに、常の投票とはちがって厳重な規制があった。

第一は、この投票の目的は、都市国家アテネにとって害をもたらす可能性のある人、物を国外追放に処すことにある。

第二は、この目的のための投票は、一年に一回とかぎる。

第三、投票に参加する者の数は六千人以下であってはならず、六千人を切った場合は流会になる。

第四、全投票者の過半数が名を記した人物は、十年間の国外追放に処される。

陶片追放で対象にされるのは、「害をもたらす可能性のある人物」であって、「害をもたらした人物」ではない。ゆえにそれを決めるのは裁判官、つまり司法、の役割ではなく、市民、つまり政治、の役割とされたのだった。

また、陶片によって追放された人は犯罪者ではないから、資産も没収されず、家族もアテネ内に自由に住みつづけられる。十年間はアッティカ地方に足を踏み入れてはならないとされただけで、その間は資産管理人を指名でき、その人から送金してもらうことも認められていた。

しかも、少なくとも三千人以上のアテネ市民から、いかに「害をもたらす可能性がある」という理由にしても名を記されるくらいだから、重要人物にきまっている。陶片追放に処されたということは、アテネ政界の大立者、ということでもあった。

しかし、電話もEメールもない時代、十年もの間中央政界から離されてしまっては、政治上の影響力の低下は避けられない。ゆえに陶片追放の真の目的は、しばらくの間にせよ頭を冷やせ、にあったのではないか。なにしろこの制度によって追放されることを自体は、その人にとっての名誉毀損《きそん》にはまったくならなかったのだから。そして、十年が過ぎれば堂々と帰国でき、ストラテゴスへの再選も充分に可能なのである。それどころか市民集会が決議すれば、十年過ぎなくても帰国できるのだ。その例は、二十五年も過ぎる頃には頻発するようになる。こう考えていたら、ある疑問が浮んできた。

十年間の政治活動停止という、その政治家にとっては重要きわまりない処遇を、三千人ちょっとの数の人の意思で決めてしまっていたのか、ということだ。

陶片追放のために開かれる市民集会は六千人以上でなければならないとされているから、まずは投票者の総数を六千人強、とする。そしてその過半数も、三千人強、としておく。

だが、都市国家アテネの市民、つまり有権者の総数は、四万から時代を経ても六万、というのが研究者たちの出した推定数である。となると、三千を四万で割れば七・五パーセントになる。

歴史上有名な「陶片追放」とは、実際は、有権者のわずか七・五パーセントの人の意思表示で決まっていたことになる。

クレイステネスが生きていた時代には、陶片追放による犠牲者は出なかった。だが、彼の死の八年後からは、有力政治家たちの追放が続々と起る。

前四八四年——ペリクレスの父のクサンティッポス

前四八二年——アリステイデス

前四七一年——テミストクレス

前四六一年——キモン

陶片追放は、政敵を排除する手段になったのだった。そして最後は、前四一七年。この年は対立する大物二人のうちのどちらかが陶片追放される情勢になり、この二人の間で密議が成され、その結果追放されたのは、何の関係もない第三者であった。

これにはアテネ市民もさすがに眼を覚ましたのか、この年以降、陶片追放は廃止されたのである。設置から、八十五年が過ぎていた。

とはいえ、発掘された陶片を眺めていて、ある一事にはひどく感心した。当時のアテネ市民たちの識字率の高さに、感心したのである。×とか○とかではなく、陶片には名が、しかも誰それの息子の誰、とまで刻まれているのだ。記名投票が普通の日本では誰もわが国の識字率の高さに注目しないが、現代でも世界の多くの国では、何らかの記号に○か×か✓かをつける投票方式を採用している国が少なくない。二千五百年昔のアテネで、討議や投票のためにアクロポリスまで登ってくる人の数は少なかったろう。だが、この人々の個々の知力ならば、相当に高かったのではないかと思う。

「棄権」は？　そして「少数意見の尊重」は？

そして、連想は連想を呼ぶものでもあるが、私にはさらにもう一つの疑問が浮んできたのだった。

それは、陶片追放という重大事を決めるときにかぎり定数を六千人以上としたということは、常の市民集会の参加者は、もっと少なかったのではないか、ということだ。今に至るまで、定数を記した史料は発見されていない。ということは、陶片追放のとき以外は、定数自体が制定されていなかった、ということになりはしないか。

風刺喜劇作者のアリストファーネスの作品に、市民たちを議場に導くのに大苦労する場面がある。まるで羊飼いが羊の群れを柵《さく》の中に追いこむようで笑ってしまうが、もともとからしておしゃべりで議論好きなアテネ人相手では、「開会しますから議場に入ってください」と告げる程度ではいつまで経《た》っても開会にはこぎつけられなかったからにちがいない。しかし、その情景はどう想像しても、規模は数千がよいところだ。ということは、市民集会に出席する有権者の数も、常には四千人前後ではなかったか、という推測も成り立つ。ならば、直接民主政下のアテネで国の政策を決めていたのは、有権者総数の一〇パーセント前後、ということになってしまう。

これでまたも疑問が浮んできたので、あの時代のアテネ人の書いた作品を眼を皿のようにして、「棄権」とか「少数意見の尊重」とかに言及した箇所を探してみたのである。

その結果、私の能力が及ぶ範囲にしてもだが、答えはゼロなのだ。「棄権」とか「少数意見」とかの言葉すらない。

となると、民主政を創造した二千五百年昔のアテネ人の頭には、棄権も、少数意見の尊重も、なかったと考えられはしないか。もしも、「なかった」ならば、私の想像するには、あの男たちは、次のように考えていたのではないかと思う。

市民には、投票する権利は与えた。だが、その権利を行使するかしないかは、市民一人一人の自由である。

とはいえ、その権利を行使しなかった場合でも、つまり棄権した場合でも、棄権せずに投票した人々が決めたことには従う義務は市民の全員にある、とでもいうふうに。

だからこそ、アテネ人は、棄権という現象を問題視する必要を感じなかったのだし、少数意見も、議場内で行われる白熱した討議は認めているのだからそれで充分だ、とでも考えていたのではないだろうか。

もしもそうであったとすれば、棄権や少数意見をことさら重要視すること自体が、民主政治の精神に反することになる。そして、こうも冷厳に考えでもしないかぎり、民主政を機能させていくことはできないのではないか、とも。

ギリシア・ローマ文明を母胎にしている欧米でさえも、いまだに、アテネの民主政を創《つく》り出した人はソロンだと思っている人は多い。しかし私には、真の意味での創設者はクレイステネスだと思う。

なぜなら、民主政自体ならばすでに、エーゲ海の島キオスやアテネに近接していたメガラで試みられているからで、アテネとこの二都市国家《ポリス》とのちがいは、確立できたか、それともできなかったか、のちがいにしかなかったからである。

この差は、なぜ生れたのか。

アテネだけが、中産階級の確立に成功したからだ。ソロンによって第一歩がしるされ、ペイシストラトスによって経済力をつけ、この後を継いだクレイステネスがさらなる改革を断行したことによって、アテネには、自ら生産する人々という意味の「健全な中産階級」が確立したからであった。

「小間切れ」にしただけでなくそれらを再び編成したことが、社会格差の縮小につながったのだ。中産階級の存立なしには民主政治は機能しえないとは、歴史上の現象に留まらず、現代の世界情勢でも実証されていることである。

それにしても、クレイステネスによる民主政体の確立が、紀元前六世紀末というこの時期に成されたのは、都市国家アテネにとって、神々の恵みにも等しい幸運であったろう。もう少し後になって成されていたら、ペルシア軍の侵攻という未曾有《みぞう》の国難に、間に合わなかったかもしれないのである。

「クレイステネスの改革」と第一次ペルシア戦役の間には、十五年の歳月が横たわる。

十五年とは、民主政体にも慣れてきたアテネの市民たちに、都市国家アテネは富裕階級の占有物ではなく自分たちの国であり、侵攻してきた敵に向って武器を手に起《た》つのも、市民の義務というだけではなく、自分たち一人一人の家族と家と職場を守るためである、ということを得心させるには、まことに適切な期間だったのではないか。滑り込みセーフでしたね、ミスター・クレイステネス、とでも言いたくなる。

このクレイステネスは、第一次ペルシア戦役が始まる二年前、祖国アテネで安らかな死を迎えた。七十三歳の死であった。

亡命から最終的に帰国して以後の十八年間、アテネ政界の大立者であったはずの人にしては、個人的なエピソードのまったくない人である。私生活もいっさい霧の中で、ペリクレスの母親とクレイステネスの娘がいとこの関係にあったことは知られていたから、娘はいたのだ、というぐらいのことしか知られていない。

評価は「作品」で下されるべきであり、私生活は関係ないとする作家に似ていなくもないが、彼が想いのすべてを投入して創り上げた「作品」が、「アテネの民主政」なのであった。

第三章　侵略者ペルシアに抗して

ペルシア帝国

かほども根元的に異なる民族が、かほども歴史をともにした例はない。

ペルシア人もギリシア人も、紀元前六世紀というほぼ同じ時期に勃興《ぼっこう》し、平時・戦時の別なく密接な関係を持ちつづけた後、ペルシア帝国のほうは紀元前三三三年、ダリウス三世がマケドニアの若き王アレクサンドロスに完敗したことによって滅亡する。しかし、ギリシアのほうも、その五年前のアテネ・テーベ連合軍がマケドニアとの会戦に敗北したことで、都市国家の時代は終わっていたのだった。

専制君主の国ペルシアと、民主政のアテネが代表するギリシアは、二百年余りの歳月を、ともに生きともに死ぬことになる。

歴史上かつてこれほども広大な領土を支配下に置いた国はなかった、と紀元前六世紀当時は誰もが思ったペルシア帝国は、実は、四分の一世紀という、一世代としてもよい短期間に成し遂げられたのである。

「大王」の尊称づきで呼ばれたキュロスは、前五三九年にバビロニアを征服する。これによって中東の全域が、ペルシアの支配下に入った。

後を継いだカンビュセスは、王位に就いていたのは七年間と短かったが、キュロスが始めていた路線を継承するだけでよかった。

中近東がまず陥《お》ちる。これによって陸軍国ペルシアは、交易民族でそれゆえ海運の歴史が長いフェニキア人の船を使えるようになった。

前五二五年、エジプトが支配下に入る。中東、中近東、そして北アフリカもエジプトからリビアの東半分までを征服したペルシアは、多民族国家ということではもはや立派に帝国であり、このペルシアの王は、オリエントの君主では唯《ただ》一人、「王たちの王」と呼ばれるようになった。

この時期は、ペイシストラトスの統治下でアテネが経済成長に邁進《まいしん》していた時代と重なる。

三代目になるダリウス一世は、王位に就いていたのは前五二二年から四八六年までの三十六年間と長かったこともあって、「王たちの王」を名実ともに確かにした人になる。帝国の首都をペルセポリスと定めたのも、この人だった。

これらアケメネス王朝のペルシアの支配者たちは、専制君主ではあってもなかなかに現実的な、つまり巧みな、統治者であった。

征服は、もちろんのこと軍事力の優劣で決まる。だが、軍事力による征服が敗者から受け入れられるか否《いな》かは、政治力の優劣で決まるのである。

まず、広大なペルシア帝国を二十の属州に分け、それぞれを属州長官（satrape）に統治させることにしたのだが、その「サトラペ」には征服された側、つまり敗者側の有力者を任命した。

しかも、この地位は世襲。ゆえに息子や孫に継承することも可。ただしそれも王の胸しだいであったのは、ペルシアがあくまでも専制君主国であったからだ。

属州内では大幅な自治さえ認められていた属州長官には、三つの義務が課されていた。

一、年に一度スーザで開かれる王主催の長官会議に、臣従の礼にふさわしい贈物を持って参加しなければならない。

二、いくらかを示してくれる史料はないのだが、相当な高額ではあったにちがいない各属州に課される年貢金《ねんぐ》を、金か銀で貢納する義務。
三、「王たちの王」が戦場に出向く際は、指示された数の兵力を、長官自身かでなければ属州内の高位の者に率いさせ、従軍する義務。
こうして、「王たちの王」は、ゆるやかな専制統治を布《し》きながらも、帝国運営に必要な資金の財源を確保し、主戦力であるペルシア兵以外にも軍事力を確保できる道を固めたのであった。

宗教面でも、ペルシア人の帝国は寛容だった。彼らの宗教はゾロアスター教だが、ゾロアスター教は、一神教ではあっても異教徒に改宗を強制しない。それで、ペルシア帝国内では、一神教徒のユダヤ人も多神教徒のギリシア人も、信仰上での不都合はなかったのである。

このペルシア帝国が、ダリウス一世の時代になって、西方にも眼を向けてきたのだ。まず、小アジアの西岸部に近い、とはいえエーゲ海には面していないから内陸都市ではあるサルディスを手中にした。次いで、スーザからサルディスまで、堂々たる街道を通す。

この道は「王の道」と名づけられ、全線が敷石舗装。一日の行程ごとに旅宿が整備され、馬の乗り継ぎも可能という、当時の高速道路と言ってもよい街道である。この二百年後にローマで敷設《ふせつ》されるアッピア街道の先駆的道路だが、ペルシア人はこの一本で満足したのに、ローマ人はネットワークにしないと満足しなかったというちがいは興味深い。前者は、「王たちの王」たる者の権威の誇示の意味が強く、後者は効率性を重視したからだろう。

それでも「王道」は、街道としては画期的な造りであったことは確かだった。この種のインフラには、ペルシア人に比べても関心を持つこと少なかったギリシア人が、驚嘆の想《おも》いなくしては記録できなかったのも当然だ。

だが、驚嘆することが、関心をもつことにつながるとはかぎらない。ペルシアの王道には驚嘆しても、それがエーゲ海の近

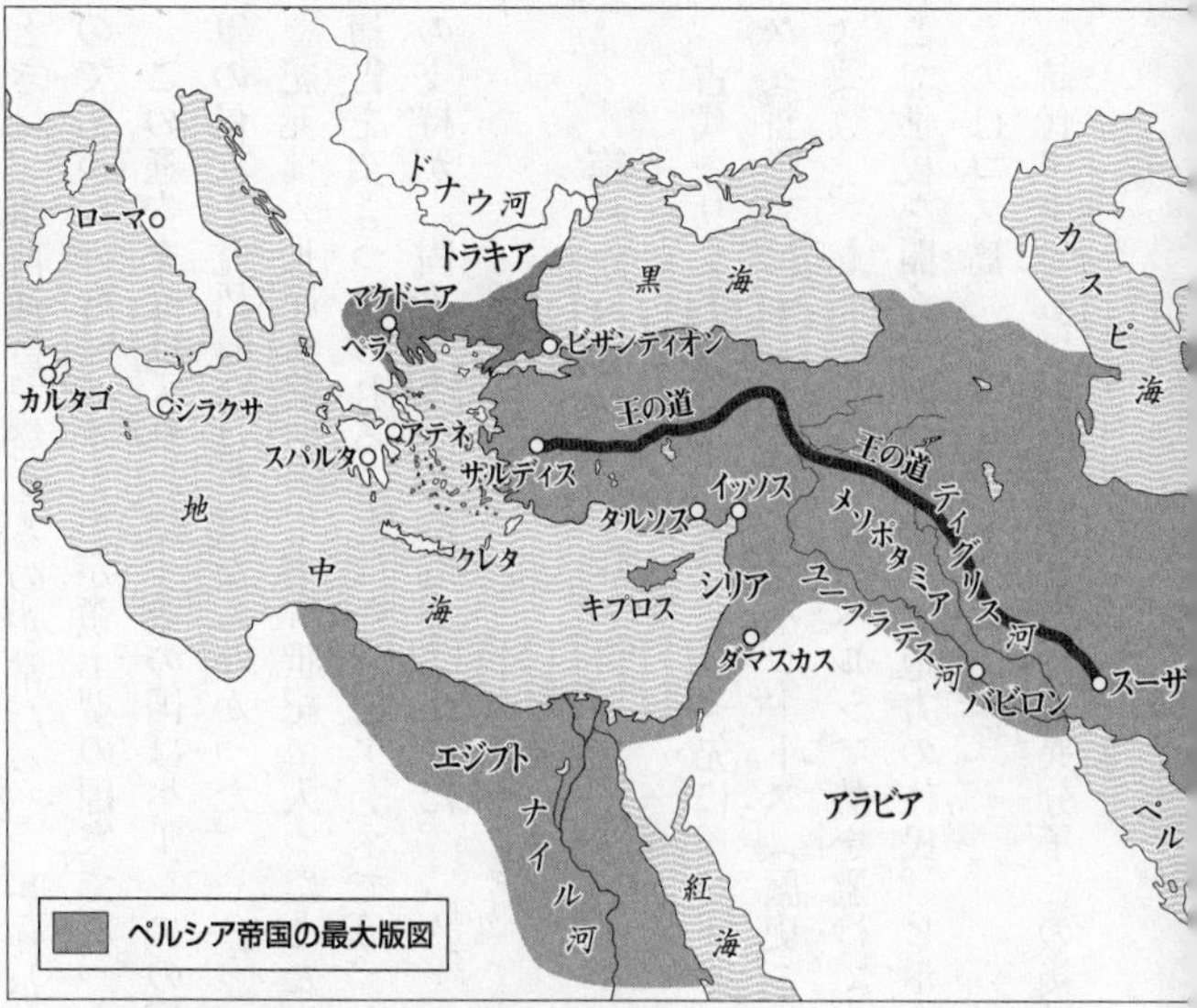

ペルシア帝国の領土と「王の道」

くにまで敷設された真の意味を、ギリシア人の多くは気づかなかったようである。

もしかしたら、肥《ひ》沃《よく》で広大な土地を領しているペルシア王が、痩《や》せて狭いギリシアや小さな島にすぎないエーゲ海の島々にまで領土欲を抱くはずはない、と考えたのかもしれなかった。

しかし、覇権意欲の強い領土型の国家は、痩せていようが小島であろうが、自国内に組み入れないかぎりは満足しない人種なのである。

ペルシア王が征服に乗り出す

ときは、事前通告を発するのが常だった。それが、「土地と水」を差し出せ、というのであったのも、ペルシアが領土型の国家であったことを示している。

この通告を受け入れれば、その国はペルシアの属国になる。拒絶すれば、ペルシア軍の侵攻を覚悟しなければならなかった。

紀元前六世紀も終わって前五世紀に入ったとたんに、ギリシアの都市国家は、この通告を突きつけられることになる。アテネでは、クレイステネスの改革への市民たちの支持が、固まりつつある時期に当った。

第一次ペルシア戦役

古代ギリシアの文化文明は、まず先に、イオニア地方から生れたのである。ターレス（哲学）はミレトスの人。ヘロドトス（歴史）はハリカルナッソス生れ。ピタゴラス（数学）も、侵攻してきたペルシア勢を避けて南イタリアのクロトーネに逃げ、そこで学校を開く以前はイオニア地方の住民。ヒポクラテス（医学）が本拠地にしていたのはコス島。

時代を画するほどの文化文明は、異分子との接触による刺激がないところには生れない。自国内での温室栽培では、他民族にまで影響力をもつ画期的な文化も文明も生れないのである。

小アジアの西岸一帯に住む人々には、ギリシア本土から移住してきたギリシア人の血を引いているという、素地がまずあった。それに加え、当時の先進国であるエジプトとの間にも接触が盛んだった。接触とは、当時では交易である。これら異分子との交流が、経済力の向上につながるのも当然の帰結だ。

経済力があれば、文化文明が生れるとはかぎらない。だが、ないところには生れない。

しかし、このイオニア地方にはギリシア本土とちがって、大きな不利があった。海に面して開いているこれらイオニア地方の都市国家は、背後に控える領土型の国家による脅威を、常に意識せざるをえないという不利である。なぜなら、住民一人一人の生産性ならば高くても、都市国家である以上は住民の数自体が少なく、反対に領土型の国家であるペルシアの「パワー」とは、何よりも「数」であり「量」であるからだった。

ペルシア王ダリウスがサルディスの領有に成功した時点で、イオニア地方に住むギ

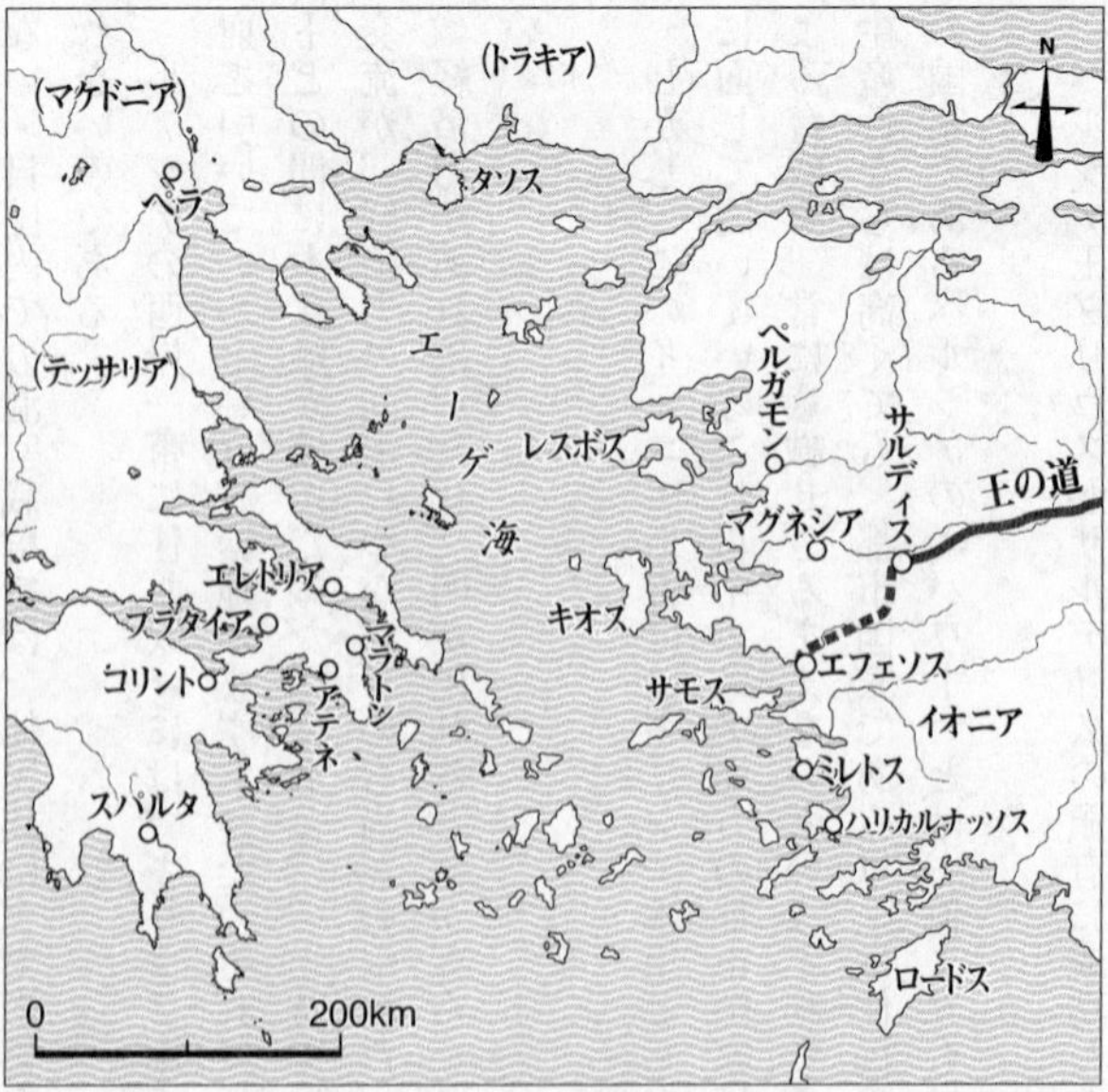

エーゲ海周辺

リシア人たちは、それが単なる一地方の領有ではすまないことに気づいたにちがいない。そして、その心配が現実になるのに、さしたる年月は必要ではなかった。

広大なペルシア帝国の全領地から見れば地理的には小さな地方にすぎないギリシアに的を定めたダリウスは、着実に侵攻を進める。まず、「土地と水」の通告に屈したマケドニア王国を属国にした。だが、同時に進めていたトラキアの属国化には少々手間どる。

エーゲ海の北辺を占めるこの地方はアテネの富裕層の海外資産が集まっているため、それを守ろうとするアテネ系住民とその彼らに率いられた原住民の抵抗がしぶとく、結局は軍を派遣して制圧するしかなかったのだ。

だが、これと同時進行で進めていたイオニア地方の諸都市への侵攻は、さしたる困難もなしに成功していた。やはり、サルディスを前線基地にし、そのサルディスと首都機能の集まっているスーザの間を「王道」で直結したことが、この地方への侵攻を容易にしたのである。エフェソス、ミレトス、ハリカルナッソスと、イオニア地方の真珠と言われたほどの繁栄を誇っていたギリシア系の都市国家はすべて、ダリウスの支配下に入った。

イオニア地方がペルシア領になってしまっては、海上に浮ぶ島とはいえイオニア地方に近いエーゲ海の島々の運命も決まってしまう。レスボス、キオス、サモスと、次々とペルシア支配に屈したのである。ダリウスは、「王道」を、サルディスからエフェソスまで延長させる。エフェソスの近くの海上に浮ぶ島サモスを、海軍の集結地と決めたからであった。

本質的には陸軍国家であるペルシアには、海軍はない。海軍力は、海運の伝統のない国には生れないからだが、ペルシアは、フェニキアのある中近東を支配下に置いている。船は、船乗りもふくめ、当時では海洋民族中の海洋民族であったフェニキア人の船を使えたのである。と言ってもペルシア人にとっての船は、兵力の輸送用であって、海上での戦闘は彼らの頭にはなかったのだが。

しかし、ペルシア領になってしまったイオニア地方の住民は、ギリシア人である。オリエントの民であるペルシア人とは、考え方からしてちがった。

ペルシア人が「土地と水」を重要視するのは、富を産むのは農業だ、と考えていたからだが、ギリシア人は、「土地と水」には充分に恵まれないところでも富は産み出せる、と考える人々である。交易による繁栄という実績をもつイオニア地方のギリシア人には、とくにこの性向が強かった。

いや、両者の考え方のちがいはもう一つある。ただしこれに関しては史料がないので想像するしかないのだが、私には、王への貢納金という形のペルシア帝国の税は、一種の直接税ではなかったか、と思うのだ。

ギリシア人の都市国家は市民皆兵制度を採用していたので、直接税は兵役で支払うという考えが定着している。だがペルシア帝国では、軍事力の核になる部隊以外は、戦争をするたびに召集するのが習いになっていた。それでペルシア人の考えでは、兵役はあくまでもプラス・アルファであって、それも毎年のことではない。こうなると定まった「義務」ではなくなるから、「税」にはならない。王の保護の下にその王が統治する国内に住まわせてもらう感謝の証《あか》しとして、毎年決められた額を各属州の長官が徴収し、それを「王たちの王」に貢納する制度である。つまり、あくまでも自発的な「感謝」であって、それをすることで自分も王国内の一員として積極的に参加することを意味する、「税」ではないのである。

オリエントの人々はこのシステムを受け入れたのに、ギリシア人は飲み下せなかったのではなかったか。制度の良否というより、民族の考え方の相違、ではなかったかと思う。

だがこうして、イオニア地方の反ペルシア勢力の最後の砦《とりで》であったミレトスの陥落を機に、エーゲ海の東岸全域はペルシア王の支配下に入った。この情況の明らかな変化は、エーゲ海をへだてるだけのアテネに影響を及ぼさないではすまなかった。しかもまさにこの時期、クレイステネスに代わって、次世代のリーダーたちが登場し始めていたのだ。彼らの台頭自体が、ペルシア王ダリウスによるギリシア侵攻、の産物であったと言えなくもない。

名門や富裕層を軸にした集団はなくなっても、党派までがなくなることはない。なぜなら、利益集団は消滅しても、考え方のちがいまでは消滅しないし、人間はもともと、集団を組むのが好きな生き物でもある。

そして、こうなると考え方のちがう者の間で熾烈《しれつ》な権力抗争が展開されていくが、それは権力そのものが欲しいからではなく、自分の考えを国の政策として実現していくには、権力を持つことが必要だからである。しかもアテネは、市民の支持がなければ権力者にもなれない、民主政の国であった。

ペルシアの槍《やり》がギリシアの胸元に突きつけられたこの時期、新世代のリーダーとして台頭しつつあったアリステイデスは、三十代の後半という年頃にあった。彼自身も名門の出であることからも、常にクレイステネスと行動をともにしてきた人である。青年期もなしにそのまま大人《おとな》になったような人で、それゆえか、良識の人、という評判が高い人物だった。

一方、アリステイデスよりは六歳年下のテミストクレスは、三十代の前半。名門出身どころか、名も知られていないアテネ市民を父に、トラキア生れという、アテネ人にとっては他国の女を母にアテネに生れている。ローマ人ならば、「ホモ・ノヴス」(新参者)と呼んだことだろう。

この二人が、以後二十年間にわたって、アテネの政界を二分していくことになる。

研究者たちは、アリステイデス(Aristeídes)とその一派を、「モデラート」と言う。反対に、テミストクレス(Themistoklès)率いる勢力を、「ラディカル」と呼ぶ。日本語に直せば「穏健派」と「過激派」になるが、私にはどうもこれでは実態を映していないように思う。

それよりもこの二人の対立は、危機意識の温度差、にあったのではないか。なぜなら、ペルシア軍に攻めてこられて対立などしている余裕がなくなると、これ以上はないくらいに二人は協力し合うのである。とはいえ、危機がひとまずにしても去るや、再び対立を再開するのだけど。

ただし、危機感の温度差とは、先見の明とか長期的視点とかに、無関係ではないようにも思う。

ペルシアの侵攻に対する二人の見方だが、アリスティデスも当初は、末期のクレイステネスが試みたように、外交による解決を望んでいたのである。ダリウスの征服欲はイオニア地方とマケドニアやトラキアというギリシアの北部までで留まり、ギリシアの中央部までは南下してくる気はない、と見たのかもしれない。その頃は、スパルタもアリスティデスと同じ見方をしていたのだから、ギリシア本土では、希望的観測のほうが支配的であったのだ。

これが、ミレトスからの援軍派遣の要請に対して、スパルタは拒否し、アテネは、拒否はしなくてもガレー船二十隻《せき》のみの派遣という、何やらペルシア側を刺激したくない想いの見え透いた応じ方をした理由ではないかと思う。テミストクレスのほうは、ペルシアとの対決はもはや避けられない、と主張していたのだが、新参者の影響力はまだ弱かった。

しかし、「王たちの王」であるダリウスが、たとえ二十隻の派遣にしろ反ペルシアの立場を明らかにしたアテネを、許すはずもなかったのである。サモス島を、軍勢を乗せて運ぶ船の集結地と決めていたダリウスは、そのサモスからそのままエーゲ海を横断し、アテネと、そしてアテネと同じにミレトス救援に船を送っていたエレトリアを、直撃すると決める。しかもアテネへの嫌がらせでもあるかのように、アテネが追放していたペイシストラトスの息子ヒッピアスをペルシア軍に同行させ、征服した後のアテネの支配者にすえる、とまで明言したのだ。第一次ペルシア戦役の前夜は、このような空気の中で過ぎていった。

追いつめられてしまったアテネだが、このときは、二重にも三重にも幸運に恵まれることになる。

幸運の第一は、六十歳になっていたこともあってダリウスは、自ら出向くまでもないと思ったのか、ペルシア軍を率いるのを、配下の二人に任せたことであった。後年、ナポレオンは、非凡なる二将は凡なる一将に劣る、と言うことになる。

また、王自らが参戦しないと決まれば、王の行くところどこにでも従うのが決まりの「不死身の男たち」と呼ばれる一万の精鋭も参戦しないことになる。この名で呼ばれるのは、戦闘でも死なない、という意味ではない。戦死してもただちに補充される

ペルシア帝国の近衛軍団「不死身の男たち」

ので一万という数ならば変わらず、それで「不死身の男たち」と呼ばせたのには笑ってしまうが、生粋のペルシア人で成る精鋭の集団、ということでは変わりはなかった。

アテネにとっての第二の幸運は、これまたダリウスが、ギリシア人を見くびっていたのか、ペルシア軍の誇りである騎兵を、騎兵団と呼ぶ規模にはとうてい及ばない数しか、遠征させてこなかったことである。これが、マラトンの平原という、本来ならば騎兵に有利な地勢で、ペルシア軍が力を出しきれなかった要因になる。

幸運の三番目は、ペルシア軍が迫りつつあったアテネに、まるで天から降ってでもきたかのように、ある人物が帰国してきたことであった。

この人、ミリティアデスには、アリステイデスもテミストクレスもこれだけは絶対に及ばない利点があった。ペルシア軍を熟知し、そのペルシア軍相手に闘った経験の持ち主であったことだ。それに加え、住み慣れたトラキアを捨てざるをえないようにした、ペルシアへの強烈な怒りの持ち主でもあった。

ミリティアデス（Miltiades）も、クレイステネスの属したアルクメオニデス一門と並ぶアテネの名門に生れている。だが、アテネ人が「僭主政《せんしゅ》」と呼んでいたペイシストラトスとその息子ヒッピアスの時代への対応ならば、クレイステネスとは反対のやり方で対してきた。僭主政時代を国外への自主追放で過ごしたクレイステネスとちがって、ミリティアデスは順応するほうを選んだからである。ヒッピアスとは縁つづきの女を妻に迎え、内閣の一員としてもよい「アルコン」にもしばしば選出されていた。

しかし、三十四歳の年に転機が訪れる。父の代に開拓していた「海外資産」の運営を一任されていた兄が死に、その後を彼が継ぐことになったのだった。

海外資産と言ってもそれは、アテネ人が植民した先で開発した資産、ということである。ゆえに、規模が大きくなるとその運営も、その地の長官になった人が行う。三十四歳のミリティアデスも、ギリシアの北辺に位置するトラキアの、それも最も東部になる地方の長官になっていた。アジアとヨーロッパを分つヘレスポントス海峡にも近かったから、軍事的にも経済的にも要地である。

この地にミリティアデスは、四分の一世紀もの間居つづけることになる。ヒッピアスを追放した後のアテネはクレイステネス一色になっていたので、二十年以上も昔の話とはいえヒッピアスとは良好な関係を持っていたミリティアデスには、安心して帰国できるとは思えなかったのかもしれない。

また、トラキアに来てまもなく、トラキア王の一族の女に恋した彼は、妻を離縁してその女性と結婚し、キモンと名づけた男の子にも恵まれていた。

居心地ならば良かったこのトラキア地方から去らねばならなくなったのは、ペルシア王ダリウスによる「土地と水」の通告がトラキアにももたらされたからである。初めのうちはミリティアデスも、すぐにはことの重大さには気づかなかったようであった。だが、ヘレスポントス海峡を渡ってくるペルシア兵が増えるにつれて、ペルシア王の真意が、「土地と水」だけでなくその上にあるものすべて、人間までふくめたすべて、であることに気づく。それでアテネ系トラキア系を問わず住民を組織して

ミリティアデス

アリステイデス

ペルシア軍の侵攻に抗戦したのだが、しばらくは善戦できても結果は見えていた。四隻の船に乗せられるだけのアテネ系住民を乗せて、トラキアを去ってアテネにもどるしかなかったのだ。前四九二年、ミリティアデスも五十八歳になっていた。

ところが、この引揚者を待っていたのが告発である。四分の一世紀も昔とはいえ僭主政への協力者であったというのに加え、トラキアでも僭主政を布いていた、というのも告訴の理由になっていた。しかも告発者は、僭主政と聴いただけでアレルギーを起す人の多い「穏健派」の領袖《りょうしゅう》の一人のクサンティッポス。

クサンティッポス（Xantippos）とは、後のペリクレスの父であったことのほうで歴史に名を遺《のこ》すという、ある意味では気の毒な人だが（ちなみにペリクレスはこの年まだ三歳の幼児）、ゆえにこれ以後は、いちいち「ペリクレスの父親」と断わらないで単にクサンティッポスとのみ記すことにするが、ペイシストラトスとその息子のヒッピアスによる僭主政に終始一貫して反対してきたクレイステネスと、同じアルクメオニデス一門に属す。帰国したばかりのミリティアデスは、この時期のアテネ政界を牛耳っていた有力者たちから、告発されてしまったことになったのだった。

ここで、テミストクレスが動く。トラキア生れの母親を通して、トラキア時代のミリティアデスに関する情報を得ていたのかもしれない。それでミリティアデスの救済に動いたのだが、どう動いたのかを記した史料はない。ゆえに想像するしかないのだが、私の想像するには、次のようなやり方で「動いた」のではないかと思う。

三十三歳のテミストクレスは、六歳年上のアリステイデスのところに行き、ミリティアデスへの告訴を取り下げるよう、クサンティッポスを説得してくれと頼んだのではないか。アリステイデスもクサンティッポスも、同じ「穏健派」に属す。「過激派」と見られている自分が公然と弁護するよりも、「穏健派」の内部でことが収まればそれに越したことはない、と考えたのかもしれない。

六歳ちがいのこの二人は、世間からはライヴァル視されているにもかかわらず、実際上もライヴァルなのだが、なぜか必要となると二人だけで話し合うのを厭《いと》わない、というところがあった。性格から考え方から何から何までちがうこの二人の男の唯一《ゆいいつ》の接点が、都市国家アテネにとっての独立と国土の保全、であったからだろう。

いずれにしても、ミリティアデス告発の騒ぎはうやむやのうちに消えた。しかもこのわずか一年後の市民集会で、次の年、つまり紀元前四九〇年担当の、「ストラテゴス」の一人に選出されたのである。四分の一世紀もの間、アテネを留守にしてきたミリティアデスだ。「穏健派」と「過激派」双方による水面下での工作でもないかぎり、市民たちの支持をこうも短期間に獲得できたはずはなかった。第一次ペルシア戦役を決めることになるマラトンの会戦は、これよりわずか半年後の前四九〇年の夏に行われるのである。

一方、ペルシア軍のほうは、アテネ内部の動きなどは関係ないとでもいうかのように、集結地サモス島からそのまま西にエーゲ海を横断し、ギリシア本土を直接に突く戦略を実行に移していた。

この、歴史上では第一次ペルシア戦役と呼ばれるギリシアへの侵攻に、ダリウスが送り出した兵力は、総数にして二万五千、というのが現実的な数字であると研究者たちは言う。このうちの一千が騎兵。そしてこの軍勢を運ぶ船の数、三百。船の大半はペルシアの支配下にあるフェニキアの船だから、乗っている兵士だけがペルシア人で、船の操縦も櫂《かい》を漕《こ》ぐのもフェニキア人である。

総勢二万五千の全軍を、王ダリウスは二人の将に指揮をゆだねた。一人が総司令官でもう一人が次席、というのではない。一万の兵で成る第一軍は属州サルディスの長官アルタフェルネスが率い、一万五千の第二軍はペルシアから送ってこられたダティスが率いるという形にしたのである。こうなると第一軍と第二軍の連携如何《いかん》にかかってくるのだが、そのようなことは「王たちの王」たる者が心をわずらわせることではないと思ったのかもしれない。いずれにしても、二万五千という、ギリシアではどの都市国家でも、アテネでもスパルタでも不可能な兵力で侵攻してくるペルシア軍は、二人の司令官の指揮にゆだねられていたのであった。

これを知った時点で、アテネの市民集会は、「ストラテゴス」に選出されたばかりのミリティアデスの提案を可決している。スパルタに参戦を要請する、という提案だ。ダリウスの発した「土地と水」の通告をアテネは拒否していたが、スパルタも拒否していたからであった。

だがスパルタは、決定しそれを実行に移すのが常に遅い。アテネは、まずは自力を固めるしかなかった。重装歩兵九千で成る迎撃軍が編成される。率いるのは、合計十人になる「ストラテゴス」。このアテネに、常にアテネと歩調を共にしてきた都市国家プラタイアが、一千の重装歩兵で参戦すると伝えてきた。

史料は、このときの十人の「ストラテゴス」の名を、ミリティアデスともう一人以外は明記していない。だが、マラトンでの会戦には、アリスティデスもテミストクレスも参戦している。しかも、自らの属す「トリブス」から召集された兵士たちを率いて闘っている以上、彼らもまた「ストラテゴス」の一員であったのだ。将軍としてもよいアテネの「ストラテゴス」は、十個ある「トリブス」から一人ずつ選ばれて成る地位だから、合計すれば十人にもなってしまう。

第一次ペルシア戦役

この状況下でアテネは、戦闘の行方を左右しかねない指揮系統の一本化という最重要課題を、どのようにして解決したのであろうか。

軍の編成も完了し、その軍を率いる十人の「ストラテゴス」も勢ぞろいしたアテネだが、攻めてくるペルシア軍を迎え撃つ軍勢を、どこに送り出してよいのかわからないままに時が過ぎていった。

わからなかったのは、海上を西に航行中のペルシア軍が、エーゲ海に浮ぶ島ナクソスに寄り道していたからである。

ナクソスは、四年前に反ペルシアに起《た》ちながら結局は制圧されたミレトスの人々が、反乱に起つ前の集結地にしていた島だった。そのことを、ペルシア王ダリウスは忘れなかったのである。ナクソスを壊滅せよ、が、ダリウスが下した命令だった。

このペルシア軍に上陸されては、ナクソスとて守りきれない。抵抗はしたがまもなく陥落し、住民全員は奴隷《どれい》にされ、ダリウスへの献上品としてスーザまで連行されると決まった。ただし、スーザまでの連行は、ペルシア軍がエレトリアとアテネを制圧した後で再び立ち寄ったときに実行に移される、と決まる。それまでナクソスの島民は、捕虜収容所で待つのだった。

再び乗船したペルシア軍は、エーゲ海を北西に舵《かじ》をとり、エレトリアに向う。都市国家エレトリアも、ミレトスの反乱を五隻の船を送って助けたことで、ダリウスの怒りを買っていた。

エレトリアのあるエウボエア島は、間に海峡があると言ってももはやギリシア本土である。このエレトリアに近い浜辺にペルシア軍が上陸したのは、前四九一年の秋であった。

秋、とは、戦闘に適した季節は終わりに近づいていた、ということだ。それもあって、またナクソスの住民たちの運命を知ったエレトリア人が必死に闘ったこともあり、ペルシア軍にとってのエレトリア攻略は予想に反した難事になった。ペルシア軍はエレトリア陥落後もその次の行動がとれず、エウボエアで冬越しするしかなかったのである。

だが、これで過ぎた時間が、アテネに、兵士たちへのさらなる訓練の時間を与えた。同時に、決断の遅いスパルタの、お尻《しり》をたたく時間も与えたのである。

マラトン

冬が過ぎ、紀元前四九〇年も春になった。いかに希望的観測を好む人でも、この年のペルシア軍の的《まと》がアテネに定められたのを疑う者はいなかった。

この時期、ペルシア側の二人の司令官がどのような戦略を立てていたのかはわかっていない。わかっているのは、二人は少なくとも行動をともにしなかった、ということである。

第一軍は、ナクソスと同じ運命をたどることになったエレトリアの戦後処理を終えた後にマラトンで、先行する第二軍と合流するつもりでいたのか、それともマラトンに上陸後に陸路をアテネに向う予定にしていた第二軍と合流するのは、アテネに近い海港のファレロンであったのか、もわかっていない。アテネが知ったのは、ペルシアの軍勢がマラトンに上陸しつつある、ということだけであった。

それでもアテネ側は、迎撃軍をどこに向けて送り出せばよいかはわかったのだ。準備完了とて、アテネ軍はただちにマラトンに向けて発《た》つ。アテネからマラトンまでの距離は約四〇キロ。強行軍で向ったにちがいない。距離ならば短くて済む山間の道よりも海岸ぞいの道を選んだのは、海上をアテネに接近中かもしれない敵の船団を見張るためもあった。

アテネ軍がマラトンの平原の背後をめぐっている森の端に到着したとき、すでに眼前に広がる平原には、上陸を終えたペルシアの兵士たちの群らがる姿が見えた。それを見ただけで、これがペルシアの軍勢のすべてではないことが、「ストラテゴス」たちにはわかったにちがいない。それでもなお、合流してきたプラタイアの一千兵を加えても一万にしかならない、アテネ軍よりは多かった。

もちろんペルシア側も、アテネ軍の到着を早くも知る。森の中に隠れていたのではなく堂々と平原にくり出したのだから、敵に知られるのも計算のうちの行動だった。

　こうして、マラトンの平原に、両軍は向い合うことになる。

　とはいえ、すぐにも戦端が切って落とされたのではなかった。ペルシア軍が動かないのである。また、アテネ軍も動かなかった。ペルシア側は、第一軍の到着を待っていたのかもしれない。アテネ側は、スパルタ軍の到着を待っていたのである。

　膠着《こうちゃく》状態は、五、六日はつづいたようである。だがこの数日を、アテネ側の将たちは無駄にしなかった。戦闘の行方を左右するほどに重要な、指揮系統の一本化のために活用したのである。

　都市国家アテネでは、軍の総指揮は、十人いる「ストラテゴス」がそれぞれ、四日間ずつ担当すると決まっていた。何しろ、「デモクラツィア」の国である。指揮をとる権利も、平等でなければならないというわけだ。

　ところがこの決まりを忠実に実行するとなると、十人のうちの一人が総司令官に最適任と衆目一致していても、その人が総指揮をとれるのは、四十日のうちの四日間だけになる。一度担当したら、その後の三十六日間は総指揮権はまわってこない、ということだ。誰かはわかっていないが、その人は、二倍もの敵と向い合っている今、法律の厳守などにかかずらっている余裕はない、と考えたのだろう。

しかし、そうなると「良識に照らして判断したうえでの法律の迂回《うかい》」しかなくなるが、そのようなことをミリティアデスが言い出すはずはなかった。彼は正直な人間であり戦場では天才だが、政治的な動きとなるとところがあるのだ。また、自他ともに正義の人と任じているアリステイデスも、このようなことを提案する人ではなかった。ここはもう、目的のためには有効ならば手段を選ばず、とでも考えた誰かが提案し、それを他の九人も良識に照らして判断して決まったことにちがいない。

それで、このときの良識的判断の結果だが、次のようなものになった。

十人いる「ストラテゴス」のうちの九人が、自分たち一人一人にとっても権利がある戦闘の総指揮権を、「放棄」するのではなく、この際はミリティアデス一人に「譲渡」する、ということにしたのである。

だが、これによってアテネは、兵力ではペルシア軍の半分以下であっても、指揮系統の一本化には成功したのであった。

そして、公的には十人のうちの一人でしかなくても事実上はただ一人の総司令官になったミリティアデスは、このときに同僚たちが下した良識的判断がまちがっていなかったことを、マラトンの平原で実証していくのである。

両軍睨《にら》み合いの状況を破ったのは、アテネ軍のほうであった。ミリティアデスは、スパルタ軍の到着を待っていた。だがその前に、ペルシアの全軍が合流してしまうほうが心配だった。今手持ちの戦力で勝負に出る、と決めたのである。しかし、戦術は練った。そしてそれに、ストラテゴスの全員が同意した。

ペルシア軍の一万五千と、プラタイアの一千を加えても一万、というアテネ軍の対決である。

睨み合いで過ぎた数日の間に、ミリティアデスは察知したのだと思う。ここマラトンでは、歩兵同士の戦闘になる、と。

アテネ軍では騎兵は、もともとからして富裕者に課された兵役であることから、数自体が少ない。ゆえに、主戦力と見ることはできない。ギリシアの都市国家《ポリス》の主戦力は、あくまでも重装歩兵なのである。

一方、ペルシア軍では、広大なメソポタミア地方やエジプトを戦場にしてきた経験から、騎兵戦力が重視されてきた。なぜならペルシアの騎兵は、馬を疾駆させながら矢を射ることもできるという、攻撃力と機動性の双方ともをそなえた戦力なのである。ところが、第一次ペルシア戦役では、ダリウスはこの機動戦力を、一千騎しか参戦させていない。しかもその一千騎も、マラトンでは、事実上は不参加だった。もしかしたら、ペルシア騎兵の大部分は、エレトリアを陥落させた後はエウボエアの島すべてをペルシア支配下に入れる作戦を遂行中の、第一軍に組み入れられていたのかもしれなかった。いずれにしても、マラトンでのペルシア騎兵は、戦力と見る規模ではなかったのだ。

また、ミリティアデスは、敵の歩兵は一万五千と数では優勢でも、軽装歩兵であることにも気づいたにちがいない。二十年以上にわたってアジアと接するヘレスポントスの海峡近くで暮らしてきたミリティアデスには、アジア、つまり当時ではペルシアの兵士は、武装を見ただけで判別できたのである。

軽装歩兵と重装歩兵のちがいは、剣や槍や弓矢という攻撃用の武器の優劣にあるよりも、兜《かぶと》、胸甲、脚甲、盾《たて》という、兵士の一人一人を敵の攻撃から守る防御用の武具の優劣にあるのだった。

史上有名な「マラトンの会戦」は、数では優勢な軽装歩兵と、数では劣る重装歩兵の対決になるのである。

このペルシア軍相手に勝つことを最大目標にする戦術も、ミリティアデスは、睨み合いをつづけていた数日の間に立てたのではないかと思われる。なぜなら、ペルシア側は、睨み合いを利用して陣形を整えていたのだから。そしてそれは、会戦方式の戦闘《バトル》の常識をそのまま踏襲したものであった。

会戦での布陣は、左翼、中央、右翼の形になる。敵側も同様なので、左翼は敵の右翼と、中央は中央同士、右翼は敵の左翼と激突するのが、戦端が切って落とされた直後の戦場になる。

ペルシア軍を指揮していたダティスも左翼、中央、右翼と陣を布いたが、中央に最も数多くの兵士を配していた。右翼と左翼に守られていることで気を強くした中央が、自軍の右翼・左翼ともに一丸となって攻勢に出、敵を一気に撃破すると見込んでの戦術かもしれなかった。

アテネ軍の総司令官ミリティアデスも、自軍を、左翼・中央・右翼に三分したことでは同じだ。だが、そのそれぞれに配分した兵の数は、ペルシア軍とは逆にした。つまり、両翼に数多くの兵を配し、それに反して中央を守る兵力は、常識からすれば極端、としてもよいくらいに減らしたのである。

ミリティアデスの考えた戦術が、敵を包囲しその壊滅を狙《ねら》ったものであったのは明らかだ。

この包囲壊滅作戦は、後にアレクサンドロス大王が、さらに後にはハンニバルが、そのハンニバルを破ったローマの武将スキピオ、そしてユリウス・カエサルと、古代の名将とされる人の全員が駆使することになる戦法である。

しかし、この人々は騎兵を使えた。ミリティアデスは、歩兵だけで同様の成果をあげることを考えていたのだった。

ミリティアデスは、配下の将たちである「ストラテゴス」の全員を集めた席で、次のように説明し、指示を与えたのではないかと思う。

敵軍とわれわれの間には、千四百メートルの距離が横たわる。

これほどの距離を全力疾走したのでは、重装歩兵たちは体力がつき、その直後の戦闘では闘えなくなる。

しかし、ペルシア軍が浴びせてくる矢の射程距離は、二百メートルが限度。だから、矢の射程距離までの千二百メートルは、早足にせよ無理は強《し》いない速度で進む。そして、射程距離に入ったとたんに全力疾走に転じ、頭上にかかげた盾で矢を避けながら敵との距離を急速に縮める。

接近戦に持ちこみさえすれば、わが軍の重装歩兵は槍も剣もペルシア兵のものより長いから、有利に闘える。

実際、ペルシア兵の槍の長さが二メートルに達しなかったのに対し、アテネ兵の槍は、その二倍はあった。剣も、ペルシア兵の四十センチに対し、アテネ兵の剣の長さはその二倍近い長さ。

オリンピアで開かれる競技会の種目の一つに、重装備して競技場《スタディオン》を何周もするという競技があるが、ミリティアデスはそれを、マラトンの戦場で兵士たちに求めたのである。戦場と競技場のちがいは、重装備しての全力疾走を、降りそそぐ矢の下で行うか、そうでないか、にしかなかった。

指揮系統の一本化が効力を発揮するのは、参加する者の全員が、どう行動すればよいかを明快に理解できることにある。マラトンでは、「ストラテゴス」たちがまず先に、そして兵士たちも、ミリティアデスの戦術を自分のものにしたのだった。

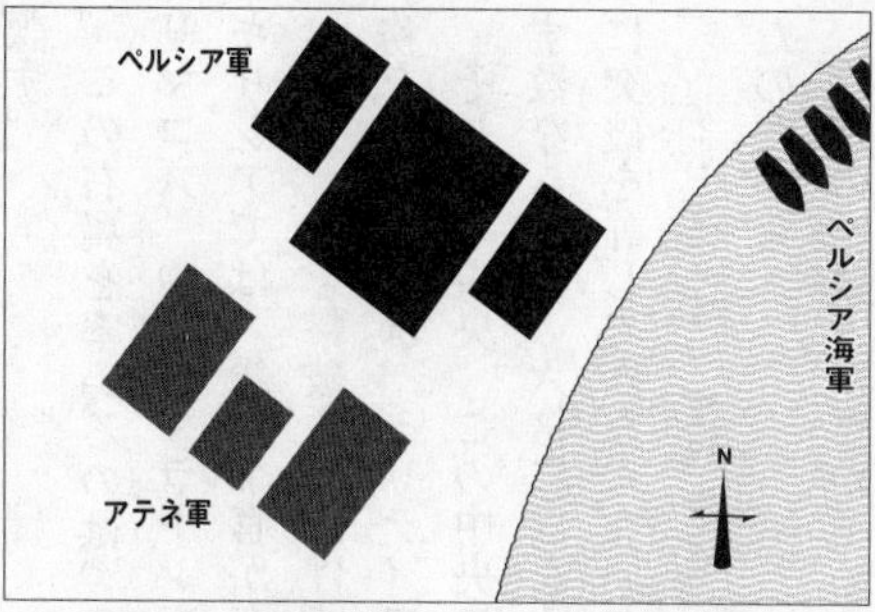

マラトンの会戦における両軍の布陣

両軍の布陣を図で示せば、上のようになる。

アテネ軍は、海を右手に見る平原に布陣する。一方のペルシア軍は、海を左手に見る平野に布陣していた。ここまで乗ってきた自軍の船団は、彼らの左後方の浜辺に舳先《へさき》を並べて会戦の結果を待つ形になる。だがこれが、ペルシア軍の兵士たちに、いざとなれば逃げこめる場所がある、と思わせることになった。

ミリティアデスは、自軍の右翼に、ペルシアの左翼を撃破するだけでなく、彼らが船に逃げこむ時間さえも与えない前に、早くも始末してしまう任務を課す。

この右翼を率いるのは、「ストラテゴス」会議の議長という感じの地位にあったカリマコス。ゆえにマラトンでは、公式にはこの人が総司令官になる。都市国家時代のギリシアでは、総司令官が右翼を率いるのが決まりになっていた。

一方、敵を撃破するだけでなく敵の背後までまわりこんで包囲するという困難な任務を負う左翼は、ミリティアデス自らが率いる。

そして、中央。この中央に課せられた任務も難事だった。少ない兵数にもかかわらず数ならば五、六倍にはなる敵の猛攻に対して、激闘しつつも耐えつづけ、絶対に敵に突破を許してはならないというだけでも難事だが、難事はそれだけではなかった。「一歩も退かず」ではなく、敵に気づかれないように少しずつ「退きながら」であったのだから。

自軍の右翼と左翼が進める包囲壊滅作戦を、助けるためであるのはもちろんだ。なにしろ、中央が崩れては、この作戦も水泡に帰す。この重要極まりない中央を、六十歳のミリティアデスは、四十歳のアリステイデスと三十四歳のテミストクレスに託したのだった。

アテネ政界の新世代として台頭しつつあった、ゆえにライヴァルでもあるこの二人は、マラトンの戦場では、肩を並べて闘う戦友であったのだ。

史上有名な「マラトンの会戦」が、紀元前四九〇年の夏に闘われたことはわかっている。だが、正確な月も日もわかっていない。これを記述した唯一の人である歴史家のヘロドトスが、この種の正確さにはさして興味を持たなかったからだが、近現代の研究者たちは、八月の末から九月の初めにかけての間の一日、としている。

陽の出から始まって陽の落ちる頃にようやく終わったという、一日がかりの激闘であった。終わった後のアテネ兵たちは、血まみれであると同時に汗まみれでもあったろう。

しかし、戦闘の展開は、ミリティアデスが考えたとおりに、始まり、進み、終わったのである。

ペルシア側の戦死者——六四〇〇

アテネ側の戦死者——一九二

だが、右翼を率いて闘ったカリマコスともう一人の「ストラテゴス」が、戦死者百九十二人の中にいた。アテネ軍は、指揮する者が先頭に立って闘い抜いたのである。

ペルシア側の損失は、一万五千のうちの六千四百であったから、四十二パーセントになる。アテネ側の損失は、一万のうちの百九十二だから、二パーセント弱。アテネ軍は、ペルシアの船七隻も捕獲した。

ペルシア軍は、死者だけでなく負傷者まで置き去りにして船に乗り、ほうほうのていでマラトンから去って行ったのである。


しかし、勝ったアテネ人も、勝利を味わっている暇などはなかった。敗れたとはいえペルシア側には、まだ八千人以上の兵力がある。そのうえ、マラトンでの会戦には参加していない第一軍が、手つかずでいた。

この第一軍と第二軍の残りが合流すれば二万近くにもなるペルシア軍が、アテネのすぐ近くにいるのだ。

そのペルシア軍が、マラトンに全兵力を投入したために無防備状態になっているアテネを直撃してきたらと考えるだけで、勝利を祝うどころではなかったろう。戦勝後に兵士たちに与えられたのは、わずかの時間の休息だけであった。

ミリティアデスは、死者の埋葬や負傷者の手当てをアリステイデスとその部下たちに託し、残りの全軍を率いて強行軍でアテネに向った。一刻も早くアテネに入りたかったので、山間を行く道を選んだのだろう。それで、海沿いの道を来ていたスパルタ軍と出会わなかったのだと思う。

スパルタ軍は、一日遅れてマラトンに着いたことになる。一日遅れで戦場入りしたスパルタの兵士たちは、戦死したペルシア兵で埋まっている戦場を視察してまわった後で、アリステイデスに告げた。完璧《かんぺき》な勝利であった、と。ペルシアとギリシアとの初めての本格的な戦闘で、アテネは、ギリシア最強の陸上戦力と自他ともに認めるスパルタの助けなしに、自国の力のみで勝利したのである。

戦後処理を一任されたアリステイデスは、アテネ側の戦死者の名を一人ずつ記録し、しかも彼らが属す「トリブス」の名まで記録した後で、火葬にして埋葬した。それが終わった後でペルシア側の戦死者も、彼らには火葬の習慣がないところから遺体のまま、一箇所に集めて埋葬したのである。

結局、ペルシア軍による都市部のアテネへの攻撃は、実行されないで終わった。第一軍を率いていたアルタフェルネスも第二軍を率いてマラトンで敗北したダティスも、これ以上のリスクを冒すのを避けたからだと思う。

専制国家の家臣は、良くも悪くも官僚的になる。さらなる敗北を喫することにでもなれば、アルタフェルネスはサルディスの長官という収入の多い地位を失い、ペルシアから送られてきていたダティスは、首が飛んでいた可能性があった。二人とも、エレトリアとナクソスの住民を王への献上品としてスーザまで連行することで、ダリウスの怒りをかわそうと考えたのだろう。

アテネの住民は、ペルシア軍を乗せた船団が遠く東に向けて去ったと知って初めて、心から安堵《あんど》することができたのである。

第一次ペルシア戦役は、こうして終わった。

しかし、マラトンの野で闘われた戦闘《バトル》の歴史的意義は大きかった。

無敗とされてきたペルシアが無敗ではないことが、初めて実証されたのである。この事実が、ギリシア世界に留まらず、中東やエジプトにまで及ぶのを、ペルシア王ダリウスは覚悟するしかなかったのだった。

そして、このときの「マラトン」は、近代オリンピックの「マラソン」に名を遺すことになる。

第一次と第二次の間の十年間

アテネ市民の間でのミリティアデスの声望は、もはや頂点に達していた。誰一人として、このマラトンの英雄を、わずか二年前には裁判にかけようとしていたことなど思い出す者はいなかった。市民集会は、圧倒的多数でミリティアデスを、翌年担当の「ストラテゴス」に選出したのである。

六十歳のミリティアデスも、上々の気分であったにちがいない。ペルシア軍に追い出された引揚者として尾羽打ち枯らして祖国に帰国してから、三年と過ぎていない。落ちるところまで落ちた後に訪れた、急上昇である。正直で一本気な男であっただけに、高揚感に舞いあがっていたのだろう。紀元前四八九年担当の「ストラテゴス」には十人が選ばれていたが、まるでミリティアデス一人という感じが強かった。アテネ市民はこの彼に、再度の大勝利を期待したのである。

南側をクレタ島がさえぎるエーゲ海の南部は、キクラデス（Cyclades）諸島と呼ばれ、多島海の名に恥じない数多くの島が点在する海域だ。北から南に、名を知られている島をあげるだけでも、アンドロス、ミコノス、デロス、ナクソス、パロスとつづく。その東には、サモス、コスの島が見え、ここまで来ればイオニア地方は目と鼻の先。つまり、アテネと、マラトンの戦闘後もペルシア支配下のままでつづいているイオニア地方との間は、島伝いに行ける距離なのであった。

そして、これらの島々のほとんどは、第一次ペルシア戦役が始まる以前からペルシア支配下に入っている。ギリシア人の信仰厚いという理由で王ダリウスが見逃してくれたデロス島と、ペルシア王に反旗をひるがえしたミレトスと親しいことから明白にギリシア側につくと宣言したナクソスを除くほとんどの島が、ダリウスの発した「土地と水」の命令に屈して属国になっていたのである。「土地と水」を拒否したナクソスは、徹底して破壊されただけでなく、住民の多くはエーゲ海から遠く離れたメソポタミア地方に連行され、奴隷の身に落ちていた。

圧倒的多数で「ストラテゴス」に選出されたミリティアデスは、パロス島攻略のために六十隻の船を与えるよう求める。市民集会はそれを、またも圧倒的多数で可決した。パロスは、「土地と水」を受け入れてペルシア領になっているキクラデス諸島の一つで、どこよりもナクソスに近かった。

的《まと》の定め方は、正しかったのである。だが、それを進めていくうえでの戦術となると、ミリティアデスはあせっていたのか、と思ってしまう。

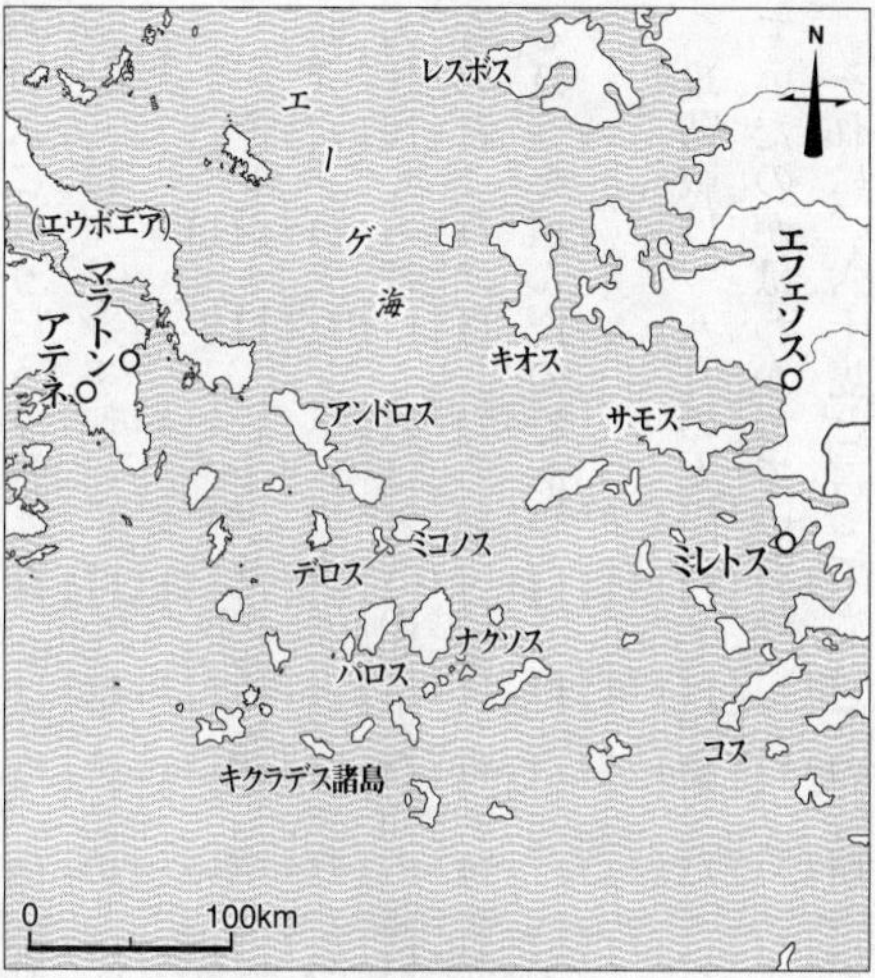

エーゲ海の島々

ナクソスは、残っている住民は老人と子供のみ、と言ってよいくらいの打撃にあえいでいたことは事実である。だが、その状態でもなお、「土地と水」は拒否しつづけていた。だから、親ギリシアのそのナクソスに上陸し、ナクソスを前線基地にして、一〇キロしか離れていないパロスを、腰をすえて攻撃する戦法もあったのだ。

それなのにミリティアデスは、ナクソスには寄りもせず、直接にパロスに向うほうを選んだ。しかも、上陸戦に入る前に発した最後通告で、百タレント払えばギリシア側にもどることを認める、と告げたのである。

一タレントは、六千ドラクマに相当する。職人の月収が十五ドラクマ、と言われた時代だ。百タレントは六十万ドラクマだから、四万人の職人の月収になる。パロス島の住民たちは、これほどもの莫大《ばくだい》な額の賠償金を払ってギリシア側にもどるよりも、今のところはさしたる額ではない貢納金を払うだけでよい、ペルシア王の支配下に残るほうを選んだのであった。

攻防戦は、八月の太陽の下で始まった。六十隻《せき》の船に、どれだけの数の兵士が乗っていたのかはわかっていない。

それに、六十隻と言っても、この時期のアテネは、軍船に適した三段層ガレー船《トリレンミ》を、六十隻も所有していたはずはなかった。史料も「トリレンミ」とは書いていないから、商船兼用の普通の船六十隻、であったのだろう。上陸後二十日が過ぎても、戦況の進展は見られなかった。

それどころか、総司令官のミリティアデスが、脚部に重傷を負っていたのである。

マラトンではペルシアの大軍を相手にしていながら傷ひとつ負わなかったミリティアデスが、あのときの十分の一もないパロスの防衛軍との闘いで、右脚のつけ根深く傷を負ってしまったのだった。

この状況下で、日だけが過ぎる。秋が、すぐそこまで来ていた。エーゲ海は、常には穏やかな海だが、冬が近づくや突如として天候が変わり、海は荒れ、崖に打ちつけられた船はその場で木端微塵《こっぱみじん》になることが少なくない。海神ポセイドンが怒り始めると、主神ゼウスでも手がつけられないのだ。

ポセイドンが本気で怒り出す前に帰国の途につこうということで、ミリティアデスと部下の兵たちは一致した。パロス島攻略が目標だったアテネ軍は、こうして、目的も遂げずに撤退したのである。最後通告を突きつけてから、二十六日しか過ぎていなかった。重傷の身のミリティアデス以外にはさしたる損失はなかったようで、多数の兵士を死なせないで済んだのはせめてもの幸い、とするしかなかった遠征になった。

しかし、アテネに帰還し、傷の治療に入っていたミリティアデスを襲ったのが、告発である。罪状は、「都市国家アテネの主権者である、アテネ市民を裏切った罪」。告発者は、「穏健派」の領袖《りょうしゅう》の一人クサンティッポス。

クサンティッポスやアリスティデスの属す「穏健派」と、ミリティアデスやテミストクレスが率いる「過激派」の相違点は、対ペルシアへの考え方のちがいにあった。「穏健派」は、マラトン以後はなおのこと、ペルシア問題は外交で解決できると考える人々であり、「過激派」は、ダリウスは外交的解決などは頭にもなく、絶対にペルシアは再度侵攻してくる、と確信していた人々であったのだ。

三年前の告発のときは、水面下の工作で告訴を取り下げることができたが、今度は、テミストクレスの仕かけた工作に、アリスティデスは乗ってこなかったようである。それゆえか、公開の場での裁判になった。

重傷で出廷できない被告の席が空席の法廷には、「アテネ市民を裏切った」のではなく、「アテネ市民の期待を裏切った」にすぎない、という想《おも》いなどは入りようがなかった。市民たちは、期待が大きかっただけに失望も大きく、その怒りをミリティアデス一人にぶつけたのである。そしてこの市民の想いを、「穏健派」は利用した。

テミストクレスは、マラトンでの勝利の最大の功労者はミリティアデスであったと言って、弁護に必死だった。なにしろ、「市民への裏切りの罪」で有罪になろうものなら、待っているのは死刑なのだ。

これに対して、告発者クサンティッポスは、マラトンでは、公式の総司令官で戦死したカリマコスの功績のほうが大きかったと、口調鋭く反論する。

法廷内にいてそれを聴いていたアリスティデスは、マラトンではミリティアデスの副将の地位にあり、あの場で展開されたミリティアデスの戦略・戦術には精通していたにかかわらず、黙したままで終始した。

テミストクレスは、ミリティアデスに下される判決を、重傷の身であることを強調して、死刑から罰金刑に減刑させることには成功したのである。

市民たちの期待を裏切った罪、に科された罰金は五十タレント。二万人の職人の月収に相当する額になる。これほどの莫大な額のカネを、引揚者でありその後はすぐにマラトンでの戦略を練るのに神経をすり減らしていたミリティアデスに、用立てられるはずはなかった。

裁判長は、ミリティアデスの二十歳になる息子のキモンが申し出た、可能になった段階で少しずつ払っていくという分割支払いは認めたのである。

ミリティアデス自身は、その判決を知った数日後に死んだ。負傷した箇所を冒していた化膿《かのう》が全身に及んでいたというから、裁判にかけなくても死は逃れられなかったろう。だがこうして、マラトンの英雄は、罪人として死んだ。

対ペルシア強硬派を率いるのは、三十五歳のテミストクレス一人になってしまったのである。

しかし、ペルシア帝国のほうも、マラトンで受けた傷は浅くはなかった。

民主政体を維持しながら国をまとめていくのも難事だが、専制君主国ならば容易かと思うとまったくそうではない。

「王たちの王」を名乗るペルシアの王ダリウスの前に、属国や属州の長たちは平伏したが、それは次の二つの理由によっていたのだった。

一、ゾロアスター教の神アフラ・マツダの地上での代理人、だから彼自身も神、がダリウスである以上、誤りは冒さないはずだから、その彼に従っていれば自分たちの地位も安全、という思いこみ。

二、そのダリウスが統率するのが、無敗・無敵を誇ってきたペルシア軍であること。だから、このペルシア王の命令で従軍しても大丈夫、という思いこみ。

マラトンでの敗北は、大軍勢を召集する力をもつペルシア王にとっては、軍事的にはさしたる打撃ではなかった。ギリシアに侵攻させたのは二万五千程度の兵力であり、当時のペルシアの国力をもってすれば、翌年であろうとこの十倍の軍勢を侵攻させることもできたのである。だが、ダリウスが受けた真の打撃は、一と二、つまり「王たちの王」である自分への「神話」が崩れたことにあった。

たかが一万にしかならないアテネ兵が主力のギリシア軍に敗れたことで、ペルシア王は、数ならばその十倍以上になる属州民に蜂起《ほうき》されてしまったのだ。アテネに、雪辱戦を挑むどころではなくなった。エジプト全土に広がった反乱の鎮圧に、マラトンからの撤退後の四年以上を費やすことになってしまう。

前四八六年、いまだ反乱は完全に鎮火していないという年、心労に押しつぶされでもしたのか、「王たちの王」ダリウスは死んだ。

無敗・無敵で進んできたダリウスの三十六年間の治世を、このような形で終わらせたのが、マラトンでの敗北であったのだ。自分の後を継いで「王たちの王」になる息子クセルクセスに、ギリシアに対する雪辱戦を言い遺《のこ》して死んだ。

クセルクセス

三十三歳でペルシア帝国の主《あるじ》になったクセルクセス(Xerxes)は、歴史家ヘロドトスによれば、背の高い美青年であったという。それに加えて、権威を持つには最適手段でもある、血統でも完璧だった。

父のダリウスは、王家とはいえ傍系の生れで実力でのし上った男だが、アケメネス王朝の始祖キュロス大王の娘アトッサと結婚したことで権威を獲得できた人である。息子のクセルクセスは、大王の娘である母と、ペルシアを帝国にまでした行動的なダリウスの間に生れた長男だった。そのうえ、生れたときから権威と権力を持っていた人にしては、温厚な性格でしかも礼儀正しく、オリエントの貴公子とはこういう人なのだ、と思わせるところがあった。

だが、このクセルクセスも、父ダリウスの遺言がなかったとしても、「王たちの王」

でいたければ、ギリシア問題は避けて通れなかった。第二次ペルシア戦役は、侵攻してくるペルシア側にとっても、それを迎え撃つギリシア側にとっても、あらかじめ予告されていた戦役になるのである。

一方、アテネでは、民主政の国であることの証《あか》しでもある、各党派間の抗争が再燃していた。専制君主政ならば起らない党派間抗争も、民主政では起るのだ。人間を、「ホモ・ポリティクス」(政治的種族)、と呼んだのも、ギリシア人のアリストテレスであったのだから。

マラトンでの勝利直後のアテネは、なんと四つの党派に分れていた。当時のアテネ人の呼び名で言えば、次のようになる。

一、アルクメオニデス派――クレイステネスを出した名門中の名門に連なる男たちが率いる党派で、アリスティデス、メガクレス、クサンティッポスがリーダー格。

二、ペイシストラトス派――かつての僭主《せんしゅ》時代に郷愁をもつ市民たちで成る党派で、この時期のリーダーも、ペイシストラトスの孫であったらしいヒッパルコス。

三、貴族派――マラトンの勝者ミリティアデスの下に集結した人で成る党派だが、私の想像では、ペルシア軍の侵攻によって海外資産を失った人たちの党派、ではなかったかと思われる。

四、民衆派――テミストクレスが率いる、第三階級の下半分と第四階級の市民たち。

四つに分かれればその二つずつが連立して二党派を作るのも、民主政下ではよく見られる現象である。というわけで、マラトンの勝利から一年が過ぎ、ミリティアデスによるパロス島攻略の直前までのアテネでは、二党派になっていた。

一と二が連立して、「穏健派《モデラート》」を結成する。

三と四が連立した結果、「過激派《ラディカル》」が成立した。

「モデラート」とか「ラディカル」の呼称は、後の時代の研究者たちが便宜上つけた名にすぎない。当時の実態に即した名称に変えるとすれば、「対ペルシア穏健派」と「対ペルシア強硬派」になる。

「対ペルシア穏健派」とは、マラトンで敗北しただけでなくその後はエジプトの反乱で苦労しているペルシアとの問題は、外交によって穏当に解決できる、と考えている人々である。

一方の「対ペルシア強硬派」は、それとは反対だ。遅かれ早かれペルシアは必ず侵攻してくる、と断言し、それゆえにアテネは迎え撃つ準備を早急に始めるべきだ、と主張する人々であった。

ところが、対立するこの二派のうちで最初に打撃を受けたのは、「対ペルシア強硬派」だった。

パロス島攻略戦の失敗を糾弾された裁判と自ら負った重傷による死で、早くもミリティアデスが退場してしまったからである。

この派のリーダーで一人残ったテミストクレスは、「対ペルシア穏健派」のリーダー全員、アリステイデス、クサンティッポス、メガクレス、ヒッパルコスという、四人もの政敵を持つことになってしまう。

それでもテミストクレスは、初めのうちは市民集会の場でも「アゴラ」（市場）でも、堂々と自論を展開したのである。

ペルシアは、必ず再び侵攻してくる。

その場合のアテネの防衛は、海にかかっている。ゆえに、軍船の建造を急がねばならない、と。

しかし、三十六歳がふるう熱弁に、政敵たちはもとよりのこと、市民たちの反応も鈍かった。とはいえこれも、ある意味では当然でもあったのだ。

第一に、人間とは常に、希望的観測に傾きやすいということ。後にローマ人のユリウス・カエサルは、次のように言うことになる。

「人間ならば誰にでも、現実のすべてが見えるわけではない。多くの人は、見たいと望む現実しか見ていない」

第二は、マラトンでは陸上軍、つまり重装歩兵によって勝利したという事実があった。そのアテネ人にとって、次は海だ、と言われても、現実味がわかなかったとしても無理はない。

当時のアテネは、海軍国ではまったくなかったのである。軍船に適した三段層ガレー船《トリレミ》をギリシアの都市国家の中で最も多く所有していたのは、一にコリント、二にアエギーナであって、アテネではなかった。エーゲ海の向う岸のイオニア地方まで視界に入れれば、アテネの順位は五番目か六番目になり、必要に迫られたときだけ、コリントに援軍を要請するというのが現状であったのだ。このコリントですら、三段層ガレー船ともなると、百隻足らずしか所有していなかった。

それなのにテミストクレスは、二百隻は必要だ、と言う。コリントやアエギーナを飛び越して、ギリシア第一の海軍国になれということだ。アテネ市民も口をポカンと開けたにちがいなく、これでは市民集会で多数を取れるはずもなかった。

テミストクレスは、すでに述べたように、アテネの名門の出身ではない。おそらく父親は、収入別で分けたソロンの改革では、第三階級に属す人であったと思われる。そのうえ母親も、トラキアという、アテネ人にとっては外国の生れであったから、アテネ内では、母を通じての縁故関係もなかった。

それでもアテネでは、政治的野心を持つ優秀な若者に、知名度と政治的経済的支援体制を整えてやるのに、名門に属す女と結婚するという道があったのである。ペイシストラトスもクサンティッポスも、アルクメオニデス一門の女を妻にしている。

しかし、テミストクレスは、その道はとらなかった。彼は、要職に就く資格年齢である三十歳になる前にすでに、アテネの庶民地区に居を移している。そこを自らの地盤として開拓すると決めたからだが、その地区には陶器製造業者たちが集まって住んでいた。火を使うので、都心部からははずれた郊外にある。

そこに住むようになった青年テミストクレスは、壺《つぼ》や皿を作っていたのではない。

彼だけは毎朝、都心部にある裁判所に通っていたのだ。弁護士、それも民事の弁護士をしていたのだが、通勤もただ通り過ぎるだけではなかった。陶器を作っている場に入っていって、職人たちに、仕事の進み具合をたずねたり、彼らの意見に耳を傾けたり、もしも司法上のことでめんどうが起れば弁護役を引き受けるからとか、移動式のよろず相談所である。だが、こんなふうで通勤は寄り道ばかりになったが、これをつづけることによって彼は、勢力地盤を築き、それを広めていったのである。口コミを活用した、古代では稀《まれ》なる政治家であったとさえ思う。

しかし、この種の支持者でも、二百隻から成る海軍が必要だ、と説かれて口をポカンと開けることでは、社会的にも経済的にも恵まれていた他の市民たちと変わりはなかったろう。

だが、そのような現実を突きつけられて気落ちする、テミストクレスではない。彼の政策を理解する能力はなくても、この人々とてアテネ市民であり、選挙では一票を持っているのだった。

政敵排除

紀元前四八七年、三十七歳になっていたテミストクレスは、強行策に打って出る。クレイステネスの改革で設置されていながらそれまで実施されたことがなかった、陶片追放の制度を使うことにしたのである。

的は、政敵四人の中でも倒すには最も容易、と思う人物に定めた。ペイシストラトス懐古派としてもよい派のリーダーで、アルクメオニデス一派と連立していながら、かつての「僭主」の血を引くヒッパルコスである。倒すには容易、とした理由は、僭主政と聴くだけでアレルギーを起すアルクメオニデス一派が、僭主政復活を狙っているという理由で陶片追放の的にされたヒッパルコスを、見捨てると見たからであった。

実際、陶片追放の結果はそのようになり、政敵は一人退場した。

くり返すが、陶片追放とは、十年間は国外に住み、アテネには帰国できない、というだけである。名誉を汚《けが》されるわけではなく、資産も手つかずで残り、家族もアテネに住みつづけられる。ただし、十年間とはいえアテネの中央政界から切断されることでの、権力地盤の劣化は避けられなかった。

翌・前四八六年、テミストクレスは再度、陶片追放を使う。

今度の的は、メガクレスに定めた。政治家としての能力はさしてなかった人だが、名門中の名門アルクメオニデス一門の直系だ。この人が陶片追放の的にされた理由は、ペルシア王と秘《ひそ》かに通じていた、というものである。

テミストクレスの「対ペルシア強硬派」に対し、メガクレスは「対ペルシア穏健派」の一員であったから、ペルシアとの間に何らかの連絡はあったのかもしれない。しかし、メガクレスが、名門アルクメオニデスの当主にしては政治的にも目立たず、市民の間での人望もない人であったことが、簡単に陶片追放されてしまった要因ではないかと思う。とはいえこれで、二人目の政敵も退場した。

前にも述べたが、陶片追放の制度は、一年に一度、しかも六千人を越える数の有権者が集まり、そのうちの過半数の市民が、投票用紙である壊れた陶器の片に、追放に処したいと思う人の名を刻んで初めて効力を発揮するシステムである。

この制度を考え出したクレイステネスは、彼自身による改革で成った民主政アテネを二度と僭主政にもどしてはならないという思いで創設したのだが、それを、当時の良識人ならば眉《まゆ》をひそめずにはいられなかったにちがいない、政敵排除の手段として活用したのがテミストクレスであった。

この制度の活用によってすでに、四人の政敵のうちの二人の排除は実現できた。だが、まだ二人残っている。それでもテミストクレスは、ひとまずはこの制度の活用は止めたのだ。それは、次のいくつかの理由によった。

まず第一に、年に一度と決まっている陶片追放を毎年つづけたのでは、政敵排除という彼の「本音」が、市民たちに見透かされてしまう危険があったこと。

第二は、残った二人、つまりクサンティッポスとアリステイデスは、すでに退場させた二人に比べて強力であったこと。この二人を陶片追放に処すには、より慎重にことを運ぶ必要があったのである。

第三は、前二者の排除による効果はやはりあり、それによってテミストクレスは、二百隻にはまだ遠くても、新造船の数を少しずつ増やす方向に、市民集会を誘導するのには成功していたこと、である。

理由の第四は、少しずつにしろ増えつつあったアテネの造船能力を、テミストクレスは、ただ数を増やすのではなく質まで変えようとしていたのだが、そのほうも現実になりつつあり、これには、政敵排除はひとまず止めてそれに専念する価値は充分にあったのだ。

ギリシアは、馬車で行くよりも舟に乗るほうが、早いし疲れも少ない、と思ってしまうくらいの地勢である。

だから、アテネ人が、船や海に馴染《なじ》みがなかったのではない。それどころか、スパルタ人には想像もできないほど、アテネの人々にとっての船や海は、生れたときから見慣れてきた存在だった。だが、彼らが見慣れていたのは、人や物産を運ぶ商船であって、軍船ではなかったのだ。そして商船と軍船はちがう。

商船は、より多くの商品を運ぶために、船はなるべく大型でそのうえ軽量のものが良しとされる。交易立国であったフェニキアでも、農業大国であったエジプトでも、またギリシアの都市国家でも、当時では商船が主流だった。なにしろ海戦にしてからが、この巻のクライマックスになる「サラミスの海戦」が最初になるのだから。それ以前の古代世界では、海戦らしい海戦からしてなく、この時代の人々が、船イコール商船、と思っていたのも当然であった。

しかし、船そのものを軍事目的に使うとなると、話は変わってくる。

陸上で行われる戦闘でも、いかに大軍を率いていようと、際限なく広がる平野を戦場に選ぶ総司令官はいない。自軍の兵力を一箇所に集中して投入してこそ、勝つことができるからだ。

とくに、敵よりは劣る兵力で闘う必要に迫られた総司令官は、戦場の選択には神経を使う。

海上の戦闘でも、論理的には同じこと。広い海上で闘うなどは馬鹿者《ばかもの》のやることで、戦場をなるべく狭い海域にしぼれるか否《いな》かが、戦果を左右する。

それに、エーゲ海はもともと、風の向きが変わりやすい。そのうえ、このエーゲ海の中でも狭い湾を戦場にする場合、風だけでなく潮の流れも考慮せざるをえなくなる。テミストクレスが造らせつつあったアテネの三段層ガレー船《トリレンミ》は、小型ではあったが重量があった。これだと、風や潮流による影響も最小限に押さえられる。海戦となると、全船の帆は降ろされ、櫂《かい》だけで敵に接近していくので、広い海域では有利に働いていた大型船の利点も、一転して欠点に変わってしまいかねないのであった。

ペルシアには、海運の伝統がない。そのペルシアが侵攻に従えてくる船は、ペルシアの支配下にあるフェニキアやエジプトの船になる。つまり、大型だが軽量の船、になるということである。

三十九歳になっていたテミストクレスは、遠くを見る男だった。だが同時に、近くも見る男でもあった。

ペルシアの侵攻の危険を説いて、だから二百隻の新型軍用船の建造が必要だと主張していたのを、戦略を変えたのである。遠くの危険に人々の眼を向けさせようと努めていたのを、近くの危険に変えたのだ。

サラミスの島から南に二十キロも行かない海上に、アエギーナの島がある。ギリシアの都市国家《ポリス》の中では中程度の国だが、海運国としてはアテネに先行する力をもっていた。

そのアエギーナが、サラミスがアテネ下に入って以来危機意識を隠さないようになり、ペルシア側に立つことを明らかにしていたのである。

アテネにしてみれば、二十キロの近くにペルシア・シンパを持ってしまったことになる。当然、ペルシア王の「土地と水」を拒否したアテネとそれを受け入れたアエギーナの関係は悪化する一方になり、少し前から戦闘状態に入っていた。

ところが、この戦線がいっこうに先が見えない。なにしろ、アエギーナに兵士を送り出す船を、アテネは四十隻しか用意できないのである。コリントに応援を求め、コリントから送られてきた二十隻を加えてようやく六十隻に増えたのだが、海運国としては先輩格のアエギーナは、一国だけで六十隻を使えた。

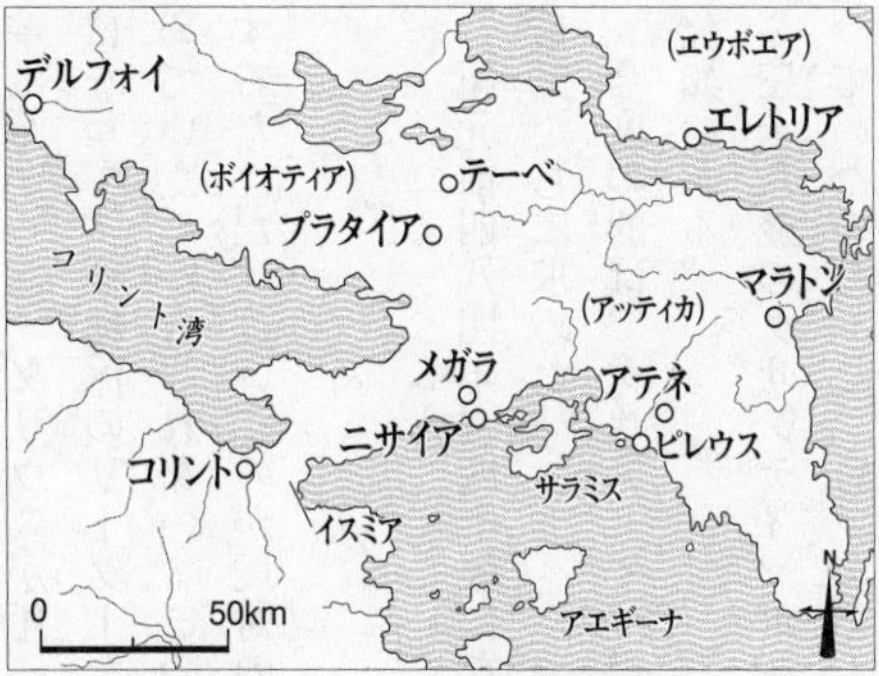

アテネとその周辺

海上に浮ぶ島を攻撃するには、船は不可欠だ。しかも、兵士を乗せていくだけではなく、兵糧《ひょうろう》の運送もある。

テミストクレスは市民集会で、アテネのすぐ近くで展開されているこの問題をとりあげることで、二百隻建造の必要を強調したのだった。

市民集会も今度は相当に真剣に討議するようになったのだが、やはり、「対ペルシア穏健派」の壁は厚かった。ダリウスが死に、ペルシアの王位に就いたのが紳士《ジェントルマン》のクセルクセスになって、穏健派のリーダーたちも、外交で解決できるという想いを、以前よりは強めていたのかもしれない。この機に多数の船の建造など決めては、ペルシア王を刺激するだけだ、というのが反対の理由だった。

紀元前四八四年、四十歳になっていたテミストクレスは、三度目になる陶片追放を市民たちに求めた。

今度の的《まと》は、クサンティッポス。理由は、アエギーナ相手の戦闘での戦略・戦術の欠如である。

三十六歳のクサンティッポスは、その前年まで、アテネ軍を率いてアエギーナで闘っていたのだった。対アエギーナ戦がいっこうに解決しないことに不満を感じていた市民たちが、いっせいに陶片に名を刻んだのである。歴史家ツキディデスの理想像となる後の大政治家ペリクレスは、十一歳で、国外追放者の息子になってしまったのだった。

だが、この強行策によってテミストクレスは、彼の考えによる「新型の軍船の建

アテネの新造船「トリレンミ」

造」を、百隻までは市民集会に認めさせることには成功したのである。

ただし、「新型の軍船」と言っても、まったく新しいタイプの船を造るわけではない。

従来よりは頑丈な造りにした三段層ガレー船《トリレンミ》に、さらにその船底に多くの石塊を積みこむことによって、より重量が増えた船にするということだ。

とは言っても、むやみやたらと石を積みこんだのでは船の重心の安定にひびきかねないので、積みこみ方にはそれ相応の考慮が必要になる。

とはいえ、いったん積みこめば、そのままで常態化することになる。

となれば当然の話だが、この種の重量船に適した船乗りたちの訓練も必要になるということであった。

テミストクレスの考えた「新型の軍船の建造」とは、

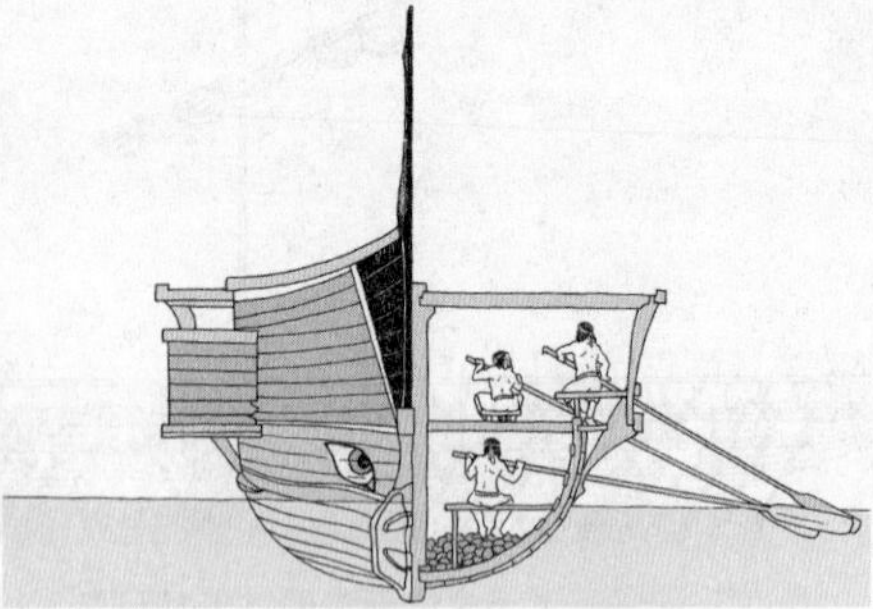
新造の「トリレンミ」の漕ぎ手と
石を積み込んだ船底

ここまでのすべてをふくめたアイディア全体であり、これからのアテネの海軍とは、これでなければならないというのがテミストクレスの考えであった。

そして、このテミストクレスと、その彼に同意しない「穏健派」との真の対決は、この二年後に訪れることになる。それは、ちょうどこの時期に発見された、アテネに近いラウリオンの銀山からあがる収益を、何に使うかをめぐって表面化したのだった。

四十二歳になっていたテミストクレスは、当然という感じで、新型の軍船二百隻の建造に全額を使うことを主張する。

彼よりは六歳年長で、それまでは表面に立てるのは若いクサンティッポスにまかせ、自らは背後に控えるほうだったアリステイデスも、クサンティッポスが陶片追放されてしまった以上、表面に立たざるをえなくなった。その彼が主張したのは、ラウリオンの銀山からの収益はアテネの全市民に分配し、市民の生活の向上に役立てるべき、というものであった。

ここでテミストクレスは、自分とアリステイデスの意見のどちらを良しとするか、の選択を、市民集会の採決にかけるのではなく、陶片追放にかけたのである。アリステイデスの考えが市民集会で否決されてもそれだけだが、陶片追放になると、アリステイデス自身も排除することになるからだ。

陶片による投票の結果、追放されたのは、市民の喜びそうなことを主張していた、アリステイデスのほうであった。

紀元前四八二年と言えば、エジプトでの反乱を制圧し終えたペルシア王クセルクセスが、もはや公然と、ギリシアへの侵攻の準備を始めていた時期である。アテネの市民たちも、ようやくにして、テミストクレスの言葉に真剣に耳を傾けるようになっていたのかもしれない。

『列伝』の著者プルタルコスは、この年の陶片追放の場で起ったというエピソードを書いている。

——アリステイデスは、陶片追放の投票場で、一人の男から声をかけられた。その男は首都から遠く離れた地方から来たのか、アリステイデスとは知らないで声をかけたようである。男は言った。

「悪いけれどこれに、アリステイデスと書いてくれませんか。わたしは字が書けないんでね」

アリステイデスはその男に、アリステイデスという人物は何か悪いことをしたのか、とたずねた。男は、首を振って答えた。

「いいや、わたしは顔さえも知りませんよ。ただね、ああもあちこちで、しかもくり返して、アリステイデスは正義の人だと聞かされて、うんざりしたってわけです」

アリステイデスは何も言わず、男が差し出した陶片に自分の名を刻み、男にそれを返してやった。その年、アリステイデスは、アテネから追放された。——

これだけを読むと、陶片追放とは何と悪い制度だったのか、と思ってしまう。

しかし、プルタルコス（英語読みだとプルターク）は、これよりは六百年以上も後の人である。五賢帝時代という、ローマ帝国の最盛期に生きたギリシア人で、知識欲は一級だが、あの時代では、社会的地位でも資産力でも不足のない、カントリー・ジエントルマンでしかなかった人である。当事者意識が欠如していた、としてもしかたがなかった。

そのプルタルコスが高い評価を与えることになる、「正義の人」という評価が定着していたアリステイデスだが、彼自身が誰よりも、その評価を重要視していたのではないかと思われる。超名門で超富裕なアルクメオニデス一門を率いるリーダーでありながら、彼個人は貧しく、貧しいままで生涯をまっとうする。あの時代のアテネの選挙スローガンに、「出たい人より出したい人を」というのがあったとしたら、アリステイデスくらい、「出したい人」に該当する政治家もいなかったのではないか。

一方、テミストクレスとなると、「出たい人」の典型だ。彼は、都市国家アテネにとっての危険はこれこれで、それに対処するには何をどうしなければならないか、そして、市民たちも各人が、何をしたら自分自身が属す国家を守ることができるか、を具体的に列挙し、それに対する賛否を問う政治家であったのだ。

アテネ市民の中には、字を書けない人もいただろう。だが、そのような人までふくめてアテネ市民の多くは、地平線の彼方《かなた》にペルシア軍を見る想いになった今、アリス

アリステイデスの名が記された陶片

テイデスよりはテミストクレスを選んだのである。市民一人一人が、当事者としての問題意識を持つことによって。

しかし、六歳の年齢差しかないアリステイデスとテミストクレスの二人だが、考え方から何から正反対ではあっても、ある一点では共通していた。

それは、二人ともが政治家として、国益を最優先する人、であったことである。

公職となると無給であったアテネでは、国のためにする仕事でカネを稼ぐという概念がない。ゆえにこのアテネでは、公金横領罪で告訴されることはない。国家のカネを自分のポケットに入れる、という観念からしてないからだ。

だが、公金悪用罪で告訴されることはあった。国家のカネを悪用したということだが、これはもう政策を誤ったということであり、それによって国家に害をもたらした罪、ということである。

そして、陶片追放とは、それが適切なシステムであったか否かは措《お》くとして、「まだもたらしてはいないがもたらす危険はある」とされた人に課された、言ってみれば事前処置、なのであった。

民主政下のこのアテネで政治指導者をやるのは、命がけであったのだ。小林秀雄も、次のように書いている。

――ツキディデスの『歴史』がどんな具合のものか知らないが、『英雄伝』の英雄たちもみな、政治家なのである。もちろん著者（プルタルコス）に、政治家タイプの人間というような現代風の考えがあったはずはなく、道徳的で精力的な行動家は政治家たらざるをえなかったという、当時の社会事情に従ったまでであろう。……政治は、ある職業でもある技術でもなく、高度な緊張を要する生活なのであり、従って、プルタルコスに描かれた人たちは、どこでもどんな場所でも、各人の全体的な経験をあらわしているように見える。……政治への参加とか、政治への無関心とかいうやかましい言葉は、あの時代の教養人には、まったく不可解な言葉であった。これは、考え直してもよい事だ。――

今現在生きている自分たちの枠にはめることばかり考えていては、古代に生きた人々を理解することはできないのではないか。それよりも想像力を全開にして、彼らの「全体的な経験」を追体験するくらいの想いで肉薄してこそ、理解できるのではないか。

何のことはない。二十一世紀の現代から彼らを見るのではなく、二十一世紀に生きるわれわれ一人一人が二千五百年昔にもどり、あの時代に生きた人々と問題意識を共有する、ということなのだが。

紀元前四八二年、アリスティデスが退場して以後のアテネは、新型の軍船建造一色になった。二百隻《せき》が、次々と進水していった。

そして、造船体制が確立したということは、二百隻を建造したらそれで終わり、ということではない。必要になればただちに新型の建造に着手できるということであり、すでに使われている船の改造や修理も、以前よりは格段に容易になったということである。造船システムが整備されれば、船大工たちも常駐していなければならなかったのだから。

また、新造船が増えるにつれて、それに乗る船乗りの需要も増してくる。しかも、船乗りの大部分を占める、漕《こ》ぎ手がより多く必要になってくる。

漕ぎ手の役割は、後代のモーターの役割と同じだ。帆だけでは風に左右されるが、人間が漕ぐ櫂《かい》ならば行動の自由がある。帆は降ろし櫂を漕ぐことによって敵に接近するのが海戦の前段階である以上、漕ぎ手の、しかも多数の漕ぎ手の、確保は最重要事であった。

オリエントでは、その漕ぎ手に奴隷《どれい》を使うのが一般的で、このやり方は、帆船が主流になる時代までつづく。だが、古代のギリシアでは、自由市民が漕ぐのが伝統になっていた。都市国家であるために人口が少なく、敵船に接近して櫂がかみ合う状態になるや、漕ぎ手は櫂を剣に持ち代えて、兵士に一変してもらう必要があったからである。

ソロンの改革では、無産者ということで社会の最下層の第四階級に入れられていた市民たちが、テミストクレス編成のアテネ海軍では、この重要な任務をまかされることになる。

テミストクレスは、これらアテネのプロレタリア階級に、安定した雇用を与えただけでなく、自分たちも国家の防衛を担《にな》っているという、自覚までも与えたことになった。

新型の軍船建造の体制を確立したところで、テミストクレスは、アテネの政体の改造に着手している。政敵の全員が退場した今、市民集会の彼への支持は盤石《ばんじゃく》だった。だが、それでも彼は、必要最小限の改革しかしていない。理由は二つあった。

一は、テミストクレスは、ソロンやクレイステネスのように、改革者としての名を遺《のこ》すことにはまったく関心がなかったこと。

彼は、目前に迫った課題、侵攻してくるペルシア軍に対してどう迎え撃つか、しか考えていなかった。

ただし、目前の課題の処理が本質的なものであった場合、それが「百年の計」につながっていく例は、歴史上ではしばしば見られる現象ではあるのだが。

とはいえ、第二次ペルシア戦役前夜のこの時期に成されたのが、どうすればペルシアに勝利できるか、のみを目標にしていたことは確かである。

第二は、テミストクレス自身が、アテネの現政体、つまり民主政下の政体を尊重していたことである。この政体でなければ、彼のように、生れでも資産でもごく普通の市民が、ここまでの地位に登れるはずはなかった。彼こそ、アテネ民主政の申し子なのである。

そのうえ、これだけは生れも資産も彼よりは恵まれていた先人の改革者たちと同じに、彼らの考える「デモクラツィア」は、観念的な「主義」ではなかったことである。都市国家アテネのもつ資源、つまり市民一人一人、がもつ力を最大限に活用するには、王政や僭主政や貴族政に比べればより有効と思われる、「手段」であったのだ。

このアテネでは、リーダーたちは法律や政策を提出することはできる。そして彼らも、論理やレトリックを創造したギリシア人である。これらの技能を駆使することで、有権者たちを誘導することもできた。

しかし、あくまでもそれに「イエス」か「ノー」で答えるのは、市民権を持つ二十歳以上の市民全員に参加資格がある、市民集会(ecclesia)なのである。言葉の力を駆使して説得しても、最終的な決定を下すのは市民集会なのだ。

国の最高決定機関が市民集会であることこそが、アテネの直接民主政の根幹であったのだから。

しかし、「形」としての民主政体と、それを実際に機能させることはちがう。民主主義にとっての最大の敵は、「機能しない」ことであり、「結果が出ない」ことなのだ。ゆえに民主政は尊重しながらもテミストクレスが考えたのは、そしてそれに対する可否を市民集会に問うたのは、ペルシア軍の侵攻を前にしている今、このアテネの民主政を維持しながらもそれをいかに十全に機能させるか、についての具体策なのであった。

すでに百年以上も昔から、アテネには、「アルコン」と呼ばれる最高位の官職があった。収入の額によって市民を四分したソロンの改革によって生れた官職で、第一と第二、つまり富裕階級、のみに選出権があった官職である。当然ながら、選ばれる人はこの二階級に属す人になっていた。

本格的な改革を断行したクレイステネスも、この「アルコン」は残した。だが、その一方で、こちらのほうは全市民に選出権がある、「ストラテゴス」を新設したのである。これで、アテネの「内閣」と言ってもよい九人で成っていた「アルコン」が持っていた権威と権力は、十人で構成される新設の「ストラテゴス」に、大きく水を開けられたことになった。

テミストクレスが提案し市民集会が可決で応じたのは、この「アルコン」の完全な有名無実化である。これまでは「選出」であったのを、「抽選」に変えさせたのだ。

「選出」ならば、その人の能力が秤《はかり》にかけられる。それが「抽選」だと、ギリシア人の考え方では神の意しだいということになり、選ばれた人に責任を負わせる根拠が薄弱になる。この抽選方式は、民主政アテネでは、行政を担当する、今で言えば「官僚」の選出にのみ採用されていた。それをテミストクレスは、「アルコン」まで抽選に変えさせたのだ。これでは「アルコン」の、権威と権力が無実化したのも当然であった。

だが、テミストクレスは、「ストラテゴス」制度の改正まで市民集会に求めたのである。

それは、彼自身もストラテゴスの一人として参戦していた、マラトンでの会戦の経験から学んだ考えではなかったか、と思われる。

「アルコン」の無力化で都市国家アテネの政治・軍事を一手に担当することになった「ストラテゴス」だが、一〇ある「トリブス」から一人ずつ選出されてくるので、計一〇名になる。

クレイステネスによる政体では、この一〇人には平等な決定権、戦時ならば総指揮権、があるとされていた。一〇人が各人四日ごとに、総指揮権を次の人にリレーしていく仕組になっていたのである。

しかし、これを忠実に守るとなると、戦時では、また平時であっても、指揮系統の一本化は夢になる。責任の所在も、不明確のままでつづく。

この課題の解決を迫られた九年前のマラトンでは、ミリティアデス以外の九人のストラテゴス(その中にはアリスティデスもテミストクレスもいた)が、自分たちの権利である各自四日間の総指揮権を、自主的にミリティアデスに譲り渡す、とすることで解決したのだった。そしてその結果が、ペルシア相手の初の勝利であったのだ。

テミストクレスには、あのときの解決策が、その後もくり返されるとは思えなかったのである。自主的な譲渡とは、次は自主的な非譲渡、になる可能性もあるのだから。なにしろ一〇人全員が平等に四日間ずつの総指揮権を認められている以上、ときには、また中には、譲渡を拒否する人が出てくるかもしれないのだった。

このような場合も想定する必要があると考えたテミストクレスは、「自主的」を「法律化」することを考えたのだ。

一〇人のストラテゴスのうちの一人を「ストラテゴス・アウトクラトール」(strategos autokrator)の地位に就けることを提案したのである。一〇人で成る内閣で、総理大臣と他の九人の大臣の格差を明確にしたのに似ている。当然、この内閣の在任中に起ったことの全責任は、「ストラテゴス・アウトクラトール」が負う。この地位は戦時だと、最高司令官になる。

民主政アテネでは、一〇人のストラテゴスの任期は一年間と決まっていた。ゆえに、「アウトクラトール」ではあっても「ストラテゴス」ではある以上、「最高司令官」の任期も一年である。市民集会は、このすべてを、賛成多数で可決した。この直後、テミストクレスは、翌年担当の「ストラテゴス・アウトクラトール」に就任した。

次の年になる前四八〇年担当の最高司令官に就くと決めたのは、何もサイコロを振って決めたのではない。ペルシア王クセルクセスが首都のスーザを発《た》ち西に向いつつある、という情報を得ていたからである。

「王の道」と呼ばれるペルシア唯一《ゆいいつ》の全線舗装の道を通って西に向うペルシア王が、王道の終点であるサルディスに入るのは秋になってからにちがいなく、そのサルディスを後にギリシアに攻めこんでくるのは翌年の春、つまり紀元前四八〇年の春、と見たのであった。

そして、もう一つのことも予想した。

大軍の敵地への侵攻には、それをささえる兵糧の補給への配慮が不可欠だ。それほどの規模の兵站《へいたん》を敵地で調達するのは、ペルシアの王とて容易ではない。また、エジプトや中東全域を支配下に置くペルシア王には、腰をすえてギリシア攻略のみに専念する時間的余裕はさしてない。ゆえに王は、なるべく早期のギリシア征服を望んでいるにちがいない。

これら諸々の相手を縛る条件を考慮したうえで、テミストクレスは、前四八〇年担当の最高司令官に、自ら望んで就任したのである。

三十九歳になるペルシア王クセルクセスは、翌・前四八〇年中にギリシア全土を支配下に入れる、と決めていた。

四十四歳になるテミストクレスは、その前四八〇年中にペルシア軍を撃破する、と決めたのである。

アテネでは、迎え撃つ準備が進行中だった。

造船所はフル回転。指揮系統の一本化も、最高司令官の下に九人の司令官（ストラテゴス）という形で成立している。重装歩兵を主戦力とする陸上軍も、市民皆兵制度によって準備完了。

これらすべてをやり終えた後でテミストクレスは、ある案を市民集会に提出し、それへの賛否を、市民たちに問うたのである。

国家存亡の危機に際しては市民の全員が力を合わせる必要があると説き、陶片追放によって国外に追放されている人々の帰国を提案したのだった。これも、市民集会は賛成多数で可決した。

三年前に追放されていたクサンティッポスも一年前の追放者アリステイデスも、これで帰国できることになった。

この二人は、政策上ではテミストクレスにことごとく反対してきた強硬な〝野党〟

だったが、戦場での指揮能力となると、「ストラテゴス」(司令官) クラスの能力の持主であったのだ。

このときにテミストクレスが成したことは、いったん帰国がかなえばその後にいかに追放期間が残っていてもそれはすべて帳消しにする、ということの先例になるのである。

何としてもこの機に ギリシアを征服する、と決めているペルシア王クセルクセスに対し、その十分の一以下の軍事力で対抗するのだから、国家存亡の危機は、過大評価ではなかったのであった。

戦争前夜

ペルシア王クセルクセスは、絶対に成功させねばならない戦いに向おうとしているのであった。

十年前のマラトンでの会戦に敗北したというだけで、父王ダリウスはその後の四年間、反旗をひるがえしたバビロニアやエジプトの制圧に苦労しなければならなかった。

しかも制圧行はダリウスの死で終らず、後を継いで王位に登ったクセルクセスには、継いだのは王位だけでなく制圧行も、であったのだ。中東からエジプトまでを網羅する大帝国ペルシアの王が、ペルシア人に言わせれば「ひとつかみの小麦」でしかないギリシアへの侵攻に再び着手できるまでに、父の死からさらに二年を要したのである。

そのうえクセルクセスには、父ダリウスにはなかった重圧もあった。

ペルシア・アケメネス王朝の創設者で「大王」の尊称つきで呼ばれるキュロスの、彼は直孫であったことだ。大王キュロスの娘から生れたのがクセルクセスだったからだが、ペルシア帝国の臣民の眼にはこれだけでも、「王たちの王」と呼ばれるペルシア王に、彼ほどもふさわしい男はいないのだった。

その彼が、「ひとつかみの小麦」相手に負けるわけにはいかない。ギリシアへの侵攻は、常には穏やかで人間味あふれるオリエントの貴公子にとって、人生最大の勝負になるのである。

三十九歳になるクセルクセスは、周到に準備を進めていた。

まず、父ダリウスによる十年前の第一次ペルシア戦役で、ペルシアの支配下に入った地方の確保、が先決する。

小アジアの西岸に位置し、エーゲ海の波が打ち寄せるイオニア地方は、ペルシアが前線基地と考えるサルディスから睨《にら》みを効かせていたこともあって、マラトンで敗北した後もペルシア支配下でありつづけていた。ミレトスに近いサモス島には、この間ずっとペルシアの船隊が駐屯していたのである。つまり、エーゲ海の東辺全域は、ペルシア領であったということだ。

この十年間をペルシアの支配下にありつづけたということでは、エーゲ海の北に位置するトラキアもマケドニアも同様だった。ペルシア王からの「土地と水」の要求を受け入れることは、ペルシアの属国になることであったのだから。

こういうわけで、ギリシア人の棲《す》む地方、つまりギリシア世界、の東部と北部は、第二次の侵攻が始まる前からすでに、ペルシア帝国に組み入れられていたのである。

だからこそ、侵攻に際してクセルクセスが立てた戦略は、サルディスを発ったペルシア軍はヘレスポントスの海峡を渡ってギリシアに入り、その北部ギリシアから南下してきてアテネを撃つ、になるのである。

しかし、若きペルシア王は、父ダリウスが試みもしなかったことまで実行した。

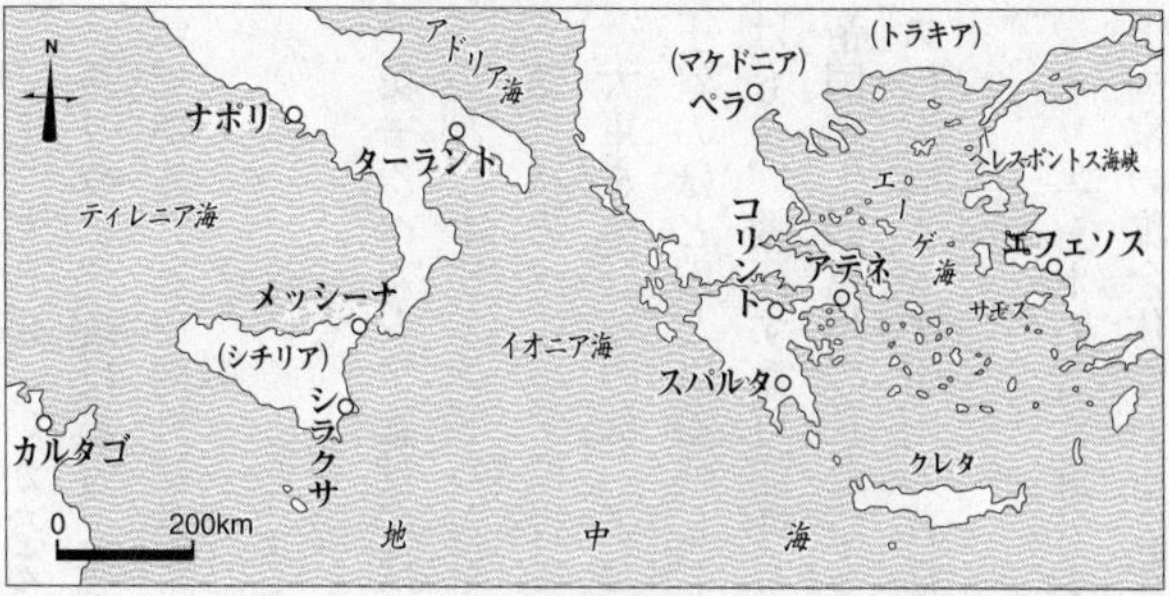

イオニア海とその周辺

当時の地中海西方には、ペルシアもアテネも認める強国が二つあった。地中海最大の島シチリアの東部を支配下に置くシラクサと、アフリカの北辺一帯を領するカルタゴである。

シラクサは、ギリシア人の入植で始まった国だからギリシア系。カルタゴは、フェニキア人の入植から始まったのでオリエント系。しかもカルタゴ人にとっては母国になるフェニキアは、今ではペルシア帝国に属している。

クセルクセスは、このカルタゴと同盟関係を結んだ。カルタゴからの兵力提供を期待したのではない。カルタゴが軍勢をシチリアに上陸させ、シラクサに背後から圧力をかけることで、アテネから援軍の派遣を求められても、シラクサがそれに応じられない状況にするためであったのだ。

そして最後は、いかなる戦略もそれ無しでは成り立たない、軍勢の編成である。ギリシア侵攻は絶対に成功させねばならない以上、「王たちの王」が今度こそは本気であることを内外に示す必要があった。

第一次ペルシア戦役では、ダリウス自らは参戦していない。派遣した軍勢も、二万五千と、オリエントの人々の尺度では小規模だった。

第二次のペルシア戦役では、すべてがちがい、そのすべてが大規模に変わるのである。大軍を率いるのは「王たちの王」であるクセルクセス自身。弟たちを始めペルシア王室のほとんどが参戦し、それも単に同行するだけではなく、実際の戦闘の指揮も受けもつ。戦死する可能性も大、ということである。王室がそろって参戦なのだから、帝国全土の属州の長たちも参戦する。前四八一年から八〇年にかけての冬のサルディスは、ペルシア帝国の首都がそのまま移ってきた、とでもいう感じであったろう。

オリエントの若き貴公子は、ギリシアと言ってもギリシアという国は存在せず、都市国家の集合体であることを知っていた。そして、都市国家とは都市を中心にして出来ている以上、都市国家《ポリス》一個当りの人口は少ないことも知っている。そのギリシアに侵攻するのに、ペルシア王は、「量」で圧倒しようと考えたのだ。この戦略はこれまでにも、バビロニアやエジプト相手に成功してきたのだった。

ペルシア戦役を叙述した唯一の同時代の歴史家であるヘロドトスによれば、第二次になる紀元前四八〇年のギリシア侵攻にペルシア王が従えてきた兵士の総数は、百八十万人にも及んだという。これ以外に、従者その地の非戦闘員の五百万が加わる。海軍は別にして、陸上軍だけでこの数だ。

これを、現代の歴史学者たちは、二つの理由をあげて「非現実的」と断じている。

第一は、百八十万もの兵士をギリシア戦線にのみ投入したのでは、ペルシア帝国が空っぽになってしまうはずで、メソポタミア地方やエジプトの動きを忘れることは許されないペルシア王にとって、そのような冒険は許されるはずはない、というのが理由。

理由の第二は、非戦闘員も加えれば六百万を優に超える数の人間への、「食」の問題がある。

運搬用の船団で補給するのは武器を始めとする武具や武装のたぐいに限られ、「食」は現地調達、つまり、ペルシア王からの「土地と水」の要求に屈した地方に提供させることになるのだが、エーゲ海を囲むギリシア世界のどこにも、それだけの供給能力をもつ地域は存在しない、というのが学者たちの意見。私も同感だ。

それで学者たちは、前四八〇年から四七九年という第二次の戦役中に行われたペルシア軍のすべての行動を基にして、ペルシア軍の全兵力は二十万強、と推測したのだった。

この中には、王の行くところどこへなりと従う、「不死身の男たち」と呼ばれたペルシア軍の精鋭一万と、ペルシアが誇りとする騎兵の一万が加わる。それ以外の十八万は、ギリシア人の考えでは軽装歩兵になる。

だが、スパルタとアテネの共闘が実現したとして、この二国が戦場に出せる兵力は、合計しても二万人が限度。ギリシア人は、陸上軍だけでも十倍の量になる敵を、迎え撃つことになったのであった。

海上軍だが、こちらのほうは、海運の伝統のないペルシア王にとって、支配下にあっても民族はちがう外国勢に頼るしかない。これもまたヘロドトスによれば、三段層ガレー船一千二百隻、小型の輸送船三千、という数になってしまう。

それで学者たちも、想像の及びようもない輸送船は措《お》くとして、「主戦力」である三段層ガレー船にかぎって話を進めるしかなくなるのだが、この軍船を民族別に示せば次のようになったという。

フェニキア船——三百隻
イオニア地方だけでなくエーゲ海の島々までふくめたギリシア船——三百隻
エジプト船——二百隻

これ以外は、あちらこちらから少数ずつ集めた船の合計になり、さらに海戦になった場合は主戦力には数えられない、輸送船が加わる。

古代のフェニキア人は、現代ならばシリアとレバノンになる中近東に住んでいた人々で、通商と海運を得意とする民族として知られていた。ゆえに海上戦力としては、ペルシア王からは最も信頼されていた。航海域は東地中海全域に及んでいるので、大型船が多い。ただし、モーターの役をする漕ぎ手は、オリエント式に奴隷を使っていた。

イオニア船団と呼ばれた三百隻だが、こちらのほうはエーゲ海が舞台なので、船の大きさではフェニキア船より小型になる。だが、操船能力ならば、風の変わりやすいエーゲ海を舞台にしてきたことから、フェニキアの船乗りをしのぐ。また、漕ぎ手に自由市民を使うことでもギリシア的だった。ペルシア王クセルクセスにとっては、フェニキア船に次いで信頼できる海上戦力だったのである。

ペルシア王があまり信用していなかったのは、エジプトからの二百隻である。エジプトは農業大国でも、海運の伝統はない。エジプト船の多くは、ナイル河から地中海に抜けるデルタの河川用の船で、漕ぎ手も奴隷で占められている。海賊相手の海戦の実績も、フェニキアやイオニア地方のギリシア船に比べて、無かった、としてもよいくらいだった。

しかし、ギリシア侵攻軍の最高司令官であるクセルクセス自身が、海上戦力が決定打になるとは予想していなかったと思われる。

ペルシア人は、地面に足がついていないと不安になってしまうのだ。そのペルシア人であるクセルクセスにとっての海軍とは、兵士や補給物資を運ぶ運搬用と、アテネを陸から攻めるときに海側から封鎖する役割、でしかなかった。だからこそ、仮に海戦になった場合には無用の長物になること明らかな、何千もの数の輸送船まで集めたのではないか。数と量で敵を圧倒するために。

このペルシア海軍に対して、ギリシア側の海上戦力だが、アテネだけでなくスパルタも他の都市国家の多くも参戦するとしても、四百隻にも満たない数である。陸上戦力の一〇対一に比べればはるかにマシだが、海上でもギリシア側は二倍以上にもなる敵を迎え撃つことになるのである。

紀元前四八一年の冬、サルディスにいるペルシア王クセルクセスは、父ダリウスがしたと同じに、エーゲ海の島々もふくめたギリシアの都市国家のすべてに、「土地と水」を要求した使節を派遣した。だが、この最後通牒《つうちょう》は、アテネとスパルタには送られなかった。第一次ペルシア戦役でも、この二国だけは拒否したからだが、第二次ペルシア戦役の的が、アテネとスパルタに、ぴたりと定められたことも示していた。

これと同じ時期、ギリシア側でも、各都市国家の代表を集めて会議が開かれていた。アテネのあるアッティカ地方と、スパルタのあるペロポネソス半島を分ける狭い地峡、イスミア(イストモス、Isthomos)と呼ばれていた地に、「土地と水」の要求に応じなかった全ギリシアの都市国家《ポリス》の代表が集まったのである。

アテネからは、翌年担当の最高司令官と決まったテミストクレスが出席する。スパルタからは、二人の王が出席した。テッサリアからもテーベからもコリントからも。

また、アテネとの間で戦闘中だった、アエギーナからの代表も出席していた。

もちろんのこと議題は、侵攻してくるペルシア軍への対策である。


一つのことだけは、全員がすぐに同意した。ペルシア軍がギリシア内にいる間は、ギリシアの都市国家間の争いは凍結とすること。

これで、アテネとアエギーナの間でくすぶりつづけていた敵対関係もひとまず解消し、アエギーナも、これまでのペルシア寄りの立場を変えてギリシア側に立つことが決まった。

これは、テミストクレスにとって、歓迎すべき成果であったろう。ペルシアとの対決は海上で決まる、と見ている彼にしてみれば、アエギーナが味方になれば、制海権の及ぶ海域が大幅に広がるからである。これまでのアテネの制海権は、外港ピレウスからサラミス島までの海域に限られていたのに対し、これからはサラミスからアエギーナ、このアエギーナからはペロポネソス半島の東側、にまで及ぶことになるのだ。アテネの海上戦力の行動の範囲が格段に広がった、ということであった。

だが、これ以外の議題となると、ギリシア人特有の議論好きが災いして、具体的な決定に結びつくのは難事になりそうだったが、このような場合に軌道にもどすのは、テミストクレスの得意とするところである。

また、ペルシアの侵攻が確実になった今、議論好きを制御する程度の良識は、この時期のギリシア人は持っていたようである。ペルシア軍を、どこで迎え撃つか、の具体策の討議に移って行った。

送り出していた偵察兵、ないしはスパイ、の持ち帰った情報で、いくつかのことははっきりしていた。

第一は、ペルシア軍の規模。

第二は、そのペルシア軍が、どのような道を通ってギリシアに侵攻してくるか、である。

十倍以上にもなる敵軍の規模が判明しても、少なくともアテネとスパルタは動揺しなかった。

侵攻の道だが、サモス島に集結した敵海軍は、エーゲ海を北上してテルマ（後のテッサロニケ）で、ヘレスポントスを渡ってくる陸上軍と合流する、とわかったのである。

ペルシア王自ら率いる陸上軍は、サルディスを出た後はヘレスポントスに向い、王がすでに作らせておいた、舟を並べてそれらをロープでつないで作る橋を通ってヨーロッパ側に渡る。橋は、二本作られていた。大軍なので、船を往復させることで運んでいたのでは、日数ばかりかかってしまうのだ。ヘレスポントスにかけた橋を渡って侵攻するという、第一次ではやらなかったことまで、クセルクセスはやろうとしているのだった。

偵察兵の報告だけでは、テッサロニケで合流した後のペルシア軍の行軍路まではわからなかったが、この時点でギリシア側のリーダーたちには、迎撃に際して、選択肢が三つあったのである。

第一は、テッサロニケを出た敵軍が海沿いの道をギリシア中央部に入ってきたところに位置する、テンプスの谷あいで迎え撃つとする選択肢。

第二は、そこから、直線距離にすれば百五十キロは南にあるテルモピュレーの峠で敵陸上軍の南下を阻止する一方で、海軍は北上してアルテミシオンの湾に入り、敵の陸海両軍の合流を阻止する、という選択肢である。

第三の選択肢だが、それは、テルモピュレーからさらに直線距離にして百五十キロ南下したところにあるペロポネソス半島への入口である、迎撃対策を現在討議中のイスミアで敵軍を迎え撃つ、という選択であった。狭い地峡のイスミアには、ペロポネソス半島にある二つの強国、スパルタとコリントが、建造させていた二重の防壁が、すでにあったのである。

第二次ペルシア戦役

第一の選択肢は、早い段階で退《しりぞ》けられた。

属国になっているマケドニアを出てギリシアの中部に入ったとたんに敵を撃退できればそれに越したことはないが、テッサリア地方は、平野の少ないギリシアでは例外的に、平野が広がる一帯だ。テンプスの谷以外にも、南下の道は他にいくつもあった。また、この地方が海に接する地帯は、数多くの船の着岸に適していない。ということは、海陸の兵力が力を合わせることでの迎撃にも、適していないということである。

しかし、この選択肢を捨てるのは、中部ギリシアの北半分を見捨てるということになる。

イスミアの会議に出席していたテッサリアの代表は、悲痛な面持で、われわれだけではペルシアの大軍に抗せない以上、「土地と水」を受け入れるしかない、と言った。「土地と水」の要求に屈するということは、ペルシア王の支配下に入るということである。それが戦時ならば、ペルシア軍が必要とするすべて、食糧から何からすべてを、命ぜられるままに差し出すということだ。

兵を提供せよと言われるにちがいないので、これ以後テッサリアの兵士たちはペルシア軍に参加し、アテネやスパルタをふくめたギリシア人と闘うことになるのである。この第二次ペルシア戦役ではペルシア側に立って参戦している、イオニア地方やエーゲ海に浮ぶ島々に住むギリシア人と、同じ状態になるということであった。

それでも、イスミアの会議に出席していたギリシアの都市国家の代表たちは、第一の選択肢の排除を決めた。テッサリア地方は見捨てても、ギリシアの中央部は守ることに決めたのである。陸はテルモピュレー、海はアルテミシオンの線で。

だが、この時点で、アテネを代表して会議に出席していたテミストクレスは、ある種の孤立感を抱いたのではないかと想像する。

選択肢は三つともが、迎え撃つラインが移動するだけで、陸上での戦闘に賭《か》けている点では変わりはなかった。海軍の役割は、選択肢の第一でも第二でも第三でも、陸上軍の補助でしかない。

テミストクレスが考える「海上戦力」は、これとはまったく別物だった。「補助部隊」ではなく、「主力部隊」と考えていたからだ。戦力の独立性ということならば、天と地ほどの差があった。

陸軍大国であるペルシアが、陸上の戦闘に賭けるのは当然だ。しかし、このペルシアの十分の一の兵力しかないギリシアまでが、なぜ陸上戦に賭けるのか。

それは、都市国家《ポリス》ギリシアの防衛力の主体が、長期にわたって重装歩兵に置かれていたからである。中堅市民、アテネならば第三階級以上の市民の国家への義務が、重装歩兵として国を守ることにあったからであった。

このシステムは、ギリシア内の都市国家の間で戦争している場合には機能していた。いずれも、質では同じの部隊同士がぶつかっていたのだから。

だが今や、敵はペルシアである。そのペルシアを、共同戦線を張れたとしても十分の一にしかならない兵力で迎え撃たねばならないのだ。この状況下で「賭ける」とすれば、敵の弱いところこそ突くべきではないか。

このことを見透していたテミストクレスは、マラトンの勝利で終わった第一次とこの第二次に至る十年間を、アテネの海軍力の増強に専念していたのである。それに反対するアテネ政界の大物を次々と陶片追放に処すという強硬手段に訴えても、アテネをギリシア一の海軍国に変える意志は曲げなかった。

その結果、以前は三段層ガレー船四十隻《せき》が限度であったアテネの海軍力は、常時二百隻の出動が可能なまでに増強されていたのである。二百隻あれば充分、ということではない。常時二百隻が出動可能ということは、海戦という人災か、嵐《あらし》に出会うというたぐいの天災かで、帰港はできたものの本格的な修理が必要な船に代えたり、また想定外の事態に対処せざるをえない場合にそなえての待機用とかで、少なくともさらに百隻は必要になる。

この十年の間にテミストクレスは、四十隻を三百隻にまで増やしたのだ。これでアテネの海軍力は、二位であったアエギーナを抜き、一位のコリントも抜き、ギリシア最大の海軍力を持つまでになっていたのだった。

しかし、先を見透し、それに適した戦略を考える才能は、誰にでもそなわっているわけではない。ペルシアとの対決を翌年の春に控えたイスミアでの会議では、陸上軍を主力と考える戦略は変わらなかった。

その要因は、ギリシアの都市国家の成り立ち、それによってはぐくまれたギリシア人の気質、に由来していたのである。

自他ともにギリシア一の陸軍大国と認めているスパルタは当然にしても、アテネでもテーベでも他のどの都市国家でも、自国防衛の主力は重装歩兵に置いてきたことである。中堅市民で成る重装歩兵団は、ギリシアの都市国家の誇りでもあった。無産階級である第四階級に属す市民は、市民権所有者である以上は兵役の義務も持つが、戦場ではあくまでも、主戦力である重装歩兵の補助戦力でしかなかった。

戦闘では敵兵を倒すから勝てるのだが、倒すのは主戦力の担当であり、補助戦力は、倒すことに手を貸す役割、とされていたのである。

ところが、海上の戦闘となるとちがってくる。三段層ガレー船には、もちろんのこと、純戦闘員である重装歩兵たちも乗りこんでいる。しかし、その船を、司令官の指示どおりに動かして敵船に近づく任務は、船を操縦する船員と、帆は降ろして櫂《かい》だけで接近する以上はそれを一糸乱れずにやらねばならない、漕《こ》ぎ手たちの仕事になる。

古代の無産階級とは、日々働くことで生活の資を得ている人、のことであった。アテネでは、第四階級に属す人々になる。後のローマではプロレタリーリと呼ばれることになるこの無産者だったが、海軍では、重要で積極的な戦力になるのである。

この一事を認めることに、あの時期のギリシア人はまだ、抵抗感があったのではないかと思う。この想《おも》いが、陸上戦力重視から、容易には脱せなかった要因、ではなかったかと。

しかし、四十四歳になっていたテミストクレスは、持続する意志の人でもあった。意志の持続には、忍耐が欠かせない。それは、今ではまぎれもないアテネのリーダーになっている彼にとっては、「好機が訪れるのを待つ」ことであった。

ただしそれは、何もしないで待つことではない。あらゆる事柄に眼を配り、好機到来、と感じたとたんに、それをつかみ取ることである。また、好機が来るまでの間に味方の側に被害が出ても、それは耐え忍ぶ、ということでもあった。

だが、このときのイスミアの会議に出席していた人々の中で、もう一人、多くの人が直視しようとしなかった現実を、醒《さ》めた視点で直視していた男がいたように思うのだ。その人は、スパルタの王レオニダス。六十歳になっていたこのスパルタの戦士に、テルモピュレーで、三十九歳のクセルクセスが率いてくる、ペルシアの陸上軍を迎え撃つ任務が課せられることになる。

紀元前四八一年の冬、つまり第二次ペルシア戦役の前夜、に開かれたイスミアでの会議では、翌年の春を期して始まること必至となった対ペルシア戦争に参加すると決めたギリシアの都市国家が、各自どれだけの戦力を提供できるかも話し合われた。話し合いの結果は、次のとおりになった（二六二～二六三ページ）。

地図は、参加を表明した都市国家の分布を示したもの。

表は、各都市国家が提供できるとした戦力。当然、陸上戦力と海上戦力に分れる。

地図と表を見ながらも、次のいくつかのことは忘れないでほしいのだ。

一、地図上に記入されている丸印は、各都市国家の首都の場所のみを記しており、都市国家とは、首都を中心にして周辺に広がった住民共同体のことであること。

二、表に記入されている数字は、各都市国家が保有する戦力のすべてではないこと。都市国家はいずれも、自国の国境を空にすることは許されない。ゆえに、保有の全戦力から国境防衛戦力を差し引いたものが、提供可能な戦力になる。

また、スパルタのように、自国防衛以外にもペロポネソス同盟の盟主としてイスミアの地峡を守るのに差し向ける兵力も、提供戦力から引く必要のある例もあった。

そして、アテネも例外になる。アテネの場合は海軍力を増強したために、軍船である三段層ガレー船に乗船させる純戦闘員、つまり重装歩兵、の数も増えていたのである。

提供可能な海上戦力が二百隻、とすれば、三段層ガレー軍船の一隻に必要な男たちの数は、重装歩兵と船員に漕ぎ手を加え、少なく見積もったとしても二百人になる。二百×二百で、四万人の男たちが必要だった。

海上で勝負を決めようと考えていたテミストクレスにしてみれば、スパルタ主導の陸上軍にアテネ兵を参加させる余裕は、この年のアテネにはない、と考えたのであった。

三、地図にも表にも、どれほど少数の兵士でも船でも、提供するという形で参戦した都市国家すべてを記入している。

それは、ギリシアという国は存在せず、かほども多くの都市国家の集合体が古代のギリシアであったことを、改めて読者に思い出していただくためでもある。

また、こうも多くの都市国家があり、しかもその間で争いばかりしていたのが古代ギリシアの歴史だったが、だからこそ四年に一度集まって開く競技会の期間だけでも仲良くする、オリンピックの存在理由もまた、合わせて思い出していただきたいからなのだ。

そして、考えてほしいことはもう一つある。

それは、独立心と協調性という、二律背反の問題でもあった。さして広くもない地域にこうも多くの都市国家が分立していたということは、ギリシア人の独立意識の強さを示していたことはもちろんである。

だがこの気質のおかげで、対ペルシアで共闘する目的で立ちあげた同盟の最高司令

紀元前480年（第二次ペルシア戦役の一年目）、ギリシア都市国家連合の戦力

海上戦力

総司令官：エウリビアデス（スパルタ）
アテネ海軍司令官：
テミストクレス（事実上の総司令官）

200 - アテネ	(ATHENAI)	
（うち20は、ペルシア侵攻で逃げてきたカルキデア地方の人々が乗船）		
40 - コリント	(CORINTHOS)	
20 - メガラ	(MEGARA)	
18 - アエギーナ	(AIGHINA)	
12 - シクロン	(SIKION)	
10 - スパルタ	(SPARTA)	
8 - エピダウロス	(EPIDAUROS)	
7 - エレトリア	(ERETRIA)	
5 - トロイゼン	(TROIZENA)	
2 - スティラ	(STIRA)	
2 - ケオス	(KEOS)	ただし小型

小計324隻
ただし9隻の小型ガレー船をふくむゆえに三段層ガレー船の数としては315隻

陸上戦力

総司令官：レオニダス（スパルタ）

300 - スパルタの重装歩兵	(SPARTA)
3,400 - ペロポネソス同盟の歩兵	
700 - テスピアイの歩兵	(THESPIES)
400 - テーベの歩兵	(THEBAI)
1,000 - フォチュア地方の歩兵	(FOCAIA)
1,000 - トラキア地方からの難民兵	(THRACIA)

小計6,800
これに、ギリシアの他地方の各都市国家からの兵士を加え、総計約10,000

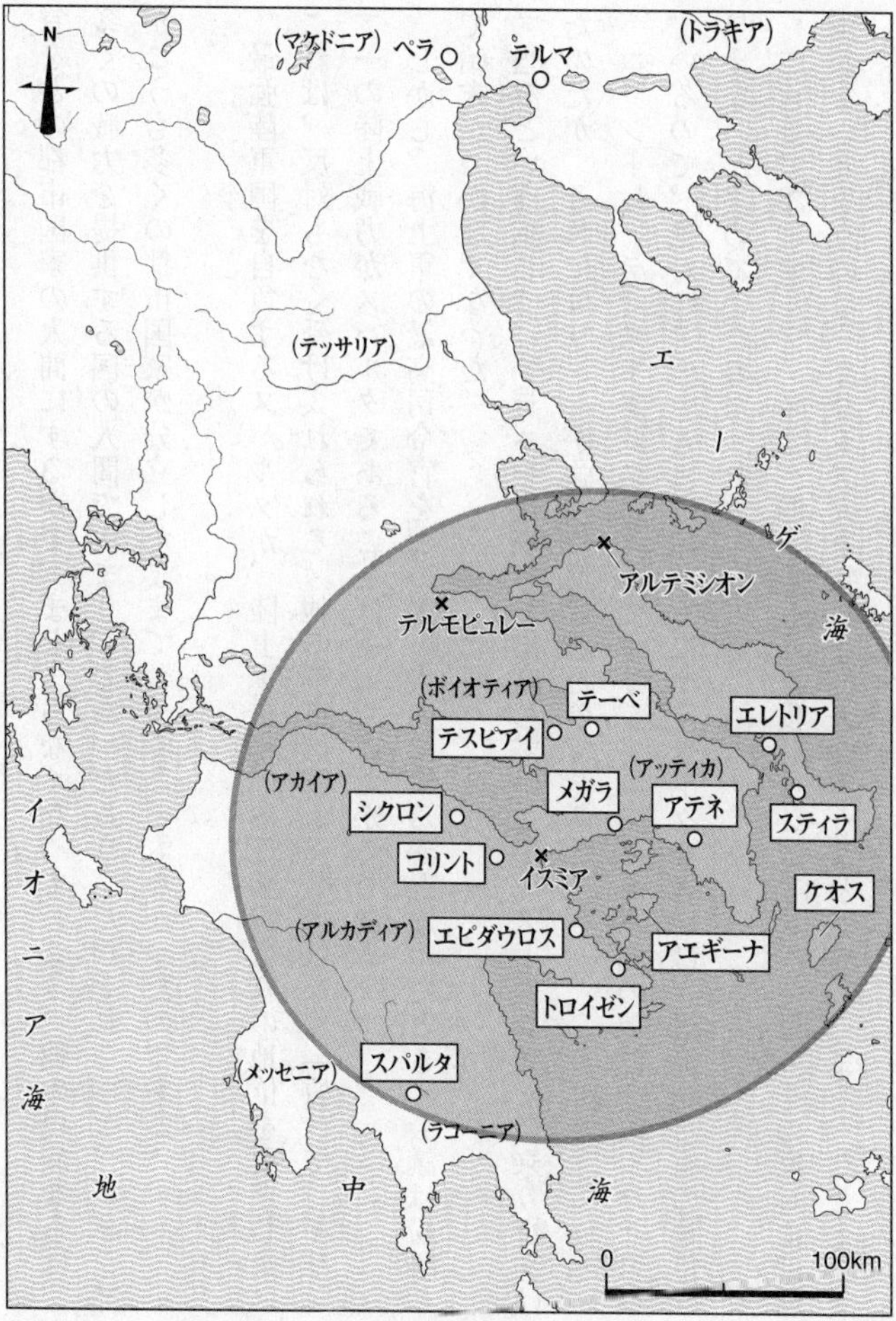
N
(マケドニア)
ペラ
テルマ
(トラキア)
(テッサリア)
エ
ー
ゲ
海
アルテミシオン
テルモピュレー
(ボイオティア)
テーベ
テスピアイ
エレトリア
(アッティカ)
メガラ
(アカイア)
シクロン
アテネ
スティラ
コリント
イスミア
ケオス
(アルカディア)
エピダウロス
アエギーナ
トロイゼン
スパルタ
(メッセニア)
(ラコーニア)
イ
オ
ニ
ア
海
地
中
海
0
100km

官をどの都市国家の人間にするかで、まとまらなくなってしまう。他の民族ならば、多くの戦力を提供する国の人間で決まり、であったろう。だがそれならば、ギリシアがこうも多くの都市国家が分立したままでつづくこともなかったのである。

最強陸軍国を自負するスパルタが、陸上軍を率いる最高司令官の地位を要求した。これは、反対もなく受け入れられる。他の都市国家も、数ではなく「質」で、ギリシア一の陸上戦力がスパルタであることは認めていたからである。

しかし、海上軍の最高司令官をどの国の人間にするかとなったとき、会議は紛糾して始末がつかなくなった。

当然という感じで、アテネを代表して出席していたテミストクレスが名乗りをあげたのだが、それにコリントが強硬に反対したのである。

コリントは、テミストクレスによってギリシア第一の海軍国の地位を失ったと思っているので、絶対にアテネ人には、とくにテミストクレスには、最高司令官の地位は与えないと決めていたのだった。

二百隻で参戦するアテネと、四十隻しか提供しないコリントでは、その反対には理由がないと思うのは、ギリシア人を知らない人の言うことである。また、たとえ四十隻でもコリントは、他の参加国に比べれば、第一位のアテネに次ぐ第二の戦力提供国であった。

テミストクレスは、一歩ならば退《ひ》くことを知っていた。コリントが、反対はつづけながらも代案は出してこないのに眼をつけたのだった。スパルタの代表に個別会談を求め、その席でスパルタに、陸上だけでなく海上でも、最高司令官に就くよう求めたのである。スパルタ側は了承する。コリントも、これには同意した。

こうして、総数では三百隻以上にもなる海上軍のうちの半ば以上を一国だけで負担するアテネを差し措いて、十隻でしか参戦しないスパルタが、海上でも最高司令官の地位を占めることになったのである。コリントの代表が、満足を露《あら》わにしたのは言うまでもない。

ただし、テミストクレスは、退いてもタダでは退かない男なのだ。ことの成り行きで良くも知らない海軍の最高司令官に就任し、内心では困惑していたスパルタ代表のエウリビアデスを説得し、会議の最後に各国が署名する対ペルシア海軍同盟の規定書に、「アテネ海軍の指揮は、アテネ市民のテミストクレスが取る」とした一項をつけ加えさせていたのである。

コリントがそれを知ったときは、後の祭りだった。自分たちの四十隻もコリント代表のアディマントスに指揮させよ、と主張して容《い》れさせたのがせいぜいであった。しかし、これによって、対ペルシアのギリシア海軍の総指揮権は、実質的にはテミストクレスの手に帰したのである。陸上軍の指揮系統の一本化はレオニダスの下で成っていたが、海上軍の指揮系統の一本化も、テミストクレスの下で現実化したのである。公式には最高司令官のスパルタ人のエウリビアデスも、それに賛成であったから不都合も生じようがなかった。

しかし、ペルシア侵攻の〝前夜〟に、ギリシア中部とペロポネソス半島をつなぐ狭い地峡の地イスミアに集まったギリシアの都市国家の代表たちは、なぜペルシア軍を、テルモピュレーとアルテミシオンの線で迎え撃つとした戦略に、全員が同意したのであろうか。

歴史家ヘロドトスは、戦争に参加した人間には興味はあっても戦略にはあまり関心がなかった人のようで、このような問題に迫るには、後世に生きるわれわれは想像力を全開にするしかないのである。

テルモピュレーとアルテミシオンの線で敵を迎え撃つとしたのは、簡単に決めた戦略ではまったくなく、充分に考え抜かれた末に立てた戦略であったと思う。

なぜなら、陸上はテルモピュレー、海上はアルテミシオンというと、「マンツーマン・ディフェンス」に見えるが、対ペルシア同盟に参加した都市国家の領土を詳細にたどってみると、これが「ゾーン・ディフェンス」であることに気づく。テルモピュレーを頂点にした線で、ギリシアが二分されていることに気づくのだ。サッカーで言えば、ACミランの成功によってイタリア語がそのまま国際用語になった、「カテナッチョ」。鎖を張り渡すという感じで守備を固めることで、敵の消耗と焦《あせ》りを待つ、という戦略である。

前五世紀当時のギリシアでも、もしもこの線で敵を、二ヵ月間だけにしても釘《くぎ》づけにすることに成功すれば、それまでのペルシア側の有利が不利に変わる可能性が出てくるのだった。

季節は、冬に近づく。敵地で闘うペルシア軍には、非戦闘員も加えれば四十万を超える人々に食べさせ眠らせなければならないという重圧が、ますます重くのしかかってくる。

そのうえ、背後に残してきたメソポタミア地方やエジプトの動向が心配なペルシア王クセルクセスは、なるべく早く侵攻を成功させ、早々に帰国したくてしかたがない。敵側の内部事情がこれであれば、二ヵ月間だけでもカテナッチョが機能してくれれば、ペルシア王もこれ以上の南下をあきらめ、ペルシア軍もギリシアから、引き揚げてくれるかもしれないのである。前例はあった。十年前のマラトンの会戦で敗北しただけで、ペルシア軍は引き揚げたという例である。第一次で起ったことが、第二次で起らないとはかぎらなかった。

ペルシア軍は大軍勢だけに、行程を稼ぐにも日数がかかる。そのペルシア軍がテルモピュレーに現われるのは、夏に入ってから、と見ることができた。実際に戦闘が始まるのは、おそらくは八月の初め。カテナッチョで守りきるのは、八月と九月の二ヵ月だけになる。

そして、この戦にこれほどもの大任を背負うのは、スパルタの王レオニダス。海軍をアルテミシオンまで北上させ、その海上に張りつくことで敵の陸軍に、海からの補給を受けるのを阻止するという任務をもつテミストクレスよりも、紀元前四八〇年の〝カテナッチョ〟が成功するか否《いな》かは、このスパルタの戦士にかかっていたのである。

テルモピュレー

スパルタの王レオニダスは、その年六十歳に達していた。普通のスパルタの兵士ならば六十歳で現役から退《しりぞ》くが、軍を率いるのが責務のスパルタの王には停年はない。このレオニダスも、スパルタでは王を出すと決まっている二つの家系の一つに生れたのだが、ある事情から王位に就く継承順位は低いと見られていたので、王位継承順位が高いとされた他の親族が帝王教育を受ける慣例に反して、彼だけは普通のスパルタの少年と同じ教育を受けて育ったのだった。

ある事情とは、スパルタにしか起りえない事情と言ってよい。父王に息子が生れないのを心配した五人の監督官、つまり五人の「エフォロス」が、王に、王妃を離婚して別の女を妻に迎えるよう忠告したのである。

王は断わる。当然だ。私生活にまで介入してくるエフォロスには腹を立てたからだが、自分たちこそがスパルタの国体の守護者と信じている五人の「エフォロス」は引き退《さ》がらない。彼らは王に、ならば妾《めかけ》を作れ、と言ってゆずらなかった。妃《きさき》を愛していた王もやむをえず、側室を持つことにしたのである。その女からはすぐに、クレオメイネスと名づける男子が生れた。ところが、この男子が生れてからしばらくもしないうちに、王妃からも男子が生れたのだ。ドリエオス、と名づけられた。しかもその後も王妃からは、双子の男子が生れる。

このような事情があって、四男になるレオニダスは王位継承の可能性は低いと見られ、それで普通のスパルタの少年と同じの、七歳から二十歳までつづく、兵士養成のみが目的の団体生活で育ったのだった。

あの、非人間的とさえ思う厳しく激しい寄宿舎生活。二十歳になるや身一つで山野に放り出され、自分の才覚と力だけで一週間を生きのび、最後はヘロットと呼ばれる農奴《のうど》を襲って首をかっ切り、それを持って帰営するという野蛮きわまる成年への通過儀礼。これらのすべてを経験したスパルタの王は彼のみ、というのがレオニダスの前半生であった。

その彼に王位がめぐってきたのは、父王の死後に王位に就いたのが異母兄クレオメイネスであるのに不満を抱いた兄のドリエオスが、スパルタを捨てて向った南イタリアで死んだこと。しかもその後まもなく、双子の兄も死んだからである。スパルタには常に、二人の王がいる。王の一人になっていた異母兄クレオメイネスが、自分の娘を妻に迎えることを条件に、レオニダスに、もう一つの王位を提供したからであった。

この申し出を受けたのだから、レオニダスは、スパルタの国体を創造した人であるリクルゴスが見たら満足したにちがいないと思うほどに、心身ともにスパルタ男の典型、であったのだ。

このレオニダスが、紀元前四八〇年、迫り来るペルシアの大軍に、真向から立ち向う最初のギリシアの武将になるのである。テルモピュレーが、その彼にとっての真に生きる地になり、戦況の行方しだいでは、死の地にもなるのだった。


テルモピュレーは、テッサリア地方を南下してきたペルシア軍にとって、アッティカ地方に入ろうとする直前に立ちふさがる難所であった。

直線距離ならば五キロだが、曲がりくねっている道なので、全長は十キロを越える。南下してきたペルシア軍から見れば、左手はすぐそばを流れる川に向って急降下する崖《がけ》、右手も、山をそぎ落としたように下ってくる崖、曲がりくねってつづく道は、この二つの崖の間の細い幅を、やっとの想いで、という感じで通っているのだった。

しかし、二十一世紀の今、このテルモピュレーに立って、二千五百年昔の壮絶な戦闘を想像するのは大変にむずかしい。理由は、少なくとも二つある。

第一は、ペルシア軍側から見れば左手、ギリシア軍から見れば右手、を流れていた川が、二千五百年の間に一キロ以上も北に移動してしまっていること。それゆえ、川に向って急降下していた崖も、ゆるやかな降下、に変わっているのだ。

第二は、史上有名な「テルモピュレーの戦闘」から六百年が過ぎた時代のギリシアはローマ帝国に併合されていたのだが、そのローマ人が彼ら特有の合理精神によって、山側の崖を切り崩して道の幅を広げてしまったからである。

なにしろ、アッピア街道でさえも、山に登ってまた降りてくる迂回路《うかいろ》では非合理的と、海に面してそそり立っていた崖を百メートルもの高さからけずり取ってしまったローマ人である。ギリシアの文明文化への敬愛の想いは欠かなくても、古戦場跡をそのままで残すのと、今ではローマ帝国民になっているギリシア人の交通の便を重視するかを選択するとなれば、迷うことなく後者を選んだのがローマ人であった。

というわけで、かつてのテルモピュレーの難路は、今ではさして難路ではなくなっているのだ。

しかし、ローマ帝国が、古戦場跡の保存よりもテルモピュレーの峠道の改善のほうを優先した事実は、ローマ時代になってもテルモピュレーの峠道は、北から南下して来てアテネに向う主要路であったということも示している。ペルシア軍も、ここを通らないかぎり、アテネを目指すことはできないのであった。

また、紀元前四八〇年当時のペルシア軍には、テルモピュレーを通り抜けたところに開く海で、自国の船団からの補給を受ける必要もあった。

だからこそ、そのペルシア軍を迎え撃つギリシア連合は、テルモピュレーにはレオニダス率いる陸上軍を、その近くのアルテミシオン湾にはテミストクレス率いる海上軍を、送り出す戦略で臨んだのである。

スパルタの王レオニダスがこのテルモピュレーに、スパルタの重装歩兵を三百人しか率いて行かなかったという事実について、レオニダスは初めから玉砕を考えていたのかと、現代の研究者の中には問いかける人がいる。私の思うには、「初めから」ではなかった。しかし、スパルタの戦士たるもの、少年の頃から、敵に背を見せるな、という一事を叩《たた》きこまれて育っている。ゆえに彼らにとっての戦闘は、勝つか、それとも死か、でしかなかった。

テルモピュレーでの敵軍阻止という大任を負って北に発《た》つ六十歳のレオニダスの頭の片すみにも、やむをえなくなった場合の玉砕は、あったのではないかと思う。なぜなら、率いて行くスパルタの三百人は、いずれもすでに息子がいる父親であり、たとえ戦場で死んだとしても家系の断絶の心配はない兵士だけを選んでいたからである。スパルタの戦士は、初めからの玉砕などは考えない。簡単に玉砕したのでは、戦争に勝つことはできないからである。ただし、状況がそれを求めれば、甘んじて受ける覚悟ならばできている男たちであった。

とはいえ、南下してくるペルシア軍の二十万人に対し、迎え撃つギリシア軍は、補助兵まで加えても一万でしかない。兵力比は、二十対一になる。にもかかわらず、レオニダスは、自分の国であるスパルタにも、またアテネを始めとする他の都市国家《ポリス》にも、兵士の増員を求めていない。そのうえ、テルモピュレーの峠道以外にもある間道の要地の二ヵ所に、一万のうちの一千ずつを分けて送り出しさえした。

狭く険しい峠道で迎え撃つには、精鋭でさえあれば少数でも充分に闘える、と見たからだろう。少人数なのだから、より自由により敏速に闘える。スパルタの重装歩兵のこの面での能力は、少年期からの絶え間ない訓練によって、完成の域にまで達していたのである。

一方、ペルシア軍は、二十万の大軍だ。テルモピュレーでは、量で圧倒しようとするペルシア軍の力《パワー》は、発揮されにくいと見たのではないか。

テルモピュレーに先に着いたのは、レオニダスのギリシア軍であった。それでも、長く敵を待つ必要はなかった。テッサロニケを出た後はギリシア中央部の平坦《へいたん》な地方を南下するだけだったペルシア軍も行程を稼ぎ、十二日間の行軍の後にテルモピュレーに姿を現わしたからである。ペルシア王クセルクセスは、峠道への入口からは少し離れた町に本陣をかまえた。

翌日、王の命令を受けた各部隊の指揮官たちは、矢の射程距離内には入らないよう注意しながらも、なるべく多くのペルシア兵の姿を、峠の入口で待ちかまえるギリシア兵たちに見せたのである。ペルシア王がこのデモンストレーションを命じたのは、大軍を前にしておじ気づいたギリシア兵が、逃げ出すか、それとも降伏するかして、戦線から離れることを期待したからであった。

ところが、何千何万と姿を見せようと、ギリシア側の陣営では動きはまったく見られない。それどころか、近くまで接近して観察した偵察兵の持ち帰った報告では、ギリシア陣営では兵士たちが、頭髪の手入れに専念しているという。

三十九歳のペルシア王には、それが何を意味するのかがわからなかった。随行者の中にいたスパルタ人を呼んで問うたところ、次のような答えが返ってきた。

スパルタの戦士は、質実剛健をモットーにして日々を送っているが、ただ一つの贅《ぜい》沢《たく》は許されている。それは、肩にまで達するほどに長く伸ばした頭髪が、常に清潔でしかも美しくあるよう手入れをすることだ。

オリエントの貴公子にはそれでも納得いかなかったのだが、大軍勢を前にしておじ気づくどころか、平然と身だしなみに専念しているスパルタの兵士を、不気味に感じはしたのだった。

それでもペルシア王は、大軍勢の圧力によるテルモピュレーの強行突破の方針は変えなかった。翌日、オリエント風に仰々しく美麗な服を身にまとった特使を、ギリシア軍の本陣に派遣し、王からの次の勧告を伝えさせたのである。

レオニダス

「武器を差し出せば、各自の国への自由な帰国を許す」

ペルシア王の使節を引見したレオニダスの口から出た答えは、ただの一句だった。

「モロン・ラベ」(Molon Labe)――「取りに来たらよかろう」

後世、スパルタの戦士と言えば返ってくる、山びこのようになる一句である。

だがこうして、ペルシア王の、戦闘無しでのテルモピュレー通過への期待は裏切られたのだった。

それでもまだ、クセルクセスは決心がつかなかった。この人は、絶対専制君主にしては家臣たちに、何であろうが相談する人なのだ。とは言っても最終の判断は彼が下すしかないのだから、そのようなことをやってもエネルギーの無駄のように思うが、歴史家ヘロドトスもこの人を、善人ではあった、と評している。

だが、こういうわけでテルモピュレーでは、二十万という大軍で来ているにかかわらず、軍事的な動きはほとんど成されないままで、四日間が過ぎていったのである。

一方、海上では、テッサロニケで以後は陸上を行く王と別れて南下中のペルシア海軍と、こちらは北上するギリシア連合海軍が、アルテミシオンの岬前の海上で接近しつつあった。

だが、そこまで来る間にペルシア海軍は、相当な被害をこうむっていたのである。エーゲ海に不慣れなエジプトからの船には、海上の嵐をまともに受けて沈没したり、沈没まではしなくても使いものにならない状態の船が多かった。ヘロドトスによれば一千二百隻であったというペルシア海軍のほぼ三分の一が、この時期に戦線から離脱してしまったことになる。それでもなお、ペルシア海軍とギリシア海軍の戦力の差は、八対三の関係にあった。

とはいえギリシア側は、「ホーム」で闘っている。それゆえの利点は、やはりあった。

エウボエア島との間の海峡を北上したために嵐にも会うことなく無傷でアルテミシオンに到着したギリシア海軍の船の数の総計は、二百七十一隻であったと言われている。

そのうち、アテネ船は、ペルシアの侵攻から逃れてきた難民たちを乗せた二十隻を加えて、百四十七隻になる。コリントからは四十隻。スパルタからは十隻。残りは、他の都市国家からの参加船力。

このギリシア海軍を率いるのは、すでに述べた妥協人事の結果、参加船数は十隻と少ないにかかわらず、スパルタ人のエウリビアデスが、公式には総司令官に就任していた。

とはいえアテネ船は、百五十隻に迫る数の全船がテミストクレスの指揮下。そのテミストクレスの総司令官就任には断固反対したコリントは、四十隻になる自分のところの海軍の指揮はコリント人のアディマントスが取ることを、他の都市国家にも認めさせている。

ゆえにこの年のギリシア都市国家連合海軍には、三人もの司令官が並立していたことになる。

この状態を、指揮系統の一本化を最重要視するテミストクレスが放置するはずはない。エウボエア海峡をアルテミシオンに向って北上中に、同僚二人を説得したのだ。すでに総司令官の職務に自信がなかったスパルタ人のエウリビアデスの説得は、簡単に済んだ。また、アテネはライヴァルだが彼自身は海将としての経験の長いコリント人のアディマントスも、説得されたのである。この二人は、これ以後もずっと、テミストクレスにとっての最上の協力者になる。

だがこうして、アルテミシオンの海上に着く前にすでに、問題は解決した。公式には二人とも、ギリシア海軍の総司令官でありコリント海軍の司令官ではあっても、ギリシア海軍の事実上の総司令官はテミストクレス、で同意が成ったのだ。指揮系統の一本化は、実現したのだった。

説得力とは、他者をも自分の考えに巻きこむ能力である。他者の意見を尊重し、それを受け入れ歩み寄ることによって、着地点を見出《みいだ》すことではない。

何となく、専制君主国のリーダーのクセルクセスのほうが民主的で、民主政アテネのリーダーのテミストクレスの〝民主度〟は低いように見えて笑ってしまうが、第二次ペルシア戦役の絶対的な主役二人、三十九歳のクセルクセスと四十四歳のテミストクレスは、一方がペルシア人、他方はギリシア人、という民族の別を越えて、気質的にもちがっていたのだった。

テルモピュレーでは、睨《にら》み合いだけの四日間が過ぎていた。ついにクセルクセスも、決心する。

「取りに来たらよかろう」と答えたレオニダスに対し、「取りに行く」ことにしたのだ。翌朝を期しての総攻撃が決まった。

ところが、量で圧倒しようとしたペルシア軍の攻撃は、完全な失敗に終わった。なんとペルシア側は、二万人もの兵士を戦死させてしまったのである。

ペルシア軍の兵士たちは、峠道を少しばかり進んだと思ったとたんに、曲がり角から現れたスパルタの精鋭の無駄のない闘いぶりの前に、ただただ死体の山を築くだけだった。その日の戦闘だけで、ペルシア側は全兵力の一割を失ってしまったことになる。本営でそれを知ったクセルクセスが、いつもの温和さはどこへやら、怒りを爆発させたのも無理はなかった。

同じ日、アルテミシオンの岬前の海上では、ペルシア海軍とギリシア海軍の間でも、初めての海戦が行われた。

しかし、テミストクレスは、敵海軍の撃破よりも、敵海軍の湾内への侵入を許すことで敵陸軍と合流することへの阻止を、最重要課題と考えている。それで、すでに嵐で相当な損失を出しているペルシア海軍にさらなる痛手を与えることには成功したが、その日の戦果はそれ留まりで終わる。両軍とも、日没時にはそれぞれの基地に引き揚げていた。

次の日、テルモピュレーでは、ペルシア軍による二度目の総攻撃が行われた。ペルシア王もその日は、王の近衛《このえ》軍団でもある「不死身の男たち」の一万を投入する。しかもこのペルシア軍の精鋭中の精鋭を、王弟二人に率いさせて投入したのだった。

しかし、この日も、散々な戦果で終わるしかなかった。不死身と言われた精鋭が次々と倒れて行っただけでなく、彼らを指揮していた王弟二人も、遺体になって本営にもどってきたのだ。ギリシア側は、二千人もの犠牲者は出しながらも、二度もつづけて迎撃に成功したのである。

だが、その夜、戦闘を終えて本陣にもどってきたレオニダスは、そこで待っていた、間道の要地の防衛に送り出していた兵士の一人から報告を受けることになる。

それは、ペルシア軍が間道の所在を知り、すでにそこを守るギリシア兵に攻撃をかけてきた、というものであった。

川を溯《さかのぼ》る間道はあくまでも間道で、大軍の行軍には適していない。だが、大規模でない部隊の移動は可能だ。そして、この間道を通って来れば、テルモピュレーの峠道の出口に達することができる。そうなれば、テルモピュレーを守るギリシア軍は、はさみ撃ちになるということであった。

レオニダスはただちに、彼が率いるギリシア陸軍の指揮官全員を召集した。そして、彼らを前にして状況の現実を説明した後で言った。

「われわれは残る。だが、去りたい者は去って行ってよろしい。この状況下での撤退は、不名誉ではない。ただし、去るのはすぐに始める。間道を通って来る敵の姿がまだ見えない時刻には、終わっていなければならない。明日は、最後の戦闘になるだろう。総司令官の言葉に、指揮官の多くは、配下の兵士とともにテルモピュレーを去ることにした。

残ると決めたのは、スパルタの三百、テスピアイの七百、テーベからの四百の、計千四百の兵士になる。

ただしこの数字は、ペルシア軍との戦闘がまだ始まっていない時点での数字だ。二度にわたった総攻撃で、ペルシア側の戦死者二万、ギリシア側の戦死者二千、と言われているので、テルモピュレーに到着したときの一万のうちの二千はすでに戦死していたことになり、ゆえに千四百という数字も、大幅に割引きする必要がある。

とはいえ、戦闘ではプロ中のプロであるスパルタの三百は、重傷を負って戦場から退去させられた一人を除く全員が、二度にわたった敵の総攻撃にも生き残っていたのだった。スパルタの戦士の戦闘能力が、他のギリシアの都市国家はもちろんのこと、当時の陸軍大国のペルシアと比べてさえも、圧倒的に優れていたことを示している。

いずれにしても、このスパルタの三百と他の八百人前後の兵士のみを率いて、レオニダスは、十八万が相手のテルモピュレー最後の戦闘に臨むのであった。

ペルシア軍の本営でも、翌日の戦闘のために戦術は変えていた。前二回の失敗で、接近戦ではスパルタ兵の敵ではないと、わかったからである。それでペルシア軍は、離れて闘うことにしたのだ。離れたところから矢を雨と浴びせるのだから、これもまた物量作戦ではあった。

ギリシアの都市国家の重装歩兵の盾《たて》は、大ぶりの丸型で、頑丈な造りになっている。少々の矢は、はね返してしまう。だからペルシア王は、しのつく豪雨でもあるかのように矢を浴びせつづけよ、と命じたのであった。

また、間道を行かせることでのはさみ撃ち作戦も、併行して行うと決まった。間道を行く兵士たちには、夜も明けない前からの出発が命じられた。

テルモピュレーでのギリシア軍の状況の変化を、アルテミシオン前の海上に張りついているテミストクレスは、充分に知っていた。テルモピュレーの戦場を眼下にできる場所には常に一人はいるように、何人もの偵察兵を送りこんでいたので、戦況の展開は逐一知っていたのである。二ヵ月耐えれば成功したかもしれないカテナッチョ作戦が、一週間で失敗に終わるのは残念であったろう。だが彼には、感傷にひたる余裕

テルモピュレーとアルテミシオン

はなかった。ギリシア海軍を率いるテミストクレスには最後の最後まで、ペルシア海軍のギリシアの地への上陸を阻止する責務が課されていたのである。

なにしろ、あのレオニダスのことだ。何が起るか、予想はつかなかった。それに戦闘そのものが、何が起るかわからないものでもある。テミストクレスは、テルモピュレーでの展開如何《いかん》にかかわらず、アルテミシオン前の海上でも、ペルシア海軍相手にさらなる一戦を交える予定は変えない、と決めたのだった。

こうして、ペルシア陸軍対ギリシア陸軍、ペルシア海軍対ギリシア海軍の激突は、直線距離ならば八十キロと離れていないテルモピュレーの峠道とアルテミシオン岬前の海上で、同じ日に同時に決行されることになったのである。

テルモピュレーではその日、ギリシア侵攻ペルシア軍の最高司令官でもあるクセルクセスは、これまでのように戦果を、本営にいて待つことはしなかった。戦闘が行われる峠道の入口から少し離れた場所に、王のいるところどこにでも運ばれる、黄金製の玉座を移動させた。前線と言ってもよいその場所まで出てきたことで、自軍の兵士たちに、王が見ている前で闘っていると思えるようにし向けたのである。

崖から落下する兵が出ようと、今日こそ最後の総攻撃という、王の命令は変わらなかった。上から下から右から左から、ペルシア軍の浴びせる矢が、ギリシア兵の上に降りそそいだ。

おそらくは、というのはヘロドトスが書き残してくれなかったので想像するしかないのだが、守るギリシア陸軍の瓦解《がかい》のきざしは、峠道の出口に近いところから始まったのではないかと思う。

峠道の入口から出口までが、前衛・中央・後衛の担当地域であったと考えれば、後衛は、四百人から成るテーベの歩兵隊の守備地区だったと思われる。

この後衛に、間道という迂回路を通ってテルモピュレーに近づいた、ペルシアの別動隊の攻撃が集中したのである。

それをささえきれなくなったテーベの四百兵が、総司令官レオニダスが知らないうちに降伏したのだった。

そこに攻撃してきたペルシアの別動隊の指揮官にも、降伏すれば自由の身での帰国を許す、という王クセルクセスの勧告を実施する権利が与えられていたのかもしれなかった。

いずれにしても、テーベからの四百兵は戦線から離脱した。残るは、スパルタの三百とテスピアイの五百足らず、の計八百でしかなくなる。

この八百足らずのギリシア兵に、前からも背後からも、何よりも崖の上から、矢の雨が絶え間なく降りそそぐのである。それでいて、接近戦には持ちこんでこない。だが、ひとたび倒れたと見るや、そのギリシア兵は、群れをなして襲いかかってきたペルシアの兵たちによって、悲鳴をあげる間もなく切り刻まれるのだった。

おそらく、テスピアイからの五百兵は、この日の激闘の前半ですでに死に絶えていたのではないか。最後の最後まで闘ったのは、やはり、スパルタの三百であった。

王のレオニダスは、指揮する身である以上、盾の傘の上に身を乗り出しても兵士たちを鼓舞する必要があったのだろう。矢がその彼に、何本となく突き刺さった。しかし、スパルタの兵士にとって、傷ついた自分たちの司令官を敵の手に渡すなど、死んでも出来ないことである。

それで兵士たちは、動けなくなったレオニダスを中心に、その王を守るために円形の守備を布《し》くように陣形を変える。固まったその円陣に、この機を逃すなという感じで、さらに数多くの矢が間断なく降りそそいだ。

紀元前四八〇年の八月に闘われた、史上有名な「テルモピュレーの戦闘《バトル》」は、スパルタ兵の最後の一人が戦死して終わったのである。

スパルタの戦士にとっては哲学と言ってよい、「勝つか、それとも死か」を、貫き通した戦闘であった。レオニダスと彼が率いたスパルタの三百は、混じりっ気なしのスパルタの戦士として、闘い死んだのである。

ペルシアの脅威が去った後で、戦場であったテルモピュレーには、次の詩を刻んだ記念の碑が立てられた。

「異国の人々よ、ラケダイモン（スパルタ）の人々に伝えられよ。祖国への愛に殉じたわれらは皆、この地に眠ることを」

スパルタの三百の玉砕で終わった戦闘の直後、ペルシア王は戦場を見たいと言い、それはただちに実行された。だが、激闘の跡地を見てまわる王クセルクセスが何よりも望んだのは、スパルタの王レオニダスの遺体を、現場で、しかも王自身の眼で見ることであった。

探し出すのには、苦労はなかった。円陣を作るように死んでいるスパルタの兵士たちの中央に、レオニダスの遺体も横たわっていたからだ。

三十九歳のペルシア王はしばらくの間、豪胆にも、「王たちの王」である自分に弓を引いた六十歳のスパルタの王の遺体を見降ろしていたが、振り返って言った。この首を切り離せ、と命じたのである。そして、切られた頭部は槍《やり》の先に突き刺し、ペルシアの兵士全員に見せよ、と命じた。

歴史家ヘロドトスは、勇敢に闘った兵士にはたとえ敵であろうと敬意をもって対するのが習いのペルシアの貴人にしては、珍しい蛮行であった、と書いている。私も、首を切るなどとは野蛮きわまる行為である、とする考えには同感だ。だが、このときのクセルクセスの怒りもわかる気がする。

「ひとつかみの小麦」にすぎないと思っていたギリシア人から、「王たちの王」であるペルシア王が、これほどまでの屈辱を受けたのである。

従えてきたペルシア軍のうち、一割もの数の兵士を戦死させた。

王の近衛軍団である「不死身の男たち」の精鋭さえも、相当な数を殺された。

王弟の二人までが、テルモピュレーで死んでいる。

そのうえペルシア軍は、二十分の一の兵力でしかないギリシア軍によって、テルモピュレーで一週間も足止めを喰わされたのであった。

これが、三十九歳のオリエントの貴公子に、貴人としての振舞いを忘れさせたのではないか。

だが、最高司令官の振舞いは、配下の兵士たちにも伝染せざるをえない。テルモピュレーでのギリシアの戦死者たちは、その後の一年、埋葬もされずに捨て置かれたままであった。

アルテミシオンでは、その日のペルシア軍相手の海戦を終えて帰営したテミストクレスが、息せききってもどってきた偵察兵から、テルモピュレーでの結果の報告を受けていた。聴き終わった彼は、ただちに行動に移った。

ギリシア連合海軍の司令官の全員が召集された。そして彼らに、偵察兵の持ち帰った情報のすべてを正直に告げた後で、もはやここに張りついている理由はなくなった以上、全海軍はこの地を引き払い、サラミス湾に向けて南下するよう命じたのである。

テルモピュレーを突破したペルシア軍の南下を防ぐ道はなく、これからの勝負は海上で決することになるだろう、とも伝えたのである。

全員が、それに同意した。だが、テミストクレスはさらにつづけた。

ペルシア海軍にわれわれの撤退が気づかれる前に距離を可能なかぎり稼ぐ必要から、今夜も陣営地のすべての天幕の前にはたいまつをたき、兵士たちが眠ってでもいるように見せかけること。さらに、撤退を敵に気づかれないよう全船は、敵の寄港地の前を通らなくても南下が可能な、エウボエア海峡を通って南下すること。そして、これらすべては、今夜中にやりとげることを厳命したのである。全員が、これにも同意した。

しかし、テミストクレスは、自下のアテネの軍船二隻《せき》には、別行動を命じていたのである。

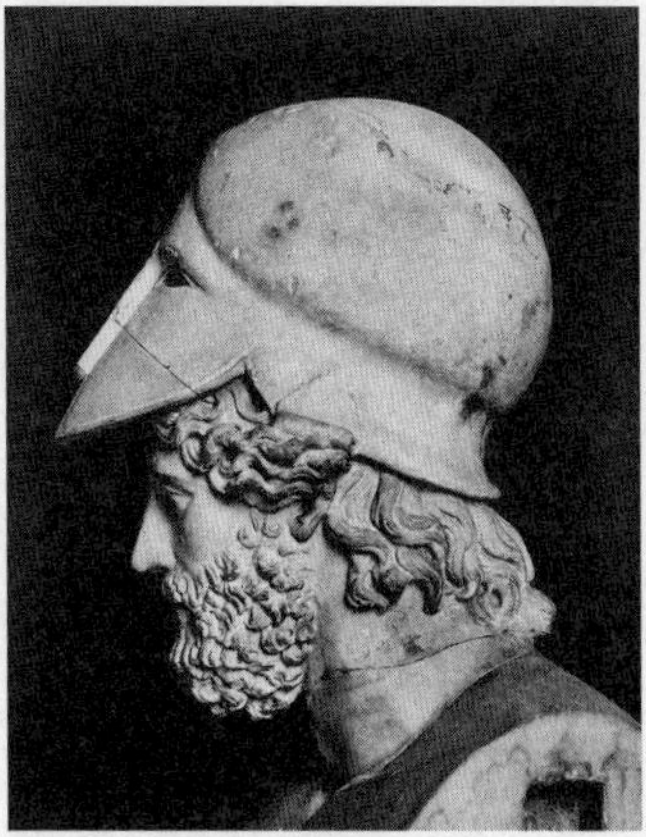
テミストクレス

敵海軍は、テルモピュレーの突破に成功した陸軍への補給を終えた後は彼らも南下するにちがいなく、それには、大船団でも通行が容易な、エウボエア島のエーゲ海寄りの海を南下してくるはず。しかも、季節は真夏。敵船団もしばしば着岸して、新鮮な水の補給はせざるをえない、と見たのだ。

テミストクレスは、一計を案じた。

アテネ船二隻には、彼からの極秘の命令が与えられた。

一、友船団とは離れ、南下への道は、エウボエア島のエーゲ海沿いを行くこと。
二、ただし、新鮮な水を補給できる泉やわき水のある地点ごとに上陸し、その泉のかたわらに、水を汲《く》みにきた人ならば誰もが眼にせざるをえない岩に、自分が渡す布告文書を一枚ずつ張りつけてまわること。
ギリシア語で記された布告には、次のように書かれてあった。

「ギリシア都市国家《ポリス》連合海軍司令官テミストクレスより、ペルシア側で参戦しているイオニア地方のギリシア人へ。

イオニアの男たちよ、きみたちは、正義に反する道に進みつつある。きみたちにとっては祖先にあたる本土のギリシア人を攻め、そのギリシア人を奴隷化《どれいか》しようとしているペルシア軍と行動を共にすることによって、正義に反する道に歩み入ってしまったのだ。

ゆえに、まずは寝返ることを勧める。

だが、もしもこの行動に出ることが何らかの要因によって不可能ならば、中立でもけっこうだ。本土のギリシア人にとっては、それでもわれらが側には有利になるのだから。

しかし、寝返りも中立も現状では不可能、であったとしても、正しい道にもどることまでが不可能なわけではない。道は、もう一つ残っている。

それは、ペルシア側とギリシア側が、海上で激突したときだ。ペルシア側で参戦するきみたちは、十年前の第一次ペルシア戦役が、イオニア地方に住むギリシア人の反ペルシアの蜂起《ほうき》に端を発したことを思い起し、闘ったとしてもその間は、消極戦法で徹すれば、きみたちはギリシア人として、正しい道にもどれることになるのである」

テミストクレスは、敵側で戦うギリシア人たちの寝返りを期待したのか。

答えは、ほぼNO。この一ヵ月余り後に闘われることになるサラミス沖の海戦には、ペルシア側から脱出した船が複数ギリシア側で参戦することになるが、それは六隻でしかない。三百隻でペルシア側で参戦しているうちの、六隻でしかないのである。

では、中立を期待していたのか。

こちらのほうの答えは、百パーセントNO。

小アジアの西岸部に位置するイオニア地方は、サルディスを対ギリシアの前線基地と考えるペルシア帝国から、常に背後を脅《おび》やかされる立場にあった。そのイオニア地方のギリシア人に、ペルシアとギリシア本土が激突しているこのとき、中立に立つことなどできるはずはなかったのである。

ならば、テミストクレスは、海戦になった場合の、ペルシア側で参戦しているイオニア船のサボタージュを期待していたのか。

これも、答えはほぼNO。いったん戦端が切って落とされれば敵味方双方の船の櫂《かい》がかみ合う接近戦になるので、その中で消極戦法などは考える余裕もなくなるのである。

それならテミストクレスは、いったい何を期待していたのか。

勝つためには、何であろうが試みる価値はある、ゆえに寝返りであろうが中立であろうがサボタージュであろうが、勧めてみて損はない、とは思っていただろう。

しかし、真にテミストクレスが期待していたのは、自分が書いたこの布告文が、ペルシア王クセルクセスの眼にふれることであった。それを読んだペルシア王が、もはや疑惑の想《おも》いなしには、イオニアから参加している三百隻を見なくなることであったのだ。

海運の伝統のないペルシア帝国では、海軍は帝国支配下の他の民族に頼るしかなかったのだが、王が最も信頼していたフェニキア海軍は、東地中海は知っていても、エーゲ海にはくわしくはない。エーゲ海の地勢に精通しているのは、イオニア地方から参加している、ギリシア船の三百隻なのだ。実際、新鮮な水の補給にも、たとえ乗員の全員がフェニキア人でも、ギリシア人の道案内が必要だった。しかも、海戦となれば、このエーゲ海が戦場になる。

ペルシア王クセルクセスにしてみれば、そのイオニア勢が一致して寝返ったとしたら、と考えるだけで、不安で胸が締めつけられたとしても、無理はなかったのである。

ポーカーのゲームでは、有利なカードを持っていれば勝てる、とはかぎらない。たとえカードの内容は不利でも、相手を不安に陥らせるのに成功したほうが勝つ。

三十九歳のオリエントの貴公子は、彼にとっての敵は、もはや六十歳のスパルタの男ではなく、四十四歳のアテネ男であるのに、気づいたであろうか。

もしもこの時点で早くも気づいていたとすれば、この後に彼を襲う、「疑惑の虜《とりこ》」にならずに済んだものを、とさえ思ってしまう。

テルモピュレーでの結果を知るやアルテミシオンから引き揚げてきたのが、おおよその推定にしろ八月半ばであったとすれば、それからサラミスの海戦までは、一ヵ月というわずかな期間しかない。

この短期間にあれだけ多くのことを成しとげたのかと思うと、いかに男盛りの四十代半ばとしても、驚嘆するしかないのである。

どうやらテミストクレスという男は、ポーカーの卓に坐《すわ》りつづけて、相手との心理戦だけに熱中する性質ではなかったようである。ただし、ときにはテーブルにもどってきて、新たな心理戦を仕かけるのだから、敵にまわすにははなはだ始末の悪い相手、であることはたしかだった。

紀元前四八〇年のこの年、テミストクレスは、彼自らが働きかけて、「ストラテゴス・アウトクラトール」の地位に就いていた。

十人が定員の「ストラテゴス」の最高位ということで、任期はこの年一年間とかぎりはあるが、危機管理内閣の首相、に似ている。その後しばらくして共和政時代のローマは臨時独裁官の制度を作るが、この時期のアテネに学んだのか、と思うくらいだ。

いずれにせよ、この年のテミストクレスは、都市国家《ポリス》アテネの命運を一身に負う立場にあった。軍事ならば最高司令官だが、政治でも最高責任者である。もちろんのこと、すべての責任は彼一人に帰す。

テルモピュレーでの結果を知ってアルテミシオンからアテネにもどる船の上で、四十四歳のアテネ男はすでに次の戦略を考えていた。

スパルタの王レオニダスの敢闘にもかかわらず、テルモピュレーの防衛線は破られた。しかも、レオニダス指揮下で闘っていたテーベ軍が、最後の最後になってペルシア王に降伏したことで、中部ギリシアの強力な都市国家の一つであったテーベも、今ではペルシア側についている。

ということは、テルモピュレーを突破した後南下してくるペルシア軍の前に、立ちはだかるギリシア勢は、ギリシア中部ではアテネしかなくなった、ということであった。

しかし、そのアテネは、迎撃戦力の主力になりうる重装歩兵のほとんどが、三段層ガレー船の戦闘要員として海上にある。しかも、その彼らを陸上にもどしたとしても、数は一万足らず。いかにレオニダスによって全軍の一割を殺されたとしても、クセルクセス率いるペルシアの陸上軍は、いまだ十八万を超える大兵力であった。

強制疎開《そかい》

陸上での迎撃は不可能、と、テミストクレスは見たのである。それで、アテネ市内に住む人の全員を他の地に移し、市内は空っぽにし、そこに無血で入ってきたペルシア軍との勝負は海上で決する、と決めたのだ。

これは、賭《か》けであった。ペルシア王が、テミストクレスの戦略に乗ってくるとはかぎらなかったのだから。

だが、テミストクレスにも、有利は二つあった。

第一は、ペルシア王クセルクセスが、ギリシア侵攻はこの年中に終わらせたいと、強く望んでいること。ペルシア帝国の重要地である中東やエジプトの動向が気になる王にとって、ギリシアに留まりつづけることは、日々後ろ髪を引かれる想いで過ごすことと同じであったのだ。

第二は、レオニダスと彼率いる三百の激闘と悲惨な最期《さいご》を知って、とくに彼らの王に対するペルシア王の野蛮な振舞いを知るに至って、猛然とスパルタに燃えあがった反ペルシアの気運である。

閉鎖社会であるスパルタの住民にとっての視界は、それまではせいぜいがペロポネソス半島内に留まっていた。敵を迎え撃つとしても半島への入口の狭い地峡イスミアまでで、そこを越えてテルモピュレーにまで自国の軍を送ったことからして、スパルタにしては珍しくも積極的な行動であったのだ。

その彼らの視界が、テルモピュレーを機にして広がったのである。少なくともギリシアの中央部にまでは、広がったのだった。ギリシアの中央部にあるアテネを率いるテミストクレスにとって、これもまた、手に持つカードの中の有利な一枚になった。

しかし、テミストクレスにとっての最大の難問は、アテネ市内を空っぽにすることにある。誰だって、住み慣れた町を家を捨てて他の地に移るのを、喜んでする者はいない。

しかも、当時のギリシアでは最大の都市であったアテネの住民は、何万人という数にのぼる。この全員を、疎開させるのだ。身分や富の別なく、自由民も奴隷も、女・子供・老人の全員である。

疎開を、辞書は次のように説明している。

――敵襲などによる人的被害を最小限に留めるために行う処置――

テミストクレスは、危機管理内閣の首相の権限をフルに使って、強制疎開を実施したのだった。

それでも、可能なかぎりの配慮はしたのである。

一、事前に成された受け入れ国との協議によって、疎開した先での居住地域と住居の確保。

これによって確保された地は、サラミスやアエギーナの島に加え、ペロポネソス半島の東側にあるトロイゼン以下の小都市国家になった。

二、いまだ未成年の子供たちゆえに保証しなければならない、彼らのための学校《スコーラ》と体育訓練場《パレストラ》の国費による建設。

アテネの子供たちには不可欠なスコーラとパレストラまで疎開させるのだから、教師と体育指導員も疎開組に入れられたのはもちろんである。

この年十五歳だった、次の世代の大政治家ペリクレスも、疎開組の一人であったにちがいない。都市国家アテネの未成年とは、兵役の訓練が始まる十八歳にはいまだ達していない男子、であったのだから。

テミストクレスは、このときの強制疎開に、アテネ人の所有するありとあらゆる種類の船を動員した。彼指揮下の三段層ガレー船はもちろんのこと、商品を積んで近くの島に運ぶだけであった帆船も、そして、漁に用いていた小型の舟まで、海に浮ぶもののすべてを動員したのだった。私有船には、国費で運送料を支払った。その理由は、第一に、資力がとぼしく、それゆえに市内に留まるしかない人が出るのを防ぐこと。第二は、いつもどって来られるかわからないのが疎開先での生活だ。それを可能なかぎり快適に過ごさせるには、日常生活で使う細々とした品が欠かせない。それまで持って疎開してもらうには、船はいくつあっても足りなかった。小さな帆一つで船乗りも一人という小舟で運べるのは、一度に一家族でしかなかったとしても、である。

だが、それでも町を出るのに、躊躇《ちゅうちょ》する人はまだいた。危機管理内閣の首相であるテミストクレスでも、嫌がる人々までをロープで繋《つな》いで引きずり出すことまではできない。困っていた彼の耳に、女神アテナに捧《ささ》げられた神殿の祭司の言葉が入ってきた。

女神のお伴《とも》として神殿で飼われていた蛇がいたのだが、その蛇に毎日与えていたハチミツにひたしたパンが、ここ数日残されたままだ、というのである。

テミストクレスは、これに眼をつけた。早速祭司を呼び、退去躊躇組の市民たちを集めるからその前で、わたしの言うままをあなたの口から告げてくれ、と言ったのである。

躊躇組の市民たちを前にして、祭司は、テミストクレスに言われたことを告げた。女神の伴役の蛇が数日前からパンに口をつけていないということは、蛇はこのアテネにはもういないということになる。蛇が去ったのなら、常に蛇を伴っている女神もこのアテネから去ったと思うしかない、と。

これで、退去躊躇組も大幅に減ったのであった。

それでもなお、市内からの退去を断固拒否する男たちがいた。老齢者に多い百人足らずの市民だったが、彼らは昔からの伝承を引いては拒否しつづけていた。その伝承とは、都市アテネは「木」で守られているかぎり他国勢には侵略されない、というものである。この時期のアクロポリスには丸太の防衛柵《さく》がめぐっていたのだが、その中にこもって防衛するかぎりアテネは陥《お》ちないというのが、彼らの退去拒否の理由であった。

それにテミストクレスは、「木」というのは帆柱から何から木でできている三段層ガレー船のことだと反駁《はんばく》したのだが、頑固な老人たちには効かなかった。結局、この人々は捨て置くしかないと決まった。

いずれにしても、強制疎開作戦は、一ヵ月足らずという短期間を思えば驚くほどの完璧《かんぺき》さで実施されたのである。だが、テミストクレスには、解決を迫られていたもう一つの難問があった。

サラミスへ

それは、ペルシア軍侵攻を迎え撃つ目的で結成されていたギリシア都市国家連合が、テルモピュレー・アルテミシオン防衛線を突破された今、次はどこで迎え撃つかで意見が対立してしまったことである。

コリントは、中部ギリシアとペロポネソス半島を分つ狭い地峡の、イスミアで迎え撃つのが最上策だと主張する。また、ペロポネソス同盟の盟主でもあるスパルタも、イスミアでの迎撃に賛成していた。

しかし、こうなると、アテネは見捨てられることになる。また、ギリシア海軍には二十隻で参加しているメガラも見捨てられることでは同じだった。当然、テミストクレスは、イスミアでの迎撃には絶対反対だ。

アテネを代表してイスミアで開かれている会議に出席していたテミストクレスは、イスミアの線での迎撃では海軍が活用できないと、次の理由をあげて他の都市国家《ポリス》の代表たちの説得に努めた。

一、イスミアの近くは海域が広く、大型で船の数も多いペルシア海軍に有利に働く。

二、それがアテネ近海のサラミスの湾になれば、海域自体が狭く、ペルシア海軍の有利は不利に変わり、われわれの、小型だが重いために潮の流れに左右されることの少ない三段層ガレー船の活用に、より適した海戦の場になるのだ、と。

しかし、ペルシア側も船は戦闘員を運ぶためとしか考えていなかったが、ギリシア側でもこの当時は、その考えにはさしたる差はなかった。

なにしろ、海戦が戦役全体の決定打になったことなど、古代ではかつてなかったからである。サラミスの海戦が、その最初の例になるのだから。

それもあって、テミストクレスの説得に納得し、彼が主張するサラミス湾を戦場にするという戦略に同意した都市国家は少なかった。

テミストクレスは、脅迫という手段に訴える。アテネは、対ペルシアのギリシア連合軍から抜け、アテネの船すべてを使ってアテネ人の全員を南イタリアに移住させる、と言って脅したのだった。

イスミアでの会議に出席していたギリシアの都市国家の代表たちも、アテネを空っぽにした強制疎開は知っていた。しかも、それがあの短期間に、完璧に実行されたのも知っていたのである。このテミストクレスなら、南伊移住でもやりかねない、と。

それでもまだ、全都市国家の意見一致、にまでは至らなかった。

テミストクレスは、別の方策を使う。

彼には、息子たちの教育を一任していた家庭教師がいた。そのギリシア人は奴隷だったが、イオニア地方の生れでもあったのか、ペルシア語の達人でもあった。そのうえ、この人のためならば死んでもよいと言うほど、テミストクレスに心酔していた。この男を、テミストクレスは、ペルシア王のクセルクセスの許《もと》に送ることにしたのである。テミストクレスからの使者であると告げ、必ず王に直接に会ってペルシア語で、テミストクレスからの伝言を伝えるよう厳命して、送り出したのであった。

証拠を残さないために口頭で伝えよと言われた伝言とは、次のことであった。

——アテネは、ギリシア都市国家連合の意見の不一致に絶望し、ペルシア王との間に単独講和を結ぼうかと考えている——

家庭教師は、斬《き》られても仕方がないと覚悟していたのだが、ペルシア王の反応はまったくちがった。クセルクセスは、おおいなる興味で聴いた、と帰ってお前の主人に伝えよ、と言ったのである。

ペルシア王クセルクセスは、ギリシアの都市国家の中ではスパルタと並ぶ強国であるアテネが脱ければ、ギリシアへの侵攻は成功したも同然だ、と思ったのだ。スパルタに対しては、テルモピュレーで勝っている。海上でもアテネは、全ギリシア海軍の半ば以上の戦力だ。そのアテネが脱けるとすれば……。三十九歳のオリエントの貴公子の顔に、喜色が漂うようになったのも無理はなかった。

もどって来た家庭教師からすべてを聴いたテミストクレスは、しかし、ペルシア王相手の次の行動は起さなかった。それどころか、ペルシアとの単独講和の可能性を、明言はしなくてもわからせる言い方で、いまだイスミアの線での迎撃に固執している、都市国家の代表たちへの圧力に活用したのだった。

それでもなお、ギリシア連合海軍の派遣先を、イスミア前の海からサラミス湾に移すには、より一層のダメ押しが必要になる。

ちょうどその頃、アリステイデスが帰国していた。二年前にテミストクレスによって陶片追放されていたのだが、国家存亡の危機には誰であろうと必要だというテミストクレスの提言を入れた市民集会が、陶片追放者でも帰国を認めていたのである。

十年前のマラトンの会戦では、テミストクレスと並んで司令官の一人であったアリステイデスだ。帰国も、単に帰国したのではなく、ペルシア側の情勢を充分に見ての帰国であった。

そのアリステイデスがイスミアに着き、会議に出席中のテミストクレスを呼び出し、次のことを告げたのである。

帰国の途中に立ち寄ったアエギーナの島で、ファレロンの港に停泊中のペルシア海軍の別動隊が、サラミスとアエギーナの間の海を横切ってサラミスの西側に向っているのを見た、と告げたのだった。

これは明らかに、ペルシア海軍が、サラミス湾に停泊中のギリシア海軍を、東側と西側からはさみ撃ちにする作戦に出てきたことを示していた。

四十四歳のテミストクレスと五十歳になるアリスティデスは、ここ十年というもの、アテネ政界を二分するライヴァル同士として知られていた。だが今は、そのようなことに捕われているときではなかった。また、もともとからしてテミストクレスは、この種の感情に左右される性質でもない。それでこのときも、はさみ撃ちになるかもしれないというのに、嬉《うれ》しさを露《あら》わにしてアリスティデスに言った。

これは、われわれにとって朗報だ。

第一に、ペルシアが海戦に出てくることが明らかになったこと。

第二は、東側と西側を封鎖されては、サラミス湾に停泊中のギリシア海軍も、この湾内で決戦に訴えるしかなくなったこと。

だが、それをわたしの口から言ったのでは、他国の代表たちには信じてもらえない怖《おそ》れがある。だから、正義の人であるとの評判が高く、嘘《うそ》は言わないと人々が信じているあなたの口から彼らに告げたほうが効果があると思う、と。

都市国家の代表たちを前にして、アリスティデスは、自分自身の眼で見たことと、アエギーナの島民たちの証言も何もかも加えて、ペルシア海軍の動向に関するすべてを話した。

効果は抜群だった。ペルシアとギリシアの決戦の場は、サラミスの湾で一致したのである。

他に選択肢はなかった。両側を封鎖されてしまった以上は、その中で闘うしかない。テミストクレスは、背水の陣を布くことに成功したのであった。

海戦サラミス

紀元前四九〇年にギリシア攻略を企てたダリウスも、その十年後に父の遺志を継いでギリシアに侵攻中のクセルクセスも、ペルシアの王たちは、ギリシアが、独立志向の強い都市国家《ポリス》の集まりにすぎないことを知っていた。

また、四年に一度オリンピアに集まり、その期間だけは休戦にすると決めなければならないほど、都市国家の間で戦闘ばかりしている民族であるのも知っていた。

そのギリシア民族の気質を利用して分割、「土地と水」の要求を入れるか入れないかで分割する戦略も、相当な程度には成功していたのである。

小アジアの西側に位置するイオニア地方、そのイオニア地方にくっつくほどの近さの海上に浮ぶレスボス、キオス、サモスを始めとするエーゲ海の島々は、第一次ペルシア戦役当時からすでにペルシア王の支配下に入っている。

そのうえ、ヘレスポントスの狭い海峡を渡ったヨーロッパ側も、トラキア、マケドニアと、ギリシア人の住む世界の北部は、「土地と水」を受け入れたことによってペルシアの属国になっていた。

これに加えて、第二次のペルシア戦役が始まるや、広大なテッサリア地方も「土地と水」の要求に屈し、その南のボイオティア地方の強国テーベも、テルモピュレーではレオニダス指揮下のギリシア側で闘っていたのが最後の最後になって降伏したので、今ではペルシア軍の一部になっている。テルモピュレーを後にアテネを目指す行軍の先頭を切る任務を、ペルシア王クセルクセスは、臣下になったばかりのテーベの兵士たちにまかせていた。

ペルシア軍の南下は、順調に進んだ。テーベの離反によってアテネまで、ペルシア軍の前に立ちはだかるギリシア人はいなくなっていたのである。

順調な行軍に気を良くしたのか、それとも急に他者の宗教も尊重する気が起きたのか、でなければ、もはや眼前に見る想いのギリシア征服とその後の占領対策を考えてか、クセルクセスは、行軍の途中にある町々は遠慮なく略奪させておきながら、デルフォイだけは手をつけるな、と命じている。海軍にも、デロス島だけは温存せよ、と命じたクセルクセスだ。ギリシア人の信仰の集まる地というより、ギリシア人にとっては何かことが起ればただちに神託を乞《こ》いに出向くところ、であるデルフォイとデロス島には手をつけるな、と命じたのは、三十九歳のペルシア王の頭の中では早くも、征服成った後のギリシア支配が、既成のことになっていたのではないか。ペルシア王の支配下に入れば信仰の自由は認める、とでもいうメッセージを発することによって。

しかし、一見するだけならば寛容に見えるダリウスもクセルクセスも、アテネとスパルタだけは別と見ていた。第一次でも第二次の侵攻でも、その直前にペルシア王が発した「土地と水」の要求に、明確な拒否で答えたのがこの二国であったからだ。

アテネは、「土地と水」の要求を持参したペルシア王の使者を断って捨てたことで、スパルタは、要求を持って訪れた使者を、崖《がけ》から突き落して殺したことによって。この二国が強硬手段に訴えたのは、いずれの国内にも存在するペルシアとの和平派を、退《ひ》くにも退けないところにまで追いこむためであったのはもちろんである。

ペルシア王クセルクセスにとっては、この二国の態度は、父子二代にわたって、

「王たちの王」である自分たちへの宣戦の布告であった。ゆえに、アテネとスパルタだけは完全にたたきつぶしてやるとの彼の決意も、ペルシア人の考えに立ってみれば、当然至極の想いであったのだ。

三十九歳のペルシア王は、そのアテネを、今や手中にしているのである。父ダリウスが望んで果せなかったギリシアの中心アテネの攻略を、息子の彼が果そうとしているのであった。

だが、彼が入城したアテネは、無人の街だった。人の姿がなかっただけでなく、猫も犬もいなかったという。テミストクレスの命じた強制疎開とは、イヌ・ネコまでが同行した疎開であったようである。

アクロポリスの丘の上には、木の柵に囲まれた中で気勢をあげている一群の男たちがいたが、ペルシアの騎馬隊によって全員が殺されたことで、早々に一掃された。

クセルクセスは、アクロポリスの上に立つ、アテネの守護神アテナに捧げられた神殿を始めとするすべての神殿に、火を点《つ》けるよう命じた。相手がアテネでは、他者の信仰の尊重などは忘れたのだろう。

アクロポリスの丘全体が炎上する様子は、サラミスの湾内に停泊中のギリシア船からも見えた。ギリシア海軍の半ば以上を占めるアテネの船では、重装歩兵も漕《こ》ぎ手も、甲板に立ちつくしてそれを見つめていた。サラミス港の近くにあるギリシア海軍の本営でも、テミストクレス以下の司令官たち全員が、炎上するアクロポリスを見つめたままだったのである。

「背水の陣」を、辞書は、「退く余地のない絶体絶命の立場で闘うこと」と説明している。味方までも追いこむことに成功してこそ、この戦略は効力を発揮できる。テミストクレスの考えた「背水の陣」は、これで完璧になった。残るはただ一つ、それをどのように具体化していくか、であった。

アテネ市内を占拠したペルシア王が命じたのは、アクロポリスの炎上だけではなかった。市街の各所にも、火を点けさせたのだ。まるで、アテネの街全体が燃えあがったようだった。おかげで、アテネ入城は果したものの、ペルシア王には、休める場所も眠る場所もなくなってしまう。ペルシア海軍が集結している港町のファレロンに、仮宮殿を置くしかなかった。

そのファレロンで、王臨席の作戦会議も開かれる。陸海両軍の司令官の全員が召集されていた。サラミス島の西岸にエジプト海軍を派遣して、そことファレロンの二手でギリシア海軍をサラミス湾内に封鎖状態にするという作戦は、すでに進行していた。だが、それはイコール、サラミス湾にいるギリシア海軍との間で戦端を切る、ということではなかったのである。

陸軍のほうに、このまま陸上をイスミアまで軍を進め、そこでギリシア陸上軍を撃破するほうを優先すべき、と考える人が多かった。彼ら混じり気なしのペルシア人にとっては、海上戦力はあくまでも、陸上軍への補給任務、でしかなかったのである。つまり、海上を決戦の場にするという考え自体が、彼らにはなかったのだった。

陸将以外の海軍の司令官の中にも、陸上戦優先の戦略を主張する者がいた。小アジアの西南に位置するカリア王国の王妃アルテミシアで、夫の死後は残された息子の摂政役として、カリアからの船団を率いて参戦していた女人である。生れはクレタ島というから、この人もまた、ペルシア側で闘うギリシア人の一人であった。

彼女が、アテネが主力のギリシア海軍を相手にしての海戦に、反対を表明したのである。だが、どうやら確とした理由をあげての説得力ある反対論ではなかったようで、すでに大勢が海戦に傾いていたペルシア側の司令官たちの中では、少数意見の一つでしかなかった。

こうなると、王クセルクセスの指導力しだいになる。だが、このオリエントの貴公子は、前にも述べたように、絶対専制の国のトップにしては、笑わずにはいられないくらいに民主的で、作戦会議では常に、全員に平等に意見を述べさせる。このときもそれで、出席者中唯一《ゆいいつ》の女であるアルテミシアには丁重に礼は述べはしたものの、最後は多数決で決めたのである。つまり、決戦の場は海上、と決まったのであった。

三十九歳のオリエントの貴公子は、テルモピュレーで勝ったのだからサラミスでも勝てる、と確信していたのだろう。

なにしろ、船の数でも二倍以上。しかもそのペルシア海軍の主力は、いずれも大型船のフェニキアからの三百隻。

それに、もしかしたら、単独講和を匂《にお》わせてきたテミストクレスが指揮するアテネ海軍が、積極的に向って来ないかもしれないではないか。アテネ無しのギリシア海軍ならば、壊滅も容易だとの想いも、クセルクセスにはあったのかもしれなかった。

サラミスの海戦の前夜のクセルクセスが海戦の勝利を確信していたとの推測の根拠とは、次の二点にある。

第一は、ペルシア海軍の総指揮を、若い王弟にまかせたこと。

第二は、海戦の場を一望のもとに見降ろすことのできる崖の上に、黄金製の玉座を運ぶよう命じ、そこで家臣や陸将らとともに観戦すると公表したことである。

表向きの理由は、王が見降ろす戦場で各自存分に闘ってもらいたい、にあったが、本音はちがった。父が果せなかったギリシア征服が成功しつつある今、その最後を飾る輝かしい戦果を自分の眼で見たい、にあったのだった。この年の遠征には、首都に残した長男以外の息子の全員も連れて来ていたので、崖の上から観戦する王の左右には、王子たちの姿もあったのである。

一方、そのファレロンからは西に、直線距離にして十キロと離れていないサラミスの湾では、民主政の国のリーダーのはずのテミストクレスにしてははなはだ非民主的に、つまり誰の意見も聴かずに、命令を与えてまわっていた。

まず、何かと言えばアテネにたて突くコリントの四十隻には、湾を西にまわって、そこに送られてきているエジプトの百隻に対決する任務が与えられる。

これは決して、やっかい払いではなかった。サラミス湾の東部で敵本隊と対決すること確実なテミストクレス指揮下のアテネ軍が、背後からの敵を心配せずに闘うには不可欠な、重要きわまる任務なのである。その意味を、コリントの四十隻を率いて二倍以上の敵に対する重責を与えられた、司令官のアディマントスが誰よりも理解していた。

海戦が戦争全体の行方を決したということでは歴史上最初の例になる「サラミスの海戦」だが、これに参加したペルシア側ギリシア側双方の戦力を、古今にわたって歴史家たちはさまざまに推測している。

まず、同時代人としてもよいヘロドトスから。

『歴史《ヒストリアイ》』の著者ヘロドトスは、ペルシア側の船の総数を、一二〇七隻とした。

そのうち主力は、フェニキアからの三〇〇隻。エジプトからの二〇〇隻。イオニア地方やエーゲ海の島々にクレタ島までも加えた、ペルシア支配下にあるギリシア人の乗った船が、すべて合わせて五〇〇隻。

一方、ギリシア側の船の総数を、ヘロドトスは、三八〇隻としている。参戦する船の数だけ見ても、主力は、カルキデア地方からの避難民の乗船用にとアテネが提供した二〇隻まで指揮下に入れているアテネの二〇〇隻が、断じて群を抜いている。

そのアテネにつづくのは、コリントの四〇隻、アエギーナの三〇隻、メガラの二〇隻、スパルタの一六隻。

これ以外の十三もの都市国家提供の船は、一〇隻から一隻までと種々さまざま。それ以外にも、ペルシア海軍から逃げ出してギリシア側にもどって来た、ナクソスやメロスやレムノスからの計六隻も加わる。

もちろんこの数は、軍用に適した三段層ガレー船のみの数である。ペルシア側に多かった、運送用の帆船はふくまれていない。

つまり、ヘロドトスによれば、「サラミスの海戦《バトル》」は、一二〇七隻のペルシア海軍と、三八〇隻のギリシア海軍が激突した、海上での戦闘なのであった。

ヘロドトスのあげたこの数に、後代の研究者たちは同意しない。テッサロニケからエーゲ海を南下中に出会った嵐による沈没船が勘定に入っておらず、アルテミシオン岬前の海戦時の損失も数えていない、と言うのだ。

それで、彼らによれば、サラミスの海戦当時のペルシア側の船の総計は九〇〇隻前後、というのが推定数になる。

ギリシア側もアルテミシオンでの損失を勘定に入れれば、サラミスで参戦した船の数の総計は三七五隻、だとする。

おそらく、後代の歴史家たちのあげるこちらの数のほうが、現実に近かったろう。とくに嵐で打撃を受けたのにはエジプト船が多かったから、当初のエジプトからの参加数の二〇〇は、サラミスでは半減していた可能性は高かった。

また、量で圧倒する想いの強いペルシア人には、常に大げさな数を発表するクセがあるのだ。そしてヘロドトスには、それを信じてしまう場合が少なくなかった。

いずれにしても、紀元前四八〇年の秋に闘われる史上有名な「サラミスの海戦」は、ペルシア帝国の九〇〇隻と、四〇〇隻足らずの戦力しか持たないギリシア都市国家連合の間で、展開されることになるのである。

テミストクレスが考えねばならなかったのは、この、厳しくも不利な現実を、どうやれば勝利に結びつけることができるか、であった。

帰国したアリスティデスからの情報で、テミストクレスはすでに、エジプトの一〇〇隻が西からの封鎖に送られていることは知っていた。

また、偵察に出していた兵士からの報告で、ファレロンの港に集結中のペルシア海軍が、フェニキアの三〇〇隻を主力にする左翼と、ペルシアの支配下にあるギリシア船を中心にした右翼に、編成されつつあるのも知っていたのである。

エジプト海軍相手には、コリントの四〇隻を送り出していた。残る三三五隻で、八〇〇隻に当らねばならない。しかも、当るだけでは済まず、勝たねばならないのである。

テミストクレスは、三三五隻を、右翼と左翼に二分すると決めた。

戦場での慣いによって「右翼」「左翼」と分けても、常の戦場ならば右翼は敵の左翼と当るが、テミストクレスの頭脳は既成の枠にはまらない。彼がサラミスの海戦のために考えた戦略では、右翼は敵の右翼と、左翼は敵の左翼と、当るようになっていたからである。

一三五隻から成るギリシア海軍の「右翼」は、公式には総司令官の地位にある、スパルタ人のエウリビアデスが率いる。だが、海に不慣れなスパルタ人であるうえに、スパルタの船は一六隻でしかない。この右翼の真の指揮は、三〇隻で参戦しているアエギーナの司令官がとることになる。

この人事に、スパルタ側も異は唱えなかった。海には不慣れでも、スパルタの男は、全員がイコール「戦士」なのだ。戦場での成果が指揮する者の能力にかかっていることは、完璧に理解している男たちであった。

ギリシア海軍の「左翼」は、重装歩兵から漕ぎ手に至るまでの全員がアテネ市民で占められている一八〇隻に、難民の志願兵を乗せたアテネ船二〇隻を加えた計二〇〇隻が主力の、言ってみれば混じり気なしのアテネ海軍。指揮はもちろんのこと、テミストクレスがとる。

ギリシア海軍の実質上の最高司令官でもあるテミストクレスの考えでは、右翼が敵のイオニア勢と闘っている間に、彼指揮の二〇〇隻がフェニキアの三〇〇隻を囲いこむことにあった。ゆえにギリシア海軍では、この「左翼」が、最も複雑でかつ大胆な動きを求められることになる。

つまり、四十四歳のアテネの男は、自軍の主力を、敵軍の主力にぶつけることを考えていたのだ。

ペルシア海軍と言えば、フェニキア海軍のことを指すのは、地中海世界の常識であった。

そのフェニキアの三〇〇隻を、ペルシア王の見ている前で壊滅してみせる。クセルクセスへのインパクトとしては、このほうが断じて強烈なはずであった。

テミストクレスの考えた戦略は、だから、スパルタとアエギーナにまかせた「右翼」が、たとえ敵のイオニア勢の多くをとり逃がすことになったとしても、それはそれで良し、であったのだ。

しかし、彼が率いる「左翼」は、敵のフェニキア海軍に、絶対に逃げ道を与えてはならない。勝利は、圧倒的、でなければならなかった。一ヵ月前のアルテミシオン岬前の海戦のように、勝ったとも負けたとも言えない、では、テミストクレスの考えでは、侵攻してきたペルシア軍を、真の意味で迎え撃ったことにはならなかったのである。

そのためには、ありとあらゆる策がとられた。

帰国したばかりのアリステイデスにも、重要な任務が与えられた。

サラミス島とアテネのある本土との間に、プシタリアという名の小島がある。この小さな、常には近海漁の漁師しか立ち寄らない小島が、テミストクレスの戦略では重要な役割をもっていた。

ペルシア海軍の左翼と右翼が、この島の両わきを通って、狭いサラミスの湾内に入って来てくれないかぎり、テミストクレスの立てた戦略は無に帰すからである。しかもこの島は、ファレロンに集結して以来、ペルシア兵が上陸して占拠していた。

アリステイデスに与えられた任務は、重装歩兵の一隊を引き連れて、この小島からペルシア兵を一掃することである。この作戦には、心理面での効用も見こまれていた。小島がギリシア側に奪還されたと知ったペルシアが、この損失を挽回《ばんかい》しようと、小島の両わきを通ってサラミス湾に入ってくると見ての策略であったのだ。つまり、小島の奪還作戦は、ペルシア海軍をサラミス湾に誘いこむ策略でもあったのだ。

そしてこれは、おかしなくらいに成功してしまうことになる。

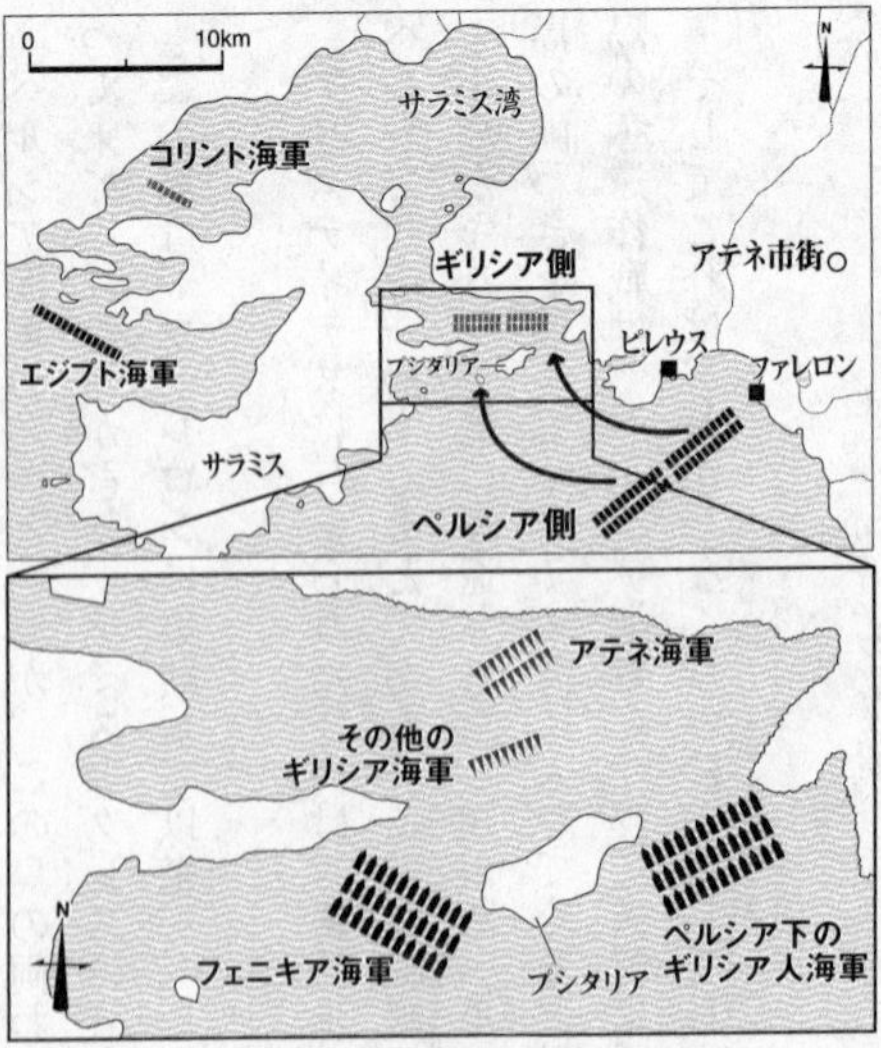

サラミスの海戦、始まる

紀元前四八〇年九月二十三日、昇りつつある朝日を右後方から浴びながらファレロンを後にしたペルシア海軍の八〇〇隻《せき》は、右翼と左翼に分れて、プシタリアの小島の東側と西側から、サラミスの湾に向けて北上を始めた。船数が多いので、右翼・左翼ともが三列縦隊になっている。

ギリシア海軍も、サラミスの港を後にする。こちらのほうは二列縦隊で、右翼が先行し、左翼はその後につづく陣形になっていた。

おそらくペルシア側は、小島を通り越したところで、戦端が切って落とされると思っていたにちがいない。

ところが、先行していたギリシア海軍の右翼は、そこで向き直ってペルシア海軍を迎え撃つどころか、接近してくるペルシアの右翼に船腹を見せたまま左前方に舵《かじ》を切り、そのまま湾の奥に向って進んで行ったのだ。

それを見たペルシア側の右翼は、逃げるとでも思ったのか、その後を追う。アエギーナの船が先頭に立つギリシア側の右翼の一三五隻が、右の方角にまわり始めたのには気がつかないようであった。

アテネの二〇〇隻で固めたギリシア海軍の左翼の先頭を切るガレー船には、テミストクレスが乗船していたのはまちがいない。なぜなら、二列縦隊で後からつづく船の全船は、総司令官の乗った船、つまり「旗艦」、を見ながら進むからである。

このギリシア海軍の左翼も、初めのうちは先を行く友軍の右翼と同じに、右後方から接近してくるフェニキア海軍に船腹を見せながら左に舵を切る。だがその後は、右翼よりは複雑な動きに入った。

右にまわりつつあった右翼とはちがって、テミストクレス指揮の左翼も、サラミス湾の奥に敵を誘いこむまでは同じだったが、彼らの行動のむずかしさはその後にくる。来た道をほとんどUターンでもするかのように大きく左にまわりながら、誘いこまれた敵を今度は囲んでいく戦術を、一糸乱れずに進めねばならなかったからであった。

アテネの下層市民から成る船乗りたちは、テミストクレスが与えたこの困難な任務を見事なまでに果す。

戦場では帆はすべて降ろされ櫂《かい》を漕ぐだけで敵船に接近し、そのまま敵の船腹に激突するか、それとも敵味方双方の船の櫂がかみ合うまで近づいた後は櫂を捨てて剣や槍《やり》に持ち代え、敵船に突入していくかが、海上での戦闘になる。

敵味方が離れて闘う海戦は、大砲が活用されるようになるトラファルガーの海戦以降の話で、それ以前は長年にわたって海戦とは、戦場が海の上というちがいがあるだけの、陸上の戦闘《バトル》と変わらない白兵戦なのであった。

船同士の激突なのだから、テミストクレス考案のアテネ船の特色が生きてくる。

テミストクレスが作らせたアテネの三段層ガレー船は、フェニキア船に比べれば小型だったが、重量があった。重い船は、操縦がむずかしい。テミストクレスは、この年までの数年の間に、重い船に適した操縦法も仕込んでいたのである。アテネ人はもともと船に慣れていたから、上達も早かった。

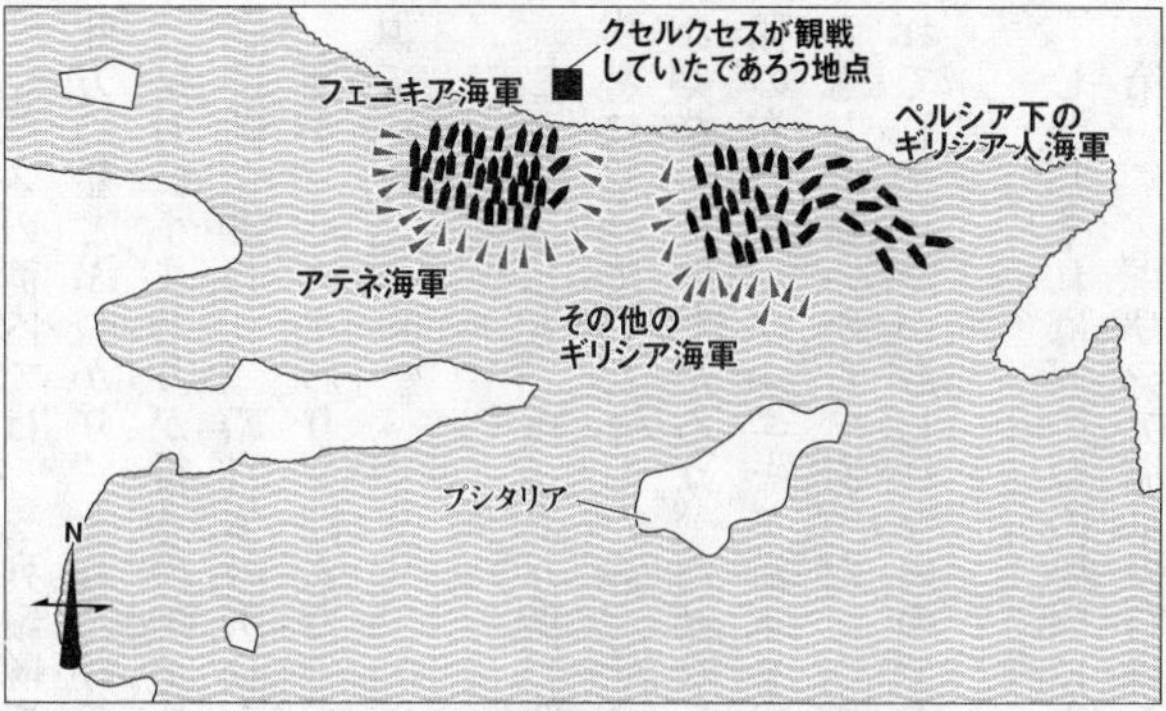

サラミスの海戦、最終段階

こうして、アテネの二〇〇隻によるフェニキアの三〇〇隻の、サラミス湾奥深くへの誘導作戦がまず成功する。それが成ったと見るや、テミストクレスからの次の作戦開始を告げる信号が発せられた。

この重い船を全力で漕ぎながら、大型のフェニキア船の船腹目がけて激突させよ、という信号だ。重く大きい鉄の玉を、力いっぱい振りあげたうえでぶつけるようなものであった。フェニキア船は大型だけに、的《まと》への命中率も高かったのである。

フェニキアの三〇〇隻は、パニックに陥った。東地中海を舞台にする彼らの船は、もともとからして小まわりが得意ではない。そのうえここサラミスの湾内では、三列縦隊を組んでいる。敵船に激突されなくても、後から来た味方の船とぶつかり、それだけで沈んでしまう船も多くなった。

反対に小まわりが得意のアテネ船は、動きがとれなくなってしまった敵船の間を自在に動きまわり、船自体の重量を活《い》かして次々と激突をくり返す。丸々と肥《ふと》った牛の一団が、そのまわりを囲んだ狼《おおかみ》の群れによって、次々と血祭りにあげられていくのに似ていた。

ここでもしも、百三十五隻で敵の五百隻に当たらされているギリシア海軍の右翼が劣勢に陥っていたとしたら、テミストクレスの立てた戦略・戦術は、効力を発揮できなくなっていただろう。なぜなら、ギリシア側の右翼による包囲網を破ったペルシア側の右翼が、フェニキア海軍を包囲中のアテネの二百隻のその外側を、さらに囲んだかもしれないからであった。つまり、包囲していたアテネ海軍が、一転して、包囲されてしまったかもしれないのである。

しかしそれは、二つの要因によって起らなかった。

第一に、ギリシア海軍の右翼を率いるのは名目上の総司令官であるスパルタの将軍だが、実際に率いていたのはアエギーナから参戦している三十隻であったこと。さすが、アテネがのし上ってくるまでは、ギリシアの都市国家の中で、海に出せる三段層ガレー船の数ではコリントと並ぶ海運国の実績を誇っていた、アエギーナだけのことはあった。三十隻でありながら、彼らの奮闘ぶりはめざましかった。敵側の一隻たりとも、ノエニキア海軍相手に闘っている、アテネ海軍の背後にすら近づけさせなかったのだから。

要因の第二は、このギリシア海軍の右翼が相手にしているのはペルシア海軍の右翼だったが、その実態はギリシア船であり、闘う相手もギリシア人であったことである。第一次ペルシア戦役によってペルシア王の支配に屈した、イオニア地方やギリシア北部やエーゲ海の島々という、もともとからしてギリシア人が開拓した地方に住む人々であった。これらギリシア人がペルシア王の支配に屈していた歳月も、第一次ペルシア戦役からだから、十年間にすぎない。

そして、これら十年前の同胞たちに送られたテミストクレスの進言、寝返るのが無理ならば戦場でのサボタージュも有りですよ、という、普通に考えればフラチな進言が発せられ、それを彼らが読んだのは、テルモピュレーでの結果が判明した後だから、わずか一ヵ月前のことである。

五百隻で百三十五隻に対しながら、結局は勝てず、壊滅されつつあるフェニキアの三百隻を見捨てて逃げ出したのにも、同じギリシア人同士ではないかという、ためらいと言うか、戸惑いと言うか、その種の感情が、彼らの手を、彼らの足を、そして何よりも彼らの心を、前に進ませなかったのではないかと思う。

いずれにしても、「サラミスの海戦」の主戦場は、ためらいも戸惑いもいっさい感じなかった、アテネの二百隻とフェニキアの三百隻が激突した海上であった。

これらすべては、崖の上から観戦するクセルクセスの眼前で展開したのである。おそらく、王を始めとするペルシア帝国の重臣たちが座を占めていたこの崖の上が、観戦には絶好の席であったろう。眼下ではフェニキア海軍とアテネ海軍の死闘がくり広げられ、左の方角に少し離れた海上では、ペルシア側とギリシア側双方の、右翼同士の激闘が展開していたのだから。

ペルシア王クセルクセスが、この状況を、どのような様子で見ていたかを記した史料は遺《のこ》っていない。だが、怒りを爆発させた、と書いた史料もない。三十九歳のオリエントの貴公子は生れて初めて、怒りを爆発させるよりもなお性質《たち》の悪い、絶望の想《おも》いを味わっていたのではないかと想像する。最も期待していたフェニキア海軍が、彼の眼前で壊滅してしまったのであった。

史上有名な「サラミスの海戦」の結果だが、歴史家たちは次のように推測している。

ペルシア側
沈没したり炎上した船の総数——三〇〇から四〇〇隻。
ギリシア側
沈没したり、損傷がひどく友船に引かれて帰港できた船の総数——四〇隻。
戦死者や負傷者の総数は、ペルシア側・ギリシア側とも不明。
そして、司令官クラスの犠牲者でも、明暗ははっきりと分れた。ギリシア側では全員が無事に闘い抜いたのに対し、ペルシア側では、総司令官の重責を託され、フェニキアの旗艦に乗っていた王の実弟が戦死していた。三十九歳のペルシア王は、若い弟の死まで、眼前で見せつけられたのであった。

紀元前四八〇年九月二十三日に行われた「サラミスの海戦」は、ギリシア側の圧勝で終ったのである。

持てる力では劣勢でも、持てる力の活用では優れていた側が勝った、戦闘《バトル》でもあった。

戦い済んで両軍とも、それぞれの基地にもどった。ペルシア側はファレロンの港に、ギリシア側はサラミス島の港に。

当然ながら、帰還した人々の表情には、天と地ほどの差があった。

ファレロンでは、崖上の観戦からもどって来た王クセルクセスを前に、司令官の全員が無言のまま。

一方、サラミスでは、これまでのさまざまな確執も忘れて抱き合い、中には感動のあまりに涙を流す者までいた。

兵士たちは、もっと率直だった。サラミスでは歓喜の叫びが巻き起ったのに対し、ファレロンでは、各天幕の前で燃えるたいまつの火までが、その夜は元気がなかった。

しかし、サラミスでは、テミストクレスの命令に従って、臨戦態勢は解かれなかった。

十キロしか離れていないファレロンには、いまだ敵の戦力の半ば以上が残っているのである。つまり、ギリシア海軍の現有戦力と同程度の船が、いまだ健在ということだ。その気になりさえすれば、翌朝にも雪辱戦を挑んでこられる戦力である。

事実上の総司令官であるアテネ人のテミストクレスは、これまでと変わらずに敵情を探る偵察兵を出しつづけ、港内に錨《いかり》を降ろしている全船には、敵軍が攻めて来ようものならただちに迎撃に打って出られるよう、そのための準備は怠ってはならないと命じたのである。これに、名目上の総司令官であるスパルタ人のエウリビアデスも、別動隊を指揮してエジプト海軍に壊滅的な打撃を与えた後でもどってきた、コリント人のアディマントスも同意した。

だが、ファレロンでは、雪辱を期す、どころの空気ではなかった。

主戦力と期待されていたフェニキア海軍が、全滅してしまったのだ。

そのうえ、ペルシア王の代理の格で海軍の総指揮を託されていた、王の弟までが戦場で死んでいる。

ギリシア側の右翼の猛攻を受けながらも逃げるのに成功したペルシア側の船の多くは、ペルシア王支配下のギリシア人が乗っていた船で、クセルクセスには信用しきれない。

雪辱戦に訴えるどころではは、なくなっていたのである。

予想もしなかった事態に直面させられたペルシア王のほんとうの想いは、こんなギリシアからは一日も早く去ってしまいたい、にあったにちがいない。季節も、戦闘には不向きな冬が近づいていた。

だが、「王たちの王」である彼に、尻尾《しっぽ》を巻いて逃げ出すようなまねは許されなかった。

その、言いたくても口に出せないでいるクセルクセスに向って、重臣の一人であるマルドニウスが、あることを提案したのである。

海戦では敗北した。しかし、陸上の戦力ならばいまだ健在だ。それを、わたしにまかせてくれ。ペルシアの支配下にあるテッサリア地方で冬越しをさせた後の翌年早々に、今度はわれらが得意とする陸上の戦闘によって雪辱を晴らす、と申し出たのである。

三十九歳のオリエントの貴公子は、これにとびついた。マルドニウスが求めるままに、ペルシア陸軍の誇りである騎兵の全員を、残していくことも承知した。王の行くところどこへなりと従うのが習いの、「不死身の男たち《インモルターリ》」と呼ばれる一万人の近衛《このえ》軍団も残していくと決める。この騎兵と重装歩兵に加え、二十万近い数の軽装歩兵も、マルドニウスに託すことにしたのであった。非戦闘員までふくめれば、三十万を超える大軍である。

そしてもう一人、暗い顔つきのクセルクセスをなぐさめるかのように、あることを申し出た人がいた。

司令官たちの中のただ一人の女で、カリア王の未亡人のアルテミシアである。サラミスでは彼女もペルシア側の右翼で闘っていたのだが、敗色濃いと見るや、自分の船の帆柱の上にひるがえっていたカリアの旗をアテネの旗に変えて、戦場からの脱出に成功していたのだった。

彼女が申し出たのは、王子たちは自分が責任をもって船でエフェソスまで送り届けるから、クセルクセスのほうは心置きなく陸路を北上し、ヘレスポントスの海峡を渡ってアジア側にもどることにしてはどうか、と推《すす》めたのである。

これにも、ペルシア王はとびついた。

撤退するとは見えない形で撤退するには、なるべく身軽でいたほうがよい。また、身軽のほうが、退路も稼げる。

それに、クセルクセスもペルシア人だ。ペルシア人は、陸地に足がついていないと不安になってしまう民族なのである。

黄金製の玉座から豪華な身のまわりの品から何もかも、旅路の足手まといになりそうなものはすべて、船に積んでアジア側に運ぶよう命じた。この要求に応じた船、その多くはイオニア地方やエーゲ海の島々から参戦していたギリシア船だったが、それらの船には快く、この任務を果たした後の自国への帰還を認めたほどである。三十九歳のペルシア王の胸の内は、何であろうと一日も早くアジア側に帰り着きたい、の想いで占められていたのだろう。

しかし、事実上とはいえこのペルシア海軍の解散によって、クセルクセスは重大な誤りを冒すことになる。

マルドニウスが率いて翌年に雪辱を期すつもりでいるペルシアの陸上軍を、海上軍による補給無しの状態で残していくことになってしまったからである。

「兵站《へいたん》」(ロジスティクス)とは、食糧にかぎらず、戦いには欠くことの許されない武器から武装から何もかもの、補給と輸送とそれらを安全に実施できるシステム、のことである。

この三百年後には無敵の名声をほしいままにするのはローマ帝国の軍団だが、「ローマ軍は兵站で勝つ」と言われたくらいであった。優れた武将として知られた人に、兵站を重要視しなかった人はいない。兵站を無視していては、戦闘にも勝てない。現地調達に頼り兵士たちの精神力だけに頼っていては、総合的な力の結集でもある戦争には勝てないのだ。

一国のリーダーは、その国の最高司令官である。クセルクセスにはその地位を占める資格がなく、兵站への配慮を王に求めもしなかったマルドニウスには、勝利への執念が欠けていた、とするしかなかった。

勝利への執念ならば充分すぎるくらいにあったのは、テミストクレスのほうである。どうやらペルシア海軍は事実上解散したことを、送りこんでいた偵察兵の報告で知ったギリシア海軍の首脳陣は、サラミスの本営内で、次の行動について討議していた。

その席で、テミストクレスは提案した。

使える船を率いてただちにエーゲ海を北上し、ペルシア側がヘレスポントスの海峡を渡るためにかけた舟橋をつないでいるロープを二本とも切り、ペルシア王の帰途を遮断することを提案したのである。

これに、スパルタを代表してサラミスの海戦に参加していた、エウリビアデスが反対した。

そのようなことを断行しては、ペルシア王を絶望させるだけだ。絶望した王は残してきたマルドニウスと合流し、ギリシアの地に留まらざるをえなくなったペルシアの陸上軍は、それこそ絶望的な想いでわれわれに戦いを挑んでくるにちがいない。クセルクセスは、アジア側に帰してしまったほうが、ギリシア側にとっては適策だ、と言って反対したのである。

会議に出席していた参戦国の代表たちの眼は、いっせいにテミストクレスにそそがれた。

この一年は、ギリシアにとっては激動で過ぎた一年であった。イスミアでの反ペルシアのギリシア都市国家連合の結成から始まり、同時期に闘われたテルモピュレーの激闘とアルテミシオン岬前の海戦。そのわずか一ヵ月後のサラミスの海戦。

すべてはテミストクレスが考え、その戦略に、公式には最高司令官のエウリビアデスもふくめた参加都市国家の代表の全員が賛同し、その結果がサラミスでの圧勝だ。この戦果の最大の功労者がテミストクレスであるのは、口には出さなくても、全員が認めていたことであった。

そのテミストクレスが、初めて反駁《はんばく》されたのである。勝利の最大の功労者が、初めて向けられた反論にどう対応するのか。誰もが、好奇心をそそられたのだった。

四十四歳のアテネ男は、数秒の間沈黙していたが、はっきりと言った。

エウリビアデスの意見のほうが適切だと、わたしも思う。

ロープ切断のための北上行は中止になった。だが、テミストクレスは、タダで退《ひ》く男ではない。サラミスの海戦時に捕虜になった一人に、あの戦場で討ち死にした王弟につきそっていた従者がいたのを思い出したのである。

連れて来させたそのペルシア人に、テミストクレスは一通の手紙を渡し、釈放するから王のもとに行き、これを手ずから渡すよう命じたのである。手紙には、次のように書かれてあった。

――ギリシア海軍の司令官の間では、この機に海軍を率いて北上し、ヘレスポントスに渡された舟橋をつなぐロープを切断するという意見が、支配的になりつつある。

わがアテネはそれに同意してはいないが、結果がどう出るか予測がつかないことだけは伝えておく。――

オリエントの貴公子は、テミストクレスが仕かけた罠《わな》に、またもはまってしまったのである。

もう、「王たちの王」の体面を保つ余裕すらもなくなった。

テッサリアまではマルドニウス率いるペルシア陸軍に守られての北上だったが、その地で冬越しをするマルドニウスと別れた後は、護衛に必要な最小限度の部隊に守られただけで、一目散という感じでマケドニア、トラキアとギリシアの北部を横断し、ヘレスポントスまでたどり着いたのである。

もちろん、大帝国ペルシアの王であるだけに、撤退行には万単位の兵士が従っていた。だが、クセルクセスはその彼らに、後からつづけと命じただけで、彼自身は馬に鞭《むち》をくれつづけたのである。ファレロンからそこまで来るのに、四十五日しかかからなかったという。大帝国のトップにしては、「一目散」と言うしかなかった。

舟を横に並べてその間を強力なロープでつないで作る舟橋が、二本とも無事であるのを眼にしたときは、ほっとしたことだろう。だが、安堵《あんど》を味わっている暇はなかった。それを渡ってアジア側に入り、今度は小アジアの西部を南下してサルディスにたどり着いて、ようやく心の底から安心できたのである。
広大な帝国の最北西部にあるペルシア都市のサルディスへの帰還は、十二月に入ってからであったという。三十九歳のペルシア王にとって、不安にさいなまれながらの撤退行は、二ヵ月後にようやく終わったのであった。

この間、テミストクレスのほうは、不安にはさいなまれなくても、精神的にも物理的にも余裕などはないということならば、まったく同じ状態にあった。
「ストラテゴス・アウトクラトール」、つまり「危機管理内閣の首相」の地位にある間にやりとげておかねばならないことが山積していたのである。一年間という任期が切れる日は、すぐそこに迫っていた。

まず第一に、アテネの要人たちとともに、ペルシア軍が去った後のアテネを視察してまわった。焦土と化したアテネの市街に、疎開《そかい》している人々を帰すことはできなかった。

それに、ペルシア軍のアテネからの退去は、「ひとまずは」であると考えるしかなかったのである。ペルシア軍は、去ったとは言っても、中部ギリシアの北半分を占める、テッサリア地方で冬営中なのだ。

そのテッサリア地方と、アテネのあるアッティカ地方は、直接には境を接していない。だが、テッサリアとアッティカの間にあるボイオティア地方の強国テーベは、テルモピュレー以後はペルシア側についている。

アテネには、いつ、テーベ軍が先導するペルシアの軍勢がなだれこんでくるかわからないのだった。このアテネに、疎開させている一般市民を、帰すわけにはいかなかったのである。

強制疎開は、その後もつづけることが決まった。

また、現状がこれでは、都市国家アテネの首都機能も、サラミス島に疎開したままでつづけるしかない。都市国家アテネの最高決定機関である市民集会も、サラミスで開かれるのである。

そのうえ、絶対に今年中に決定しておかねばならない重要課題が、さらに二つもあった。

その第一は、翌・前四七九年にギリシア側は、どのような戦略で臨むか、である。

テミストクレスは、サラミスの海戦が、〝決定打〟になったことは確信していた。だが、マルドニウス率いるペルシアの二十万が、いまだギリシア本土に留まったままだ。

次の年を決するのは、このペルシア軍との間で闘われる陸上での戦闘になる。それこそが、侵攻してきたペルシア軍への迎撃の〝ダメ押し〟になると、確信していたのではないか。

このことを討議し決定するのが、再びイスミアの地峡に集まった、二十以上にもなるギリシアの都市国家の代表たちに課されたのだった。

この年のギリシアにとっては幸いなことに、テミストクレスの考えた戦略に、出席していた全員が賛同した。陸上での決戦以外に、これもテミストクレスが提案したにちがいない、と想像するのはこのように大胆不敵な戦略は彼しか考えつかないからだが、勝利で士気とみに上がっている海軍を使ってエーゲ海を一気に横断し、ミカーレ岬を突くという案にも、全員が賛同したのである。

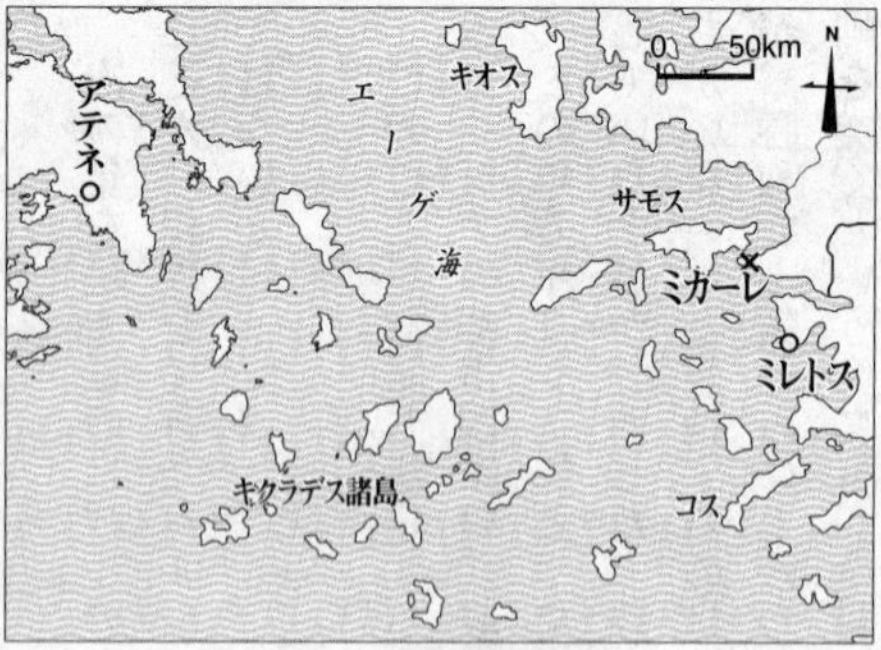

エーゲ海周辺

ミカーレの岬は、サモス島に近接している。このミカーレの攻略にギリシア側が成功すれば、ペルシア海軍が常にギリシアへの攻勢に出る際の集結港にしていた、サモス島そのものも奪還できることになるのである。

これが成功すれば、エーゲ海からペルシア人を一掃するのも、現実になるのだった。

やはり、圧勝した後の会議は、課題の討議もスムーズに進む。

それに、前四八〇年末の会議では前四八〇年始めの会議とちがって、もはやどの都市国家も、イスミアの狭い地峡でペルシア軍を迎え撃つ、とは言わなくなっていた。

ということは、スパルタやコリントのように、イスミアから始まるペロポネソス半島内にある都市国家でも、イスミアでの線での防衛に兵力の主力を投入する必要がなくなった、ということである。

テルモピュレーには三百しか送らなかったスパルタが、まず、五千を送ると決めた。テルモピュレーには一兵も出さなかったコリントも、五千の出兵を決める。そして、海上戦力に全兵力を投入したためにテルモピュレーには兵を送る余裕はなかったアテネも、重装歩兵八千の出兵を決めたのである。来年こそが〝ダメ押し〟になると、全員が考えていたという証《あか》しであった。

このときの会議で、おそらくは〝コーヒーブレーク〟の時間かに、愉快な投票が行われたと史料は伝えている。

それは、この年、紀元前四八〇年のペルシア迎撃成功の最大の功労者は誰かを、各都市国家を代表して会議に来ている人々が投票したというのだ。それも単なる投票ではなく、第一位は誰で、それに次ぐ第二位は誰か、の投票であったという。

こうなると、これまたギリシア人の性質を表わして、二十以上にもなる参戦国は、第一位には自分たちの国の船を率いた、自国の指揮官の名をあげる。参加した船の数が、アテネのように二百隻でも、反対に一隻だけでも関係ない。

というわけで、最大の功労者には各都市国家の指揮官たちの名が並んだのだが、第二位となると、全員がテミストクレスに投票したのだった。

いや、全員ではない。アテネだけは、第一位にはもちろんテミストクレスに投票したが、第二位は、サラミスの海戦では三十隻を率いて敢闘した、アエギーナの司令官に票を投じたからである。

アテネ人の心情を思えば、当然であった。アエギーナの三十隻が敵の右翼の動きを封じてくれたからこそ、アテネの二百隻は、ペルシア海軍の主力フェニキアの三百隻の壊滅に、集中することができたからであった。

それにしても、このアエギーナとアテネの関係も、いかにもギリシア的で笑ってしまう。ここ数年間のこの二国は、小ぜり合いばかりで過ごしてきたのである。それが、対ペルシア連合を組むとなって、その間は休戦とした仲なのだ。

ペルシア王によるギリシア侵攻は、ケンカばかりしてきたギリシアの都市国家を団結させた、という効用はあったのは確かであった。

この年、紀元前四八〇年、が終らないうちに決めておかねばならないことの第二は、民主政の国であるがゆえのアテネにのみ生ずる問題であった。

この一年間、テミストクレスは、「ストラテゴス・アウトクラトール」の地位にあった。

「危機管理内閣の首相」であり、この少し後の共和政時代のローマが創《つく》り出す、期限つきの「臨時独裁官」と似た地位である。テミストクレス自身が、一年前に市民集会に提案し、市民集会が可決しての就任であった。

何もかも一人で決められるという強権は与えられているが、それゆえに任期は一年。ゆえにテミストクレスが行使できた強権も、この年の末には切れる。しかし、〝ダメ押し〟には必要な翌年の一年が残っていた。

民主政国家であるアテネの国体の、最高決定機関は、二十歳以上のアテネ市民の全員に投票権がある、市民集会である。

だが、このアテネの最高執行機関は、「トリブス」(州)ごとに一人ずつ選出され、それぞれが平等な権限を持つ一〇人の「ストラテゴス」で構成されている。

このアテネで、一〇人の「ストラテゴス」の中で一人だけ強権を持つ「ストラテゴス・アウトクラトール」に翌年もつづけて就任しようものなら、クレイステネスによって確立されたアテネの民主政に、逆らう行為になるのだった。

サラミスの海戦が圧勝で終わった前四八〇年の秋から冬にかけて、もしも当時のアテネに世論調査があったとすれば、テミストクレスには圧倒的な支持が寄せられていただろう。その彼が、次の年こそは対ペルシア戦役を完全に終わらせる年になるという理由をあげて「ストラテゴス・アウトクラトール」への続任を求めたとすれば、市民集会も圧倒的な多数で、それを可決していた可能性は高い。最高司令官の任務の、さらなる一年間の続投である。

しかし、四十四歳のアテネ男はそれをしなかった。継続しての就任を、市民集会に提案して否決されたのではない。初めから、提案しなかったのだ。ただ単に、任期いっぱいで、「ストラテゴス・アウトクラトール」を辞任したのである。

ただし、翌年担当の「ストラテゴス」には選出されなかった、と記した史料もないから、一〇人のうちの一人には選出されてはいたのだろう。つまり、「内閣」の一員としては残っていた、ということである。

また、一〇人のうちの二人の選出には、テミストクレスは相当に熱心に関与したらしい。市民の支持ならば圧倒的であった、テミストクレスの推薦だ。この二人の「ストラテゴス」選出は、容易に実現したと思われる。

この二人とは、五十歳になっていたアリスティデスと、四十歳のクサンティッポスである。二人とも、名門アルクメオニデス一門に属し、それゆえに穏健派《モデラート》と見られ、第一次と第二次のペルシア戦役時代の十年間にわたって、急進派《ラディカル》のリーダーと目されていたテミストクレスの政策に、執拗《しつよう》に反対をつづけた二人であった。

この二人による反対を押さえるのに、テミストクレスは、陶片追放という強硬手段に訴えている。クサンティッポスは前四八四年、アリスティデスのほうは前四八二年に、アテネから追放されていた。

だが、この二人を、国家存亡の危機にはあらゆる人材が活用さるべきという理由で、追放解除と即時の帰国を市民集会に提案し、可決させたのもテミストクレスである。

そのテミストクレスが、翌年担当の「ストラテゴス」にこの二人を推したのには、確たる理由があった。

アリスティデスとは、十年前の第一次ペルシア戦役当時、互いにアテネの「ストラテゴス」として、マラトンの会戦で総司令官ミリティアデスを助け、ともに闘った間柄である。敵も予想できない新しい戦略・戦術を考え出すまでの才能はないが、万に迫る数の兵士たちを統率して勝利に持っていく能力はあった。

テミストクレスはこのアリスティデスに、スパルタと共同して闘う次の年の陸上戦でのアテネ軍の総指揮を、一任すると決めていたようである。

もう一人のクサンティッポスだが、この人のこれまでの戦績は、さして良くなかった。アエギーナ相手の小ぜり合い状態をいつまでも解決できず、それが彼の追放に、市民たちが陶片を投じた理由でもあったのだ。

しかし、テミストクレスは、長くつづく小ぜり合いと短期決戦は、別物と考えていたらしい。若いクサンティッポスならば、短期に勝負が決する場合ならば力を発揮するのではないか、と。

テミストクレスは、彼自身は戦場には出なくても、翌・前四七九年の対ペルシア戦役をどのように進めるかは、あらかじめ彼が決めたのである。陸上戦はアリスティデスにまかせ、同時に行われる海上での戦闘になるミカーレ攻略戦には、四十歳のクサンティッポスを送ると決める。

共和政時代のローマの「臨時独裁官」(任期は六ヵ月)に影響を与えたか、とまで思ってしまうテミストクレス考案の「ストラテゴス・アウトクラトール」だが、一年間の任期中は、政治も軍事も彼一人で決定し、他の「ストラテゴス」たちとて反対は許されない。

その地位を自ら辞すことで、他の人の再任への道も断ったテミストクレスだったが、任期がある間を利用して、翌年の政略・軍略も決めてしまったのだ。「鉄は熱いうちに打て」であった。

そして、それが可能であったのは、やはり、サラミスの海戦の勝利者であったことが大きかったにちがいない。

と言って、サラミスの海戦を花道にして、引退するテミストクレスではなかった。

また年齢も、四十代の後半に入るのはこれからである。

戦場は他の二人にまかせても、テミストクレスには、ぜひとも現実にしたい考えがもう一つあった。それは、戦闘が「破壊」であるのに対して、「建設」である。ただし、建設と言ってもそれは、彼しか考えつかないこと、先見の明のある人にしか思いつかないこと、になるのである。これに着手するにも、サラミスの勝利で獲得した市民たちからの絶大な支持が役に立つと、彼は見たのではないかと思う。

いずれにしても、テミストクレスとは、花道の向うにあるのが名誉ある引退、などとは考えない男であったのだ。花道は、けっこうだ。しかしその花道は、次の任務に向うための道にすぎない、と。

「ストラテゴス・アウトクラトール」の任期があるうちにこれらのすべてを終え、その後で初めてテミストクレスは、スパルタからの招待を受けたのである。

スパルタ人は昔から、アテネ人が好きではなかった。嫌っていたわけではない。ただ、自分たちの国に悪い影響を与えかねない危険な存在として、身近にいてはほしくないと思っていたのだった。

住民全体の四パーセントの人間しか市民と認めず、彼らだけが真の意味での「スパルタ人」で、それ以外のペリオイコイにもヘロットにも、市民としての権利は認めないのがスパルタである。「寡頭政《かとうせい》」「少数指導政」で長くつづいてきたのが、都市国家スパルタであった。当然、同じギリシア人でも他の都市国家の人間には門戸を閉ざすことで成り立つ、閉鎖的な社会構造を変えようとはしなかった。

一方、アテネは、ソロンによる人権尊重の改革から始まって、市民には収入による階級別はあっても、国政参加の権利の差はない方向に、向う一方であった。アテネでは、無産階級《プロレターリ》でも、立派に一票を持つ有権者なのだ。そのうえ、サラミスの海戦後はなおのこと、漕《こ》ぎ手として奮闘した彼らが、肩で風を切って歩くようになっている。しかも、この男たちのゆるぎなきリーダーが、テミストクレスであった。

しかし、スパルタの男たちは、混じり気なしの戦士として生きている。戦士として、戦闘の場での総司令官の能力を、正確に判断できる男たちでもあった。

そのスパルタ人が、アテネ人を公式に招待したのである。ただしスパルタ人にしてみれば、アテネのリーダーだから招待したのではなく、あくまでも抜群の戦略・戦術家だから招待したのだった。ゆえに訪れたテミストクレスは、スパルタ中から大歓迎で迎えられる。

質実剛健をモットーとする、スパルタ人だ。テミストクレスの歩む前に、人々の投げる花びらが降りそそぐ、などということは起きなかったろう。

だが、王族の全員が、長老から現役までの戦士たちの全員が、そろいの白の長衣姿で出迎えたのは、やはり盛観だった。

歓迎の席、と言っても神殿前の広場には、いまだ未成年で武技修業中の少年たちも参加を許されていた。彼らはいちように、アテネの勝将を憧《あこが》れの眼で見つめていた。同じギリシア人とはいえ、同志とは簡単に言えなかったスパルタで、アテネ人のテミストクレスは、行く先々で憧憬《しょうけい》の眼《まな》ざしを浴びつづけたのである。スパルタの青少年の、憧れの的《まと》になったのだった。

このスパルタ訪問中に、テミストクレスは、ひときわ眉目《びもく》秀麗な青年を紹介された。王族の生れで、テルモピュレーで壮絶な最期《さいご》をとげた、レオニダスの甥《おい》であるという。年齢は、翌年には三十四歳になるというから、テミストクレスよりは十一歳若かった。

スパルタ男には珍しく人なつこい態度のこの青年が、海のサラミスに対して陸のプラタイア、と言われるまでになるペルシア軍との決戦で、自分に次ぐ主人公になるとは、このときのテミストクレスは想像もしていなかったろう。自国の兵士たちの指揮を誰に託すかは、各都市国家が自分たちで決めることであったのだから。

国をあげての大歓迎を受けた数日後にアテネに帰る、と言ってもアテネ市街は焦土と化していたので疎開先になっているサラミスに帰るのだが、帰国するそのテミストクレスを、スパルタは、現役入りしたばかりの若い重装歩兵《ホプリーテス》三百人に国境まで送らせるという、スパルタ始まって以来の最大級の礼をもって遇したのであった。

こうして、テミストクレスにとって、いやアテネにとってもギリシアにとっても、激動の一年であった紀元前四八〇年は終わったのである。

陸戦プラタイア

アジア側にもどってしまったクセルクセスから陸上戦力を一任されたマルドニウスは、テッサリア地方で軍勢に冬越しをさせている間に、自分が預かったペルシア軍が無視できない問題をかかえているのに気づいていた。

第一に、三十万という兵力も、彼にはそのすべてを指揮下に置く権利までは、王は与えてくれてはいなかったこと。

そのうちの四万は、サルディスの長官率いる軍と言ってよく、この四万には独自の行動をとることさえ認められていたのである。例えば、援軍の派遣を要請したとしても、それにただちに応じてくれるとは期待できないということだ。

第二は、相当な数の脱走兵が出ているという、この年のペルシア陸上軍の実態だった。

やはり、サラミスの海戦の影響は大きかった。アテネ海軍の実力を見せつけられて、これまではペルシア支配下にあったエーゲ海の島の多くが、ギリシア側にもどる想いを強めただけでない。エーゲ海に面した内陸の地方までが、ペルシア王の支配を甘んじて受けなくなっていたのだ。今のところ、明確な反乱は起きてはいなかった。だが、これらの地方に住むギリシア人のペルシア支配に対する想いには、明らかな変化が表われていたのである。

脱走兵が絶えないのは、かくまってくれる誰かがいるからだ。夜の闇《やみ》に乗じて天幕から逃げ出すのはギリシア人の兵士であって、故郷がエジプトやメソポタミア地方のペルシア兵に、脱走する者はいなかった。

不都合の第三は、海軍が事実上にしろ解散したことで、兵站《ロジスティクス》が完全に機能しなくなっていたこと。

食以外の必需品の多くの補給が、絶たれただけが問題ではない。病人や負傷者を預けたり、戦場に持っていく必要のない物品を運んでもらうことさえもできなかったのだ。

例えば、クセルクセスが、使ってくれと言って置いていった、ペルシア帝国の最高権力者にふさわしく絢爛《けんらん》豪華な天幕の一群があった。

クセルクセスの本音は、身軽になって一日も早くアジア側に帰り着きたい、にあったのだが、オリエントの貴公子だけにそのようにはしたないことは口にしない。後に残るあなたの冬越しが快適であるように、と言い残して置いていったので、捨てるわけにもいかないのだ。もしも兵站機能が充分であれば預けられたのにそうでなかったから、マルドニウスは、行軍にも戦場にも、このかさ張る荷物を持って行くしかなかったのである。

これら諸々の不都合が明らかになった後でも、マルドニウスにはまだ、楽観的に見るならば十五万、現実的に見るとしても十二万、という兵力があった。

そのうちの一万は騎兵。馬を疾駆させながら正確に矢を射てくるという、ペルシア民族独特で、ゆえにペルシア軍の誇りとされていた騎兵の一万である。

これに次ぐ一万は、ペルシア軍の中の重装歩兵。「不死身の男たち《インモルターリ》」と呼ばれた王の近衛軍団で、ペルシア軍でも精鋭中の精鋭とされていた兵士だ。クセルクセスは、自分の行くところどこにでも従うのが決まりのこの近衛軍団まで、マルドニウスに預けて〝撤退〟して行ったのだった。

これ以外のほとんどは、アジアから召集されてきていた歩兵である。ギリシア人ならば主戦力には数えない軽装歩兵だが、量で圧倒する式のペルシア軍では、単なる補助戦力とは見られていなかった。

マルドニウス率いる紀元前四七九年のペルシア陸上軍には、ギリシア人の兵士も参加していた。ペルシア支配下にある小アジアのイオニア地方やギリシア北部のトラキア地方からのギリシア人が多かったが、自下のギリシア兵の中でマルドニウスが唯一《ゆいいつ》信用していたのは、中部ギリシアの都市国家テーベからの兵士たちである。

テーベの兵士たちが、ことさら勇敢であったからではない。前年のテルモピュレーで、最後の最後になって、王レオニダスと彼指揮下の三百のスパルタの兵士を見捨て、ペルシア王に降伏したのがテーベであった。それ以降のテーベは、南下しアテネを焦土化したときの、ペルシア軍の先兵役を務めてきたのである。

今度こそはスパルタが本格的な軍勢を出してくるとわかったとき、テーベの男たちは、彼らを待つ運命を知ったにちがいない。スパルタ人が、テルモピュレーを忘れるはずはなかった。自分たちの前には、闘って死ぬか、捕われて殺されるか、しかないことを、肝に銘じて悟ったのであった。

しかし、テーベは、中部ギリシアの都市国家の中では強国ではあっても、アテネやスパルタやコリントと肩を並べるほどの強国ではない。人口規模からしても、二千兵を参戦させるのが限度の国である。

それでもマルドニウスが、このテーベに右翼をまかせざるをえなかったのは、他の兵士の多くが傭兵《ようへい》であったからだ。つまり、カネで傭《やと》われて闘うのが仕事の男たち、であったからだった。

市民皆兵のギリシアの都市国家には、傭兵という概念すらもなかった。だが、専制君主制の国であるペルシアでは、傭兵制度のほうが普通であったのだ。これも、オチデント（西方）であるヨーロッパと、オリエント（東方）であるアジアのちがいの一つなのである。

このように、冬営中でも多くの難題を前にして頭をかかえていたにちがいないマルドニウスだが、その彼に一つの考えがひらめいたのだった。

このマルドニウスは生年が不明なため何歳であったのかは想像するしかないのだが、ペルシア帝国で重責を負うのは、王族出身者でないかぎりは相当な年齢に達した人であることから推測して、五十歳台ではあったと思う。ならば、十年前の第一次ペルシア戦役当時のマラトンの会戦は、彼自身が参戦していたかどうかは明らかではないが、知ってはいたはずである。

あの戦闘は、共闘するはずのスパルタ軍の戦場到着が遅れてしまい、二万五千のペルシア軍と闘って勝ったのは、一万のアテネ軍であった。

そのうえ、サラミスの海戦前夜に、テミストクレスからクセルクセスに送られた、アテネだけの単独講和への可能性を匂《にお》わせた手紙の一件が加わる。

この二つを思い出したらしいマルドニウスは、いまだ春に入ったばかりという時期に、アテネに、と言ってもいまだサラミスに疎開中のアテネ政府に、単独講和を持ちかけたのであった。

仲介役は、ペルシア王からの「土地と水」の要求を受け入れて属国にはなっているが、「土地と水」には断固拒否したアテネとも悪い関係にはないマケドニアの王であったから、きちんとした仲介役を立てての申し入れであったのだ。

もちろん、これをしたマルドニウスの意図は明らかである。スパルタを始めとする他のギリシア都市国家とアテネの間を、裂くことにある。アテネがペルシア側につかないまでも中立でいてくれさえすれば、今現在のペルシア軍でも充分に勝てる、とマルドニウスは考えたのだろう。

斬《き》って捨てるわけにはいかない地位にある仲介役が持参した単独講和の申し入れは、テミストクレスもアリステイデスもクサンティッポスも加わっていた、十人の「ストラテゴス」(この年ならば軍司令官)の前に提示されたにちがいない。民主政国家のアテネである。テミストクレスが臨時独裁官的な地位から降りた後は、以前の集団合議制にもどっていたのだった。

マルドニウスからの単独講和の申し入れには、次のことが記されてあった。

一、前年に成されたペルシア王への数々の侮辱行為は許され、その責任は誰に対しても問われない。

二、アテネには、ペルシアとの戦役開始後に失ったすべての領地と権益が返還される。

三、これ以降の、都市国家アテネの完全な独立と自治を、ペルシア王は認める。

四、ペルシア軍によって焼き払われたすべての神殿の再建費用を、ペルシア側は負担する。
五、講和成立後のペルシアとアテネの関係は、自由かつ平等な立場に立っての提携関係（パートナーシップ）に基づくものとする。

これを読んだアテネの「ストラテゴス」十人は、笑い出したのではないかと想像する。まずもって、敵の分裂を期す目的で成される策略は、敗北を喫した戦闘の後にやるものではない。

また、サラミスの海戦前夜にテミストクレスがペルシア王に手紙を送って匂わせた単独講和への可能性だが、あれもテミストクレスによる陽動作戦の一つであったのだ。「陽動作戦」を辞書は、次のように説明している。

——作戦の真の意図を敵に誤認させるために、それとは無関係な行動に出ることで、敵側の想《おも》いを錯乱させるやり方——

この作戦はサラミスの海戦前夜のクセルクセスにも効いたが、その翌年のマルドニウスにも効いたようであった。

いずれにしても、十人の司令官たちは、討議をするまでもなかったろう。回答は決まっていたからである。

テミストクレスを除いた九人は、拒否で即答しようと言った。だが、テミストクレスだけは、熟慮したうえで回答する、に留めようと言う。

ペルシア側からのこの提案を、スパルタ相手に利用しようというのである。マルドニウスからの単独講和の申し入れがあったことを、同盟関係にある以上はスパルタにも告げるべきだとして知らせよう、というわけだ。

要するに、常に決断が遅く行動に移るのも常に遅いスパルタの、お尻《しり》をたたく役に使おうというのであった。

スパルタは、二人の王をいただく国体から「ディアルキア」と呼ばれる制度を採る国だが、王二人に課されている責務は軍勢の指揮だけで、どの国と戦争をするかどうかも、その場合はどの程度の規模の軍勢を送るかも、すべては、市民集会から毎年五人ずつ選ばれる「エフォロス」(監督官)が決めるのである。

つまり、あの非人間的な集団生活を十年以上も送り、成年に達した後も重装歩兵とはいえ一兵卒の経験しか持っていない人々から選ばれた、五人が決めるのである。可令官を経験したこともない、ということは、全責任を一人で負った経験はない、ということでもあった。

それに、常に五人の合議制。決断が遅れ、行動に移るのを命令するのも遅れるのは、この制度のゆえであったのだ。なにしろ、出陣と決まった後のスパルタ軍の行軍速度は、昼夜分たずの強行軍で一日の踏破距離七十キロ、という速さであったのだから。

しかし、このスパルタと共闘するアテネにしてみれば、あちらの事情ですからと同情しているだけでは済まない。とくにこの年担当の十人の「ストラテゴス」に名を連ねているアリステイデスとテミストクレスは、十年前のマラトンでも「ストラテゴス」であった二人である。スパルタ軍の到着を待っていたにかかわらず、やむをえずスパルタ軍無しで戦闘に入らねばならなかった総司令官ミリティアデスを、間近で見ていた二人だった。

マラトンでの轍《てつ》を踏みたくなければ、そのスパルタの決断を急がせるのに役立つならば、ペルシアからの単独講和の申し出であろうと何であろうと、利用するのに異存はなかったのである。

テミストクレスの言い出した新たなる陽動作戦に、他の九人も笑いながら同意したであろうと想像する。

そして、何と、これも成功してしまう。

熟慮したうえで回答する、などと言われて、マルドニウスはあわてた。大軍を動かせる春に入ってすぐ、ペルシア軍を南下させてきたのである。それも、一気にアテネ市街にまで侵入してきた。アテネの回答が、彼にとって良い方向で成されるのを期待してであったのはもちろんである。

ところが、住民は疎開させたまま、政府もサラミス島に疎開中のアテネ側はビクともしない。あいかわらず「熟慮中」をつづける。その中で行動を起したのが、スパルタであった。

それは、これまで長くスパルタが堅持してきた一国防衛主義、一国平和主義、を破るものになるのである。

それにしても、なぜスパルタは、リクルゴス以来二百年以上にわたって守りつづけてきた、あの国の憲法と言ってもよい一国防衛主義、ないしは一国平和主義を、変える気になったのであろうか。

アテネ人とちがってスパルタ人は、歴史書どころか記録さえも残さなかった。それで学者たちとて推測するしかないのだが、その要因はいくつかあげられるのではないかと思う。

第一は、テルモピュレーでのレオニダスと三百の兵士の全滅を、彼らは意外にも醒《さ》めた視点で見ていたこと、である。

たしかに、男の中の男という感じのレオニダスに率いられた三百のスパルタ兵の壮絶な最期は、まずもって当のスパルタの男たちに誇りを与えたであろうし、それだけでなく他の都市国家のギリシア人までが、胸を熱くしないでは聴けないエピソードであった。そのうえ、二千五百年が過ぎた現代でも、スパルタと言えば、「テルモピュレーでのレオニダスと三百」、と返ってくるほどだ。これをテーマにした、マンガも映画も作られている。「スリー・ハンドレッド」と言うだけで、二千五百年後でも通じてしまうのだからスゴイ。ただし、映画でのレオニダスは少々若すぎたけれど。

しかし、話を古代にもどせばちがってくる。二ヵ月耐えてくれたらとの想いで送り出した彼らは、一週間で全滅してしまったのだ。軍事上の視点に立つならば、「敗北」でしかない。

もしも、あの一ヵ月後にサラミスでも敗れていれば、第二次ペルシア戦役は、陸ではテルモピュレー、海ではサラミスと、ギリシア側の敗戦つづきで終わってしまったのだった。

もしもそうなっていたら、勝利につづく勝利で勢いも上がり、そのうえ量で圧倒するやり方を変えないペルシア軍によって、狭い地峡のイスミアに建てた二重の防壁などは簡単に破られ、ペロポネソス半島はペルシア軍という荒れ狂う大波によって、都市もそこに住む人々も一掃されていただろう。建国以来一度として他国の支配に屈したことのないスパルタも、ペルシア王が強いてくる「土地と水」を、受け入れるしかなくなっていたにちがいない。

考えるという精神行動は議論好きのアテネ人のものだと思っていたスパルタ人も、今度ばかりは考えたのである。

スパルタは、一国だけでは、ペルシアのような敵に対しては守りきれない。他の都市国家と、とくにその中でもアテネと共同戦線を張らないかぎりは、スパルタの存立はおぼつかない、と。

このように考え始めていたスパルタにとって、ペルシアがアテネに単独講和を提案してきたというニュースが衝撃であったのは当然だ。アテネが戦線から離脱すれば、残るはスパルタだけになる。そのスパルタ一国では、ペルシア相手には闘えなかった。最低でも十万を出動できるペルシアに対し、スパルタが送り出せる兵力は、その十分の一以下でしかなかった。

玉砕は、美しくも感動的である。しかし、紀元前五世紀当時のスパルタの男たちは、それは最後の手段として甘んじて受ける気概は充分にあっても、そこに至るまでは勝利することに全力を投入すべきと考える、単純ではあってもまっとうな男たちであったのだ。

紀元前四七九年時点でのスパルタの方針転換の要因の第二は、スパルタ国内での空気の変化にもあったのではないか。

つまり、国政のすべてに口を出すのが自分たちに課された任務であると信じて疑わない五人の「エフォロス」が、スパルタ内の上と下の双方から突き上げられたがゆえの、方針の転換ではないかと思うのだ。

「上」とは、最前線に立って軍の指揮を取ることだけが任務で、それ以外の国政には関与を許されない王族に生れた男たち。

「下」は、招待を受けて訪れたテミストクレスを、熱い憧れの想いで見つめていた、スパルタの若い戦士たち。

彼らにしてみれば、マラトン、サラミスと、ペルシア相手に陸でも海でも勝利したのはアテネであり、スパルタは、マラトンでは一日遅れで不参加。サラミスでは、十六隻では実質上不参加。テルモピュレーでは、三百兵しか送らなかったこともあって、結果は玉砕。

これではスパルタではなく、スパルタの不名誉だと上と下から突き上げられ、スパルタをスパルタあらしめるのは自分たち、と信じて疑わない五人の「エフォロス」(監督官)も、方針を転換せざるをえなかったのではないかと想像する。

こうでも考えないかぎりは説明がつかないほど、この年のスパルタの戦力投入は、前代未聞《みもん》の規模になるのである。スパルタがこれほどの数の自国の男を、ペロポネソス半島の外に派兵したことはなかったと、ギリシア中が眼を丸くしたほどであった。

ただし、次ページの表は、多くの点で注意して見てもらう必要がある。

一、海戦では軍船である三段層ガレー船の活躍が最重要事であるのと同じ理由で、陸上戦でも勝敗は、主戦力である重装歩兵(hoplites)の働き如何《いかん》にかかっているの

都市国家	主戦力＝重装歩兵	補助戦力＝軽装歩兵・その他	小計
スパルタ	10,000 (5,000 - スパルタ市民 5,000 - ペリオイコイ)	35,000 - ヘロット （スパルタ市民の重装歩兵一人に対し、 ７人の従卒がつく） 5,000 - ペリオイコイ一人に対し、 一人のヘロットがつく	50,000
アテネ	8,000	800 - 弓兵 8,000 - 重装歩兵一人に一人ずつつく従卒	16,800
コリント	5,000	5,000 - 重装歩兵一人に一人ずつつく従卒	10,000
メガラ	3,000	3,000 - 重装歩兵一人に一人ずつつく従卒	6,000
シクロン	3,000	3,000 - 重装歩兵一人に一人ずつつく従卒	6,000
中小19の都市国家	150〜200まで国力に応じての参戦 その小計9,700	1,800 - 軽装歩兵	11,500
参加都市国家の合計＝24	38,700	61,600	100,300

紀元前479年（第二次ペルシア戦役の二年目）、
ギリシア都市国家連合の陸上戦力

である。ゆえに、この表で最も意味をもつのも、重装歩兵の数、つまり三万八七〇〇、という数になる。

この「主戦力」以外の六万は、海上戦での輸送船の役割に似て、数の正確さは、戦況の展開にとってさしたる意味を持たない。敵ペルシアの十二万に対するのは、あくまでも、この四万足らずであるのだから。

二、スパルタは建国以来ずっと、リクルゴスの作った憲法を護《まも》って、一国防衛主義でつづいてきた。ただし、これで成功してきたことからも、硬直し閉鎖的な社会構造のほうも変ることなくつづいてきたのである。

その結果が、人口の、ゆるやかにしろ減少だ。市民皆兵では、スパルタもアテネと似ていた。しかし、スパルタでは市民権を支配者階級に限定していたために、その市民権所有者の数自体が、いっこうに増えない。

ペリオイコイは手工業や商業、ヘロットは農業に専念すべきとされ、スパルタに住んでいてもスパルタ市民権は与えないのだから、兵役を課すわけにはいかなかった。武器を持たせたら反乱を起すかも、という心配からこの社会構造に成ったのだが、それがスパルタに、主戦力である重装歩兵の恒常的な不足、という悩みをもたらしていたのである。

この難題を、リクルゴスによる憲法を変えないで解決できる道を、スパルタは、やむをえない事態にはペリオイコイの一部を重装歩兵化する、という策に見出《みいだ》していたのだ。ただし、この男たちは重装歩兵になっても市民権は与えられないのだから、「二級の重装歩兵」でしかなかった。

とは言え、スパルタの一級重装歩兵不足は恒常的現象でもあったので、「二級重装歩兵」も常勤化していく一方になるのである。

しかし、テルモピュレーには、「一級の重装歩兵」三百は送ったが、「二級の重装歩兵」は一兵も送っていない。

それが、一年後の前四七九年となると、本国の防衛とペロポネソス半島の入口のイスミアの防衛に割く兵力を除いたギリギリの数の、「一級重装歩兵」五千を派遣するとしただけではない。「二級重装歩兵」五千も加えた、計一万を送ると決めたのである。

この一万という数は、海軍による戦闘を同時進行させる必要から八千の派兵が限度だと伝えてきた、アテネへの対抗心からであった。だが、この年のスパルタが、今年こそは絶対に、スパルタの力によって勝つ、と決めていたことの証《あか》しでもある。

表を見るうえで注意してほしいことの第三は、重装歩兵一人につく従卒の数の差である。

アテネでは、つくとしてもせいぜいが一人。その一人も、海戦となるとゼロになる。アテネの軍船にも純戦闘要員ということで重装歩兵が乗船していたが、テミストクレス以来海軍を重視するようになっていたアテネでは、従卒を乗せる余地があるなら、船のモーター役でもある櫂《かい》の漕《こ》ぎ手を一人でも多く乗せる方針に変わっていたのである。

また、コリントやその他の都市国家《ポリス》でも、重装歩兵の後にずらずらと従卒がついていく光景は見られなかった。

それがスパルタでは、一人の重装歩兵に七人ものヘロットが従卒として配属されると決まっていたのである。市民権を持つ「一級重装歩兵」が、スパルタ社会では、いかにエリートであったかを示している。

彼らこそが、ギリシア最強の軍事国家と自他ともに認めていた、スパルタの背骨なのであった。

その、エリート中のエリートを五千も投入しておきながら、一敗地にまみれるわけにはいかないのだ。第二次ペルシア戦役の二年目を迎えるにあたってスパルタは、今年こそは絶対に勝つ、それもスパルタの力で勝つ、の意気に燃えていたのである。

三七二ページの表を見ながら、敏感な読者は、もう一つのことにも気づかれたのではないかと思う。

それは、主戦力である重装歩兵だけでも四万に迫るギリシア都市国家連合軍の兵力の中に、騎兵が記されていないことに気づかれたのではないか。

騎兵とは、騎士に加えて馬や馬具から馬丁や従卒までそなえてこそ戦力になるので、君主政の国では貴族の担当とされてきたのである。それゆえに、騎兵活用ではペルシアのほうが先行していた。

一方、市民が主権者であるギリシアの都市国家《ポリス》には、社会構造上からもそぐわない。富裕階級が騎士階級と呼ばれていたが、富裕者とはもともと数が少なく、これが、ギリシアでは、騎兵が独立した戦力と見られてこなかった要因であった。

このギリシアで、ペルシアでさえも気づかなかった騎兵の最大の特質である機動性に注目し、それを完璧《かんぺき》に活用することになるのは、この百五十年後になって登場する、マケドニアの若き君主アレクサンドロスまで待つしかないのである。

しかし、紀元前五世紀当時のギリシアでは騎兵を戦力と数えることができなかったという事実は、前四七九年に闘われるペルシア対ギリシアの陸上での戦闘《バトル》は、騎兵にプラス軽装歩兵で攻めてくるペルシアに対し、重装歩兵のギリシアが迎え撃つ戦闘《バトル》になるということであった。

とは言え、このギリシア軍を誰に率いさせるかは、まだ決まっていなかったのである。アテネからの八千は、五十一歳になるアリステイデスが指揮すると決まっていた。

だが、対ペルシアで団結したギリシア都市国家連合は、イスミアで開かれた第一回の会議からすでに、陸海ともにスパルタ人が総司令官になると決まっている。前年のサラミスの海戦でも、参戦した船の数ならば圧倒的にアテネが多かったにかかわらず、公式上の総司令官はスパルタ人だった。

今年のスパルタは、陸上戦力では、「一級の重装歩兵」五千を加えてとはいえ、万の参戦が決まっている。公式上でも実質的にも、スパルタの武将が、全ギリシア陸上軍の総司令官になるのに、異論の出る余地はまったくなかった。

ところが、この人選に、スパルタが手間どってしまう。一言で言えば、人がいなかったのだ。

二人の王をいただく国体（ディアルキア）を採用して長いスパルタでは、王は常時、二人在位していることになっている。この二人の王は、建国以来の長い歴史を誇る、二つの家門から出ると決まっていた。

この二つの家門に生まれた男子の中でも王位継承順位が高いと見られた男子は、ある種の帝王教育を受けて育つ。普通の市民の子弟のように、七歳から始まる集団生活で、武術だけをたたきこまれることはない。また、二十歳になるや強制される成人への通過儀礼、あの野蛮で非人間的な通過儀礼も課されない。

ただし、いったん王位に就くや、スパルタの戦士たちを率いて最前線に立ち、スパルタの安全を死守するのが、この男たちに課された責務であった。

私には、スパルタの王たちと聴くとほとんど反射的に、アフリカの草原に生きるライオンの雄《おす》を思い出してしまうのである。

数頭の牝《めす》ライオンと何匹もの子ライオンに囲まれた雄のライオンの日常は、一見するだけならばラクチンそのもののように見える。狩は牝たちがやってくれるのだし、獲物《えもの》は真先に食べる権利があり、子育てもメスたちがやってくれる。雄ライオンは、昼寝ばかりしているよう。

それでいて、メスよりもオスのほうが、寿命は短いのだ。雄のライオンには、群れを奪おうとして襲ってくる、他の雄ライオンを撃退するという重要な責務があり、それはしばしば、死守という表現がふさわしいほどに激烈な戦闘で、ゆえに生存率も低かったからである。オスが二頭のグループも少なくなく、これって「ディアルキア」（二頭政）ですね、と思ったものだった。

スパルタの王たちの寿命も、外敵の襲来の率に左右されたのである。ペルシア戦役中は、それがとくにひどかった。

テルモピュレーで、王の一人のレオニダスが戦死した。次いでその年の末、戦場での死ではなかったが、もう一人の王のクレオンブロートスが、イスミアでの会議から帰国直後に死んでいる。これでスパルタは、王不在になってしまったのだ。

王が二人だからこういう事態も起ってしまうのだが、「ストラテゴス」が十人いるアテネのほうが、スペアが豊かという点では優れていたのではないかと思うほどだ。

しかし、王がいないからと言って、他のスパルタ人の誰かに率いさせるわけにはいかなかった。スパルタが本格的に出兵する軍を率いるのは、王でなくてはならないのである。しかも前四七九年のスパルタ軍は、今度こそはスパルタが本気であることを示して、前代未聞の大戦力なのであった。それを率いるのは、自国民も他のギリシア人も納得できる、人物でなくてはならなかったのである。

パウサニアスが選ばれたのは、彼が次の王になると決まっていたからではない。それどころか、相当に高い確率で、王位には就かない人であった。

しかし、前王クレオンブロートスは父親であり、もう一人の前王レオニダスは伯父になる。そのうえ、レオニダスの遺児で次の王になると決まっている男子はまだ少年で、パウサニアスの役目は、この少年の親代わり、成年に達するまでの後見人、であったにすぎない。それでも彼は、王族の一人ではあった。

年齢は、前年の冬にスパルタを訪れたテミストクレスと会った当時は三十三歳、そして前四七九年にあたる今年は三十四歳になる。

これまで、二人の王ともが健在であったことから、戦場での実績は、あったのかもしれないが知られていない。少なくとも、一軍を率いての戦場経験はなかった。何となく、群れのトップになるとは思いもしなかった若い雄ライオンが、誰もいなくなってしまったがゆえにトップになった、という感じがしないでもない。

だが、これでもスパルタの内部では、少年の王の代理、で納得がいき、他のギリシア人には、テルモピュレーで壮絶な最期《さいご》をとげたレオニダスの仇《かたき》を、息子に代わって甥《おい》が討つ、ということで納得がいく人事になったのである。

このような事情で、三十四歳になったばかりのスパルタの若者の才能は、誰にとっても未知数であったのだ。しかし、この人選をした五人の「エフォロス」たちには、この未知数の若者に一万ものスパルタ兵を託して送り出す勇気はあったが、その若者が、スパルタ人の枠からは大きくはずれた人間であることを、見抜く能力まではなかったようである。

テルモピュレーで玉砕したレオニダスは、典型的なスパルタの男であった。だが、その甥のパウサニアスはちがう。この年のスパルタの三十四歳は、玉砕などは考えていなかった。いや、考えることすら許されていなかった。

パウサニアスは、直接の指揮下にあるスパルタの一万の重装歩兵だけでなく、四万のギリシア兵士全員の生死が、彼一人の肩にかかっていることを知っていた。なぜなら、兵士とはしばしば、総司令官の死を報じられただけで、総崩れになってしまうものだからである。

そのためにも、全軍の総指揮を託された若将には、死ぬことすらも許されなかったのだ。スパルタの戦士のモットーである、「戦場では、勝つか、それとも死か」の、前半分しか、考えることを許されていなかったのである。

四十四歳でサラミスで勝負に打って出たテミストクレスには、それまでの十年という準備期間があった。

三十四歳で突如舞台に、しかも主役として登場させられたパウサニアスには、準備期間などはなかった。それでいて、絶対に勝たねばならない。

この二人には、いずれもギリシア人であるということを除いても、共通点が一つあった。

それは、二人ともが、アテネ人やスパルタ人の「枠」に捕われているかぎりは勝利できない、とわかっていたことである。

紀元前四七九年の夏、第二次ペルシア戦役も二年目に入った夏に、ペルシア軍とギリシア軍が対決する戦場がプラタイアに決まったのは、ペルシア側の総司令官のマルドニウスが望んだからであった。

アジア側に帰ってしまったクセルクセスから軍勢を託されてギリシアに残ったマルドニウスは、専制君主国によく見られる宮廷《コルティジャーノ》人ではなく、彼もまた武の人である。

つまりこのペルシア人も、敵になるギリシア側の武将と同じく、すべての責任は自分一人で取る覚悟はある人、であったのだ。

だが、その彼でも、主君であるクセルクセスほどは重症ではなかったにしろ、テミストクレスの策略には翻弄《ほんろう》されないでは済まなかった。

アテネへの単独講和の提案への確答をもらえないままに月日が過ぎるうちに突如知ったのが、スパルタとアテネが主力になった、二十以上もの都市国家《ポリス》によるギリシア連合軍の結成である。焦土と化しているとはいえアテネを再占領することでのアテネ切り崩しに期待していたマルドニウスも、もはやこれまで、という気持になったのだろう。もはや、ギリシア人とは、戦場でことを決するしかない、と。

それでも彼は、王が彼に軍勢を託した真意は汲《く》み取っていた。つまりペルシア側の総司令官も、勝利することでサラミスでの雪辱を晴らすことしか念頭になかった、ということである。

おそらく、テルモピュレー以後はペルシア側で闘うようになっていたテーベの要人たちから提供された情報に基づいてだと思うが、南から来るにちがいないギリシア軍との対決の場を、中部ギリシアに位置するプラタイアの平原と決めたのには、彼にしてみれば充分な理由があった。

第一に、北に十キロも行けば、テーベの街があること。これは、背後を心配しなくてもよい、ということである。また、海軍による補給が期待できない以上、十キロ北からの補給が保証されているのは、十万を超える大軍勢にとって心強いかぎりだった。ただし、この平原は「プラタイアの平原」と呼ばれていただけあって、平原の西南数キロの地点に、ギリシア側で闘う都市国家プラタイアがある。だが、このプラタイアは、連合軍への提供兵力六百が示すように、都市国家としても小国だ。マルドニウスは、無視してもかまわない、と判断したのだと思う。

理由の第二は、プラタイアの平原の中央には東から西に、川が流れていたことだ。マルドニウスはこの川の北岸に本営を築き、その川に沿って前方に長く、兵士たちを安全に収容できる防柵《ぼうさく》を築くことも命じた。これでペルシア軍は、水の心配もなくなったのである。真夏のギリシアで水無しで闘うなど、いかなる勇者にも不可能なことであった。

プラタイアを戦場に選んだ理由の第三は、マルドニウスが、戦闘を決する鍵《かぎ》を、断じて優れる歩兵の「量」と、ギリシア側には事実上存在しない騎兵力、にあると見ていたことを示している。

アゾポス川は、川と言っても流れはゆるく幅も狭く、騎兵はもちろんのこと歩兵でも、水を蹴《け》立てて渡れる川だった。

マルドニウスは、戦場はこの川の南岸一帯になる、と踏んだのである。そうなれば、南岸に広がる平原の背後に連なる丘陵に向けて敵を追いこめる、と思ったのではないか。追いこみさえすれば、歩兵の「量」と騎兵の「破壊力」が戦闘を決してくれる、と。

このような諸々の事情があって、プラタイアの平原入りしたのは、ペルシア軍のほうが先だった。

ペルシアの軍勢がプラタイアの平原に集結している一方で、ギリシア都市国家連合軍のほうも動き始めていた。

と言っても、号令一下、全軍が即時に集合できたわけではない。なにしろギリシア中に散在する、大中小のポリスの連合軍である。

サラミスに疎開《そかい》中のアテネは、参戦する九千近い兵士をサラミスから船で、集結地と決まったエレウシスの海岸に上陸させねばならない。この年の「ストラテゴス」に選出され海軍担当の司令官に就任しているクサンティッポスの最初の仕事が、もう一人の「ストラテゴス」で陸軍担当のアリスティデスと彼指揮下のアテネ兵士を、本土に送り届けることであった。

サラミスの海戦では、三十船ながら大活躍したアエギーナも、翌年の陸上戦にも重装歩兵五百で参加を表明している。アエギーナもサラミスの南の海上に浮ぶ島である以上、まずはこの五百を本土に上陸させるのが先決した、都市国家の一つであった。この他にも、参加する重装歩兵は二百とか三百とかで少なくても、まずは船で本土に上陸し、その後で集結地に向った都市国家《ポリス》は少なくなかったのである。なにしろ、エーゲ海は、多島海でもあるのだった。

集結地入りがどこよりも遅れたのは、今度もまたスパルタである。それも、軍勢の編成が遅れているなどという、ある意味ではまっとうな理由ではない。

スパルタではヒアシンスの花をかかげての競技会が毎夏に開催されるのだが、それが終了した後に行軍を開始する、と告げてきたのである。

スパルタ人が頑迷なまでに保守的で、それゆえに柔軟性に欠ける人々であるのは、もはやギリシアでは知られた事実であった。だが今は、敵は、中部ギリシアのプラタイアに集結中なのだ。呆《あき》れ果てたのはアテネだけでなく、他のギリシア人も同じだった。

このスパルタのお尻をたたく役は、アテネとメガラとプラタイアに課された。早速スパルタに向ったこの三都市国家の使節は、今を逃せばペルシア軍はペロポネソス半島になだれこんでくると言って、即時の出陣を求めたのである。それでも、使節を迎えた五人の「エフォロス」は、それへの答えは十日後にする、と答えただけ。

この、笑うにも笑えない窮状が打開できたのは、パウサニアスを中心にヤル気満々で固まっていたスパルタの若年層による圧力であったという。彼らが、五人の「エフォロス」が無視できないある人物を使って、五人の「小人」たちの気を変えさせるのに成功したらしい。

いずれにしても、スパルタ男には不似合な感じのヒアシンスの花をかかげて競う競技会は、今年は中止になり、パウサニアス率いるスパルタ軍は、ようやく出陣できたのであった。

ただし、出ると決まればスパルタは速い。たちまち、イスミアの地峡を越えることでペロポネソス半島を後にし、メガラを横断してエレウシスの集結地に到着したのである。

エレウシスは、秘蹟《ひせき》で有名な地で、立派な神殿も建っている。この地を集結地にしたのは、何かと言うと神頼みが好きなギリシアの一般市民の性向に、配慮したうえかと思う。

このエレウシスからペルシア軍が待ち受けるプラタイアまでは、直線距離にして、五十キロとは離れていなかった。

主戦力だけでも十万は確実なペルシア軍が待ち受ける戦場に向って行軍を進める中で、ギリシア都市国家連合軍の司令官たちの間では、ごく自然に、という感じで布陣の形が決まっていた。

右翼は、パウサニアス率いる、「一級」と「二級」を合わせた、スパルタからの重装歩兵一万。

ただし、三十四歳のこの武将は、スパルタ軍の司令官というだけでなく、対ペルシア・ギリシア都市国家連合軍結成時に成された規約によって、陸海双方とも総司令官はスパルタ人と決まっていたので、総計四万になるギリシア全軍の総司令官でもある。

中央は、コリントからの五千、メガラからの三千、シクロンからの三千を中心にする、中小のポリスからの二万。
左翼は、主力のアテネの重装歩兵八千以外にも、プラタイアの六百や他の小ポリスからの兵で成る一万で、指揮は、アテネ人のアリステイデスが取る。五十一歳になっていたアリステイデスにとっては、十一年前のマラトンに次ぐ、ペルシア軍相手の二度目の戦闘になるのだった。

この陣容を見るだけでも、プラタイアの平原が戦場になる紀元前四七九年のペルシア対ギリシアの戦闘が、十一年前に勝利で終わったマラトンの戦闘《バトル》を参考にしていたことがわかる。両翼に主力を配し、中央は、敵の攻勢に耐えつづけるのが主たる任務、という戦術。
これは、市民皆兵制度もあって騎兵戦力が事実上存在しないギリシアの都市国家では、重装歩兵が騎兵の役割までも果たさねばならなかったからであった。

ギリシア軍がプラタイアの平原を前にした丘陵地帯に到着したときは、すでに八月に入っていた。平原の中央を流れる川の向う側一帯は、ペルシア兵で埋まっている。その右後方には、ペルシア王がマルドニウスに残していった、オリエントの贅《ぜい》をつくした豪華な天幕が、金色と青色に輝いているのも見えた。

ギリシア軍が野営地と決めた丘陵は、裸の丘の連なりではない。ギリシアにしては珍しく樹々《きぎ》が繁《しげ》り、ところどころに平地が開ける一帯である。夏期の野営地としては悪くない環境だが、飲料水の確保となると問題があった。

到着後の二日間、それでもギリシア側は動かなかった。実際は、動けなかったのだ。自分たちの三倍にもなる大軍勢を眼の前にして、好意的に解釈すれば「様子見」、現実を言えば「驚愕《きょうがく》」していたのだった。

動いたのは、ペルシア軍のほうである。

ペルシア軍総司令官のマルドニウスは、先に到着した利点を活《い》かして、プラタイアの平原とその南に連なる丘陵の視察を終えていた。ゆえに丘陵が、二つの欠点を持っていることも知っていたはずである。

第一に、飲料水が充分でないこと。

第二は、そこを野営地にせざるをえないギリシア軍は、地勢が上がったり下ったりの連続であるため、ペルシア軍の総攻撃に全軍で迎え撃つ戦術としては常道の、横並び一線の陣形を組むのができないこと。

マルドニウスは、敵がいまだ充分な態勢を作れないでいる間に、ことを決しようと考えたのである。

それには、機動性に富む騎兵を投入するのが最適と見る。マルドニウスは、配下の一万騎すべてに川を渡らせ、渡った地点で整列させ、そのまま一気に平野を突っ切って敵のこもる丘陵にぶつけたのだった。

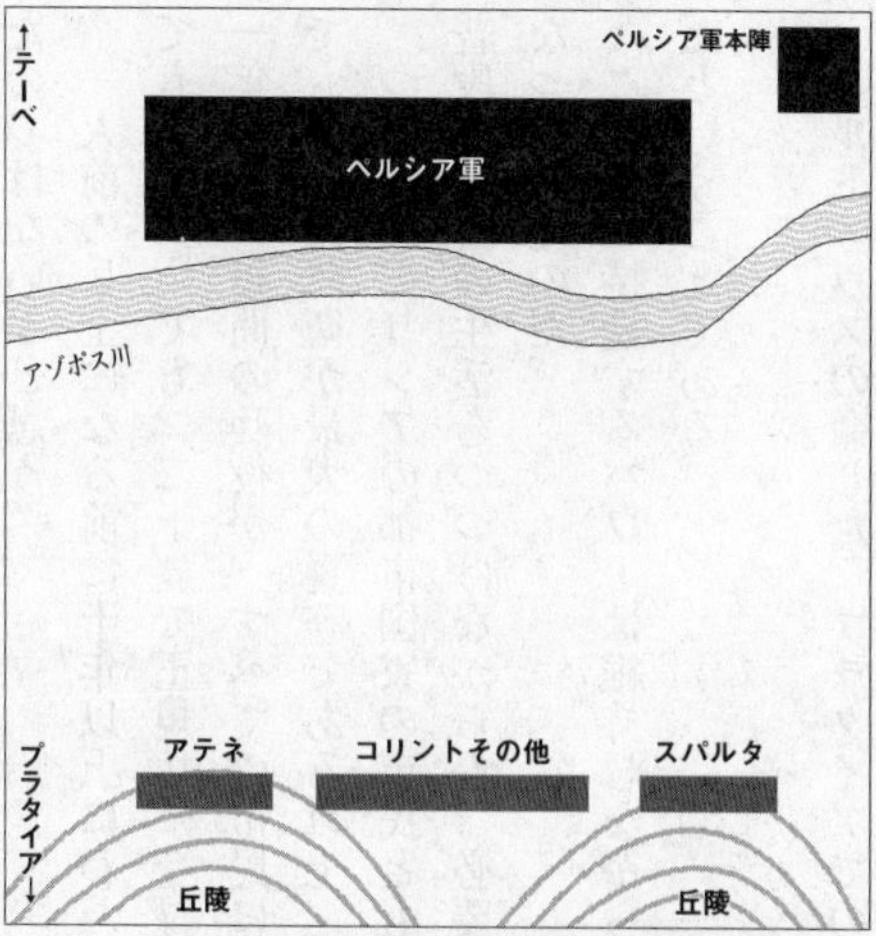

プラタイアの戦闘・布陣図

「パワー」には、持続力と瞬発力がある。

広大なペルシア帝国の各地方から供出させた兵士かカネで働く傭兵《ようへい》しか知らないペルシア軍の総司令官は、市民皆兵制を採るギリシアの都市国家の兵士の「パワー」を、理解していなかったのではないかと思う。

一人前の兵士になる前に十年以上にわたって武技をたたきこむスパルタは特別としても、アテネでも、二十歳で正規兵に登録される前に、軍事訓練の一年と国境警備の一年の計二年間の兵役が、すべての市民に課されていた。この二国以外の他のポリスでも、自国防衛が最大の責務である以上、このシステムは変わらない。

つまり、ギリシアの都市国家の市民ともなれば、二十歳から始まる現役期間中は、普段は日常の生活をつづけながらも、必要となればただちに兵士に一変できるようになっていたのだ。

これは、持続するパワーは維持しながらも、瞬時に動けるパワーも兼ねそなえていたということである。

マルドニウスの命じた、プラタイアでの初戦は失敗に終わった。

第一に、平野では騎兵の機動力は発揮できても、樹々の繁る丘では発揮できなかったこと。

第二に、ギリシアの兵士たちの瞬発力を、計算に入れていなかったこと。

第三は、ペルシア騎兵の先頭を切って敵目がけて突入した、騎兵団長を戦死させてしまったこと。

騎兵のすべてを投入したにしては損失が少なかったのは、自分たちの指揮官が死んだと知るや騎兵のほとんどがそのままUターンし、陣営にもどってしまったからである。

トップの生死は、かほども部下たちの士気に影響するのだ。戦場では司令官を守るためにその周囲を味方の精鋭で固めるのが常だが、ありていに言ってしまえば、簡単に死んでくれては困るからである。

トップの生死は、相手側の兵士たちの士気にも影響を与える。思ってもいなかったときに敵騎兵の猛攻を受け瞬発力ではね返しはしたものの、戦闘終了直後のギリシア兵たちは、勝利を喜ぶよりも何よりも、呆然《ぼうぜん》という状態であったにちがいない。

多分、パウサニアスが命じたことだと思う。なぜなら、このようなことは総司令官しか命令できないからだが、担架に乗せた敵将の遺体は、兵士たちの間を運ばれ、彼らの全員に見せられた。その後は埋葬されたのか、それとも敵陣営に送り届けられたのかはわかっていない。

いずれにしても、一兵卒の端に至るまでが自分の眼で見たことによって、ギリシア軍の兵士たちは、対ペルシアの初戦の勝利を初めて納得できたのであった。

納得がすぎたのか、ギリシア側は陣営を移動する。丘陵を捨てて、川の南側に広がる平野に移動したのである。

そこならば、横一線の布陣も可能であったのだ。だが何よりも、水の問題が解決できたからである。中央と左翼はアゾポス川から汲めばよかったし、川から離れている右翼でも、丘陵からのわき水が集まって出来た泉が、すぐ近くにあった。

初戦に失敗したペルシア軍と、水の心配はなくなったギリシア軍との間で、川をはさんでの睨《にら》み合いが八日もつづくことになる。

九日目、マルドニウスは戦術を変えた。敵ギリシア軍を直接に攻撃するのではなく、ギリシア軍への兵糧《ひょうろう》補給を妨害する策に出たのである。

これは、ギリシア軍に、相当な混乱を与えるのに成功した。

テーベという確実な補給地を背後に持っているペルシア側に対し、ギリシア側は持っていなかった。すぐ近くにあるプラタイアは小国で、四万を超える軍への補給能力まではない。最適の補給先になれたアテネは、焦土と化していて使いものにならない。ゆえにギリシア軍への兵糧の補給は、それ以外の都市国家からのさみだれ式の補給に頼るしかなかったのだが、それが今や、途中で襲われ、運ぶ人も馬も殺される始末。困ったギリシア側は、補給路により近い丘陵にもどることにし、そのための陣替えを始めたのだった。

陣替えによる敵側の混乱を見てとったマルドニウスは、今こそ総攻撃に打って出る好機と見る。全軍に川を渡らせ、そこに開けた平原いっぱいに、十万を超える全軍に堂々たる布陣を命じたのであった。

右翼は、テーベを主体にした、ペルシア支配下にある地方から召集したギリシア兵。

中央は、広大なペルシア帝国の中でも重要地帯とされる、メソポタミア地方やエジプトからの召集兵。

左翼は、混じり気なしのペルシア人の兵士たち。ペルシア軍の誇りである騎兵も、「不死身の男たち」と呼ばれたペルシア軍の精鋭中の精鋭も、この左翼で主戦力を担う。

この陣容では、ペルシア軍にとっての右翼は、アテネが主体のギリシア軍の左翼と当ることになり、ペルシア軍の中央は、コリントを始めとするギリシアの中小都市国家軍と、そして、正真正銘のペルシア人部隊は、ギリシア側の右翼を守るスパルタの兵士たちと当ることになる。

敵側のこの陣容が明らかになった時点で、パウサニアスは、不安になったようであった。

三十四歳のスパルタの若将は、アテネ軍を率いて左翼を守るアリステイデスのところに行き、右翼と左翼を入れ代えてくれないかと頼んだのである。アテネ軍が右翼に行き、スパルタ軍は左翼にまわるという案である。このときの依頼の理由は、アテネ軍が右翼に行き、アリステイデスにはすでに十年前、マラトンでのペルシア軍相手の戦闘の経験があり、それも勝利した実績があるから、というものだった。

五十一歳のアリステイデスは、三十四歳の正直なこの頼みを了承した。

それで、右翼のスパルタの一万が左翼に行き、左翼のアテネの一万が右翼にまわるという移動が始まったのだが、敵に気づかれないようにと夜中に行われたので、大混乱になってしまう。

結局、朝日が昇ってみたら、両翼ともが以前の場所にもどっていたという、笑うにも笑えない結果で終わっていたのだった。

こうなってはもはや、スパルタの若将も覚悟を決めたのである。ギリシア軍の主力としてよいスパルタ軍が、敵ペルシアの主力とぶつかるしかない、と。

前年に闘われたサラミスの海戦でも、ギリシア海軍の主力であったアテネ海軍を率いたテミストクレスは、彼自らが望んで、敵ペルシアの主力であるフェニキア海軍に決戦を挑んだのだった。

その一年後に闘われるここプラタイアでの陸戦でも、敵味方双方ともの主力同士が激突することになる。

サラミスでペルシアに挑んだのはアテネだったが、プラタイアでペルシアに挑むのはスパルタになるのである。

ということは、サラミスでの戦略はアテネ人のテミストクレスが考え出したが、プラタイアでは、スパルタ人のパウサニアスが考え出さねばならない、ということであった。

三十四歳のスパルタの武将は、サラミスでのテミストクレスを考えていただけでなく、テルモピュレーでのレオニダスについても考えていただろう。レオニダスは同じスパルタ人であるだけでなく、彼にとっては伯父であった。

六十歳だったレオニダスは、彼が指揮をまかされた兵力の中でも直属の部下になるスパルタの重装歩兵が三百しか許されないとわかった段階で、その三百の全員をすでに妻子のある者から選んでいる。たとえ戦場で死ぬことになっても、家系は断絶しない者だけを選んで連れて行ったのだ。

閉鎖社会のままで長くつづいてきた都市国家スパルタでは、王族でない一般の市民でも、長年つづいた家系の者が多い。そのスパルタ人にとって、家系の断絶ぐらい耐えがたい悲哀はないのを、レオニダスはわかっていたからであった。

その一年後、パウサニアスが率いるのは、市民権を持つ「一級重装歩兵」が五千と、市民権は与えられていないが、必要となれば「二級重装歩兵」として闘う五千のペリオイコイの、計一万の兵士たちである。

後にまで、「レオニダスと三百」というだけで通じるほど有名になる三百は、「一級重装歩兵」だった。この意味で比較するならば、レオニダスのときの「三百」に対して、パウサニアスは「五千」ということになる。

五千人となれば当り前だが、家系の断絶を思い遣《や》る余裕などはなくなる。息子はおろか、結婚さえもしていない若い兵士たちも連れてこざるをえなかったのだ。階級間の婚姻面での交流が許されていないスパルタは常に重装歩兵不足に悩んでいたので、五千とは、このスパルタの主戦力供給能力ギリギリの数、であったと思う。

市民皆兵の国では、この点ではスパルタもアテネも同様だが、兵士の現役期間は二十歳から六十歳まで、で共通している。この場合、現役の「シニア世代」、一兵卒ならば四十五歳から六十歳までの世代は、国境防衛にまわされるのが普通だ。スパルタの場合は、スパルタの防衛にプラス、「ペロポネソス同盟」の盟主という立場から、ペロポネソス半島への入口になる狭い地峡のイスミアの防衛にも兵を割く必要があった。

ということは、パウサニアスに従ってプラタイアに向ったスパルタ兵の多くが、若い兵士たちであったという想定も成り立つ。

パウサニアスが背負う責任は、レオニダスの「比」ではなかったのである。配下の若い兵士たちに、単に戦死するだけでなく、家系断絶という「苦」まで味わわせて死なせたくなければ、勝利するしかなかったからであった。

どうやれば、勝てるか。若いスパルタの将の頭には、これしか入る余地はなかったにちがいない。

敵ペルシアは、歴史的にも伝統でも陸軍で持つ国である。その全軍をぶつけてこられるスパルタも、歴史的にも伝統でも陸軍の国であった。ちがいはただ一つ、ペルシアには騎兵が存在するのに対し、スパルタには騎兵が無かったことである。

パウサニアスは、考えたにちがいない。

敵がこのスパルタが守る右翼に主力を投入してくるとわかったからには、その敵軍の中で最も機動性に富み、それゆえに最も攻撃力に優れた騎兵のパワーを、どうやれば、重装歩兵だけで削《そ》ぐことができるか。そこにこそ、勝敗を分ける鍵がある、と。

ほんとうの意味での「重装歩兵」とは、ギリシアにしかなかったタイプの兵士である。ペルシア軍の精鋭中の精鋭ということになっていた「不死身の男たち」の一万とて、重装歩兵かと言われれば「否《いな》」と答えるしかない。

身にまとう華麗な軍装は人眼をひくが、頭部を守るのは、兜《かぶと》ではなく単なる帽子。

大切な胸部を守る、胸甲も着けていない。盾《たて》も、外見は派手だが造りは岩乗《がんじょう》でなく、直径は六十センチ前後で、ギリシアでは騎兵か軽装歩兵しか使わない円型。剣は長剣なので、接近戦になると不利は免れない。槍《やり》は、身長より少し長いだけの二メートル足らず。しかも服装は、戦場でもオリエント式に忠実に長いスカートのまま。これで戦闘をしていたのかと思ってしまうが、なにしろ当時のペルシアが代表していたオリエント・スタイルとは、「量で圧倒する」なのであった。

一方、もともとからして「量」に恵まれていないギリシアの都市国家は、一人一人の兵士の防御力と攻撃力を高めることしかできない。

その結果が、実際よりも威圧感を与えるのに役立つ、掃除用のほうきかと思うほどに大きく派手な飾りのついた兜。これは戦闘開始となるや引き下げるので、眼と口だけしか見えなくなる。

そして、今に遺《のこ》る彫像では裸体で表現されているので戦場でも裸体で闘っていたのかと思ってしまうが、実際はまったくそうではない。戦場は、スタディウムでもなければパレストラでもない。戦場ではギリシアの男たちも短衣は着けていたのだが、そのうえに、胸と背を完全におおう胸甲をまとい、さらに脚には、これも金属製の具足をつけていた。

盾は、直径一メートルは充分にある、岩乗な造りの円型。これには輪が二ついていて、そこに腕を通して固定できるようになっている。

接近戦となると腰につるした剣を抜いて闘うが、重装歩兵にとっての最強の武器は、何と言っても槍なのだ。この槍も、両端に鋭く光る切っ先のついた、身長の二倍以上もの長さがある。両端ともに切っ先がついているのは、たとえ切断されても戦闘続行が可能、という目的のためである。

ギリシアの都市国家の重装歩兵には、これほどもの長さの槍を自在に操る能力が、何よりも先に求められたのであった。

このちがいに、パウサニアスは眼をつけたのである。ペルシアの兵士の武装に対して、ギリシアの重装歩兵の武装が、防御面でも攻撃面でも優れている点に注目したのだった。

そこで考え出したのが、「戦略的撤退」である。

平原がつき丘陵が始まる地点に味方の兵士たちを配置し、突撃してくる敵を引きつけられるだけ引きつけておいて、いっせいに退却する。そして、調子づいて追ってきた敵騎兵の動きが鈍る丘陵地に入った瞬間を待って、まずは長槍で馬を狙《ねら》う。騎兵を、歩兵に変えてしまう策である。

歩兵に変えてしまえば、勝負はこちらのものであった。離れていれば長槍で、接近戦になれば、剣と防御力抜群の盾で闘う。

槍だけでも、ペルシア兵の二メートル足らずに対し、ギリシア側は四メートルに迫る長さ。

盾も、大きさだけでなく強靭《きょうじん》さでも、断じてギリシア側が優れていた。

この戦略で、パウサニアスは、四倍の敵でも勝てる、と見たのである。

ところが、この戦略に、部下たちからの猛反撥《はんぱつ》が巻き起った。とくに、一万の中でも「一級重装歩兵」の五千からの、それも「ベテラン世代」からの反撥が激しかった。

彼らは、総司令官のパウサニアスを前にして、いっせいに抗議の声をあげた。

「スパルタの戦士たる者、敵を前にしていながら背を向けるなど、絶対にやってはならないと教えられてきた。敵の兵数の多少は関係なく、敵前からの撤退などは論外だとして闘ってきたのだ。それをあなたは、われわれに強いるのか！」

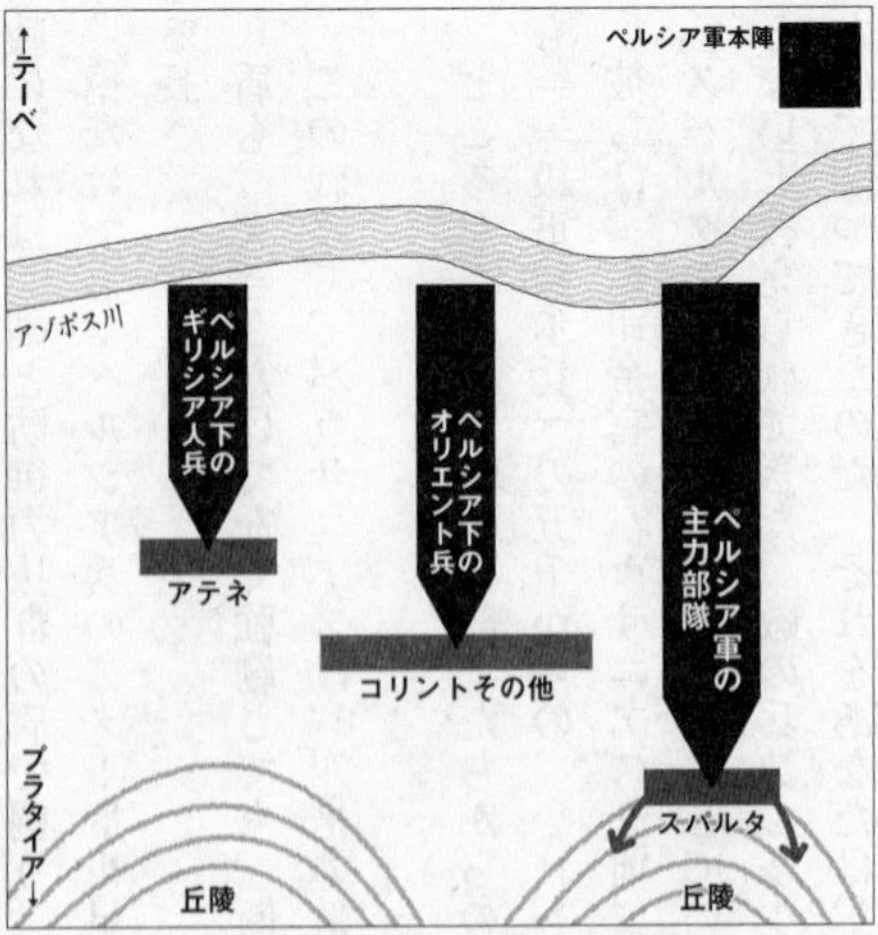

プラタイアの戦闘・決戦図

若い総司令官は、自分よりは年長のベテランの多いスパルタの兵士たちに向って説得した。これは単なる退却ではなく、勝つためにやる戦略上の撤退なのだと、説得に努めたのである。だが、敵に背を見せるくらいの不名誉はないと信じて疑わない、スパルタの戦士たちを納得させるのは、容易なことではなかった。あるベテランの一人に至っては、長槍を地面に突き立て、ここからは一歩たりとも退《ひ》かない、と強弁する有様。

それでも、三十四歳は我慢強かった。強硬に反対する兵士たちの頭目と見た一人を司令官の天幕に招いて、一対一での説得を試みる。

二人の間での応酬は相当に激しかったらしく、外で野営中の兵士たちにも聴こえたという。隊長が折れたのは、眼前に広がる平原が東から少しずつ白みはじめた時刻になってからであった。

スパルタの戦士にとってのモットーは、「敵に背を見せるな」だけでなく、上位者への「絶対服従」もあったからである。

それにしても、スパルタ軍の兵士ならば誰でも知っていたこの一件が、ペルシア側に気づかれなかったのは不思議と言うしかない。

しかし、ペルシア戦役を通じて、偵察兵を出したり羊飼いに変装した密偵を敵陣に近づかせたりして、情報の収集に熱心であったのは、常にギリシア側で、それもとくにアテネ側だったことである。ペルシア側にもそのような動きがあったことを、記録している史料はない。「量で圧倒する」やり方に自信を持っていたペルシア人にとっては、敵状を探る努力などは不要、と思われていたのかもしれなかった。

いずれにしても、マルドニウスは、パウサニアスがこのような戦略・戦術を考えていたことを、まったく知らなかったのだ。

知らなかったからこそ、紀元前四七九年の八月二十八日の早朝、川を渡ったところに布《し》いていた陣容に変更を加えることもせずに、総攻撃を命じたのだった。

ペルシア支配下のギリシア兵で成る右翼は、アテネ軍が主体のギリシア軍の左翼にぶつけ、メソポタミア地方やエジプトからの兵士で成る中央は、コリントが率いるギリシア軍の中央に、そして混じり気なしのペルシア兵で構成され、騎兵の一万と「不死身の男たち」の一万を主力とする左翼は、スパルタの一万にぶつけてきたのである。

第二次ペルシア戦役で最大の陸上戦になる「プラタイアの戦闘《バトル》」は、こうして、実際の戦闘は、広い平原の三箇所に分れて展開することになる。

しかし、後世の戦史の専門家たちもそろって指摘するように、「プラタイアの戦闘《バトル》」での主戦場は、あくまでも、ペルシア軍の主力とスパルタが激突した、戦場になるのである。

「サラミスの海戦」での主戦場が、フェニキアの三百隻《せき》に対しアテネの二百隻が激突した、海域であったのと似ていた。

戦史家たちの研究書を読んでいて、戦闘終了後の結果が、戦闘の始まる前に立てた戦略・戦術どおりに進んだうえでの戦果であるのを知って驚嘆するが、ここにこそ、名将と凡将のちがいが出てくるのである。

凡将は、先例に基づいての想定内で戦略なり戦術を立てる。

反対に名将は、先例には縛られずにあらゆる事態を考慮し、つまり想定外まで考慮し、そのうえさらに、自軍の兵士の有利と不利だけでなく、敵の有利と不利まで考えに入れて、戦略・戦術を立てるのだ。

こうなると、戦端を切った後に起りうるあらゆる事態への対処までフォローしたうえでの策になるので、実際の戦況の展開も、彼が考えたとおりに進むということになる。結果は、当然のことながら勝利。

ペルシア軍とスパルタ軍が激突した戦場でも、戦況の展開は、パウサニアスが考えたとおりに始まり、進み、終わる。ほんとうの意味での勝負がつくまでに、激闘ではあったものの、半日しかかからなかったのであった。

スパルタの重装歩兵には、すでに述べたように、「一級重装歩兵」と「二級重装歩兵」の差がある。並の司令官ならば、まずは「二級」をぶつけ、勝負時が来た段階になって初めて、「一級」を投入することで、「とどめ」を刺そうと考えるだろう。

だが、パウサニアスは、それをしなかった。

スパルタの「一級」と「二級」の差は、スパルタ市民権の有無にだけ、あるのではない。長年にわたってたたきこまれる、技能の差にあるのだ。

パウサニアスは金属製ゆえに重い武装と重い盾を持ちながらも四メートル近い長さの槍を駆使できる「一級重装歩兵」に、存分に力を発揮させようと考えたのである。武技では劣る「二級重装歩兵」を先にぶつけたのでは、敵騎兵に踏みひしがれて死体の山を築きかねない。そうなっては、もともとからして樹々の繁る丘陵という不利な地勢で闘わねばならない「一級」に、味方の死体をまたいで闘わねばならないという、さらなる不利を与えることになるからであった。

この戦術は成功した。ペルシアの騎兵は、彼らの攻撃力の基盤である馬を、スパルタの重装歩兵が駆使する長槍によって着実に倒された結果、馬を捨てざるをえなくなる。いったん歩兵になりさえすれば、防御面では優れた武装と、敵の二倍もの長さの槍が、勝負を決めることになるのだった。

また、ペルシアの誇る「量」も、ペルシア側には不利に働いた。総攻撃の命令一下走り出した兵士たちも、前方で起っている事態まではわからない。それで、押せ押せ、の状態になってしまう。その結果、前のほうにいる兵士たちは、動こうにも動けない状態になってしまうのだ。

これこそが大軍勢の隠し持つ欠陥で、こうなってしまっては、精鋭さえも力を発揮できなくなる。自軍内部の混乱くらい、勝利から遠のかせる要因もないのだった。


平原の西方が戦場になっていた、ギリシア軍の中央も左翼も敢闘していた。

中小の都市国家からの兵士で成っている中央だが、彼らとてギリシアのポリスの重装歩兵である。量だけは多くても、武装・武具とも軽装歩兵の水準でしかない、中東やエジプトからの兵士相手に、有利に闘いを進めるのは難事ではなかった。

アテネが主体の左翼は、テーベを主体にした、ペルシア側に立っているギリシア人を相手に闘っている。ゆえにこの左翼では、敵も味方も重装歩兵同士。

しかし、五十一歳のアリステイデスが指揮するアテネの重装歩兵八千の敢闘は目ざましかった。前の年のサラミスでは三段層ガレー船に乗せられて闘うという、兵士としては当然でも陸兵としてはちょっと、と感じていた彼らも、久しぶりに大地に足をつけての戦闘に、士気が爆発したのかもしれない。この左翼では完全に、戦況はギリシア側に有利に展開していた。

このときに伝わったのが、マルドニウス戦死、の報である。このようなことは、伝えようとしなくても、自然に伝わってしまう。

ペルシア軍総司令官のマルドニウスは、その日、八月二十八日は、自ら陣頭に立って、ペルシアの本軍を指揮していた。「不死身の男たち」の中でも特別に選ばれた精鋭の一千の兵士が、総司令官を守る役目だけに召集され、マルドニウスを囲んで闘っていたのである。

その彼を認めたスパルタの兵士の一人が、遠くから投げた石塊が直撃した。頭を強打されて落馬したマルドニウスを、一千のペルシア兵がただちに、総司令官の身を敵にわたさないために守りを固める。

だが、敵の見せる些細《ささい》な弱味でさえも見逃さないのが、スパルタの戦士だ。槍を剣に持ち替えて突入した彼らの前に、ペルシアの精鋭一千も敵ではなかった。

それでも、ペルシアの一千は一人も逃げなかった。傷ついた自分たちの総司令官の周囲を固めながらも、次々と血祭りにあげられていったのだ。テルモピュレーでのレオニダスと三百の最期《さいご》が、くり返されたかのようであった。

しかし、伝わってしまったにせよ総司令官の戦死は、ペルシア側の全兵士に、退却の許可が出たのと同じ効果をもたらした。

総崩れである。逃げるペルシア側は川を渡り、防柵《ぼうさく》の中に逃げこんだ。それを追うギリシアの兵士たちにとって、柵の中に逃げこんだペルシア兵を殺すのは、柵の中にいる羊を殺すのと変わりはなかった。もはや、戦闘ではなくて殺戮《さつりく》であった。

このペルシア軍の中で部隊としてまとまった形で生きのびることができたのは、その日の戦闘では後方に陣取っていたので、マルドニウスの死を知るや早々に逃げ出していた、アルタバゾスが率いていた四万だけである。

それ以外の八万のうちで、テーベ目指して北に逃げたギリシア兵を除いたペルシア兵の数がいくらであったかは、正確にはわかっていない。ただし、三千人は生きのびたと、ヘロドトスは書いている。

となると、「プラタイアの戦闘《バトル》」でのペルシア側の死者は、七万人を超えたことになる。もしもこれが真相だとすれば、陸軍国であるのが誇りであったペルシア帝国にとっては、弁明のしようもない大敗北を喫したことになった。

一方、ギリシア側の死者は次のとおり。

右翼（スパルタ主体）――九一人
中央（コリントその他）――一六人
左翼（アテネ主体）――五二人
計――一五九人

史家ヘロドトスによるこの数は、おそらく、主戦力である重装歩兵の戦死者の数であったろう。投石兵等の軽装歩兵までふくめた戦死者の総数は、この十倍近くの一三六〇人であったと、後になってプルタルコスは伝えている。

いずれにしても、ギリシア側の圧勝であった。

しかも、この「プラタイアの戦闘」は、「サラミスの海戦」とはちがって、当時の超大国ペルシアにとっては、言い訳はいっさい許されない完敗になる。

サラミスでは、敗れたのは助っ人に立ってくれたフェニキア海軍であって、陸軍立国であるペルシアが敗北したのではないという、言い訳はできなくもなかった。

しかしプラタイアでのペルシアは、陸軍の主力を投入して敗れたのだ。言い訳はいっさい許されない、「完敗」を喫したのである。

この「プラタイアの戦闘」を、後世の戦史家の一人は、次のように評した。

「勝利の栄誉は、ほとんど百パーセント、パウサニアスと彼の重装歩兵たちに帰す」

戦い終わって、と言っても後半は殺戮だったがそれも終わって、陣営にもどってきたスパルタの兵士たちは、身体《からだ》中にとび散った血も洗わない前に、総司令官につめ寄っていた。

ペルシア王クセルクセスがテルモピュレーでわれらが王レオニダスに対して行ったように、マルドニウスも頭部を切り離し、それを槍の先に突き刺して、ギリシアの全軍の前にさらしてまわろうではないか、というのである。

これを、パウサニアスはきっぱりと断わった。そのようなことをすれば、われわれも野蛮人《バルバリ》になってしまう、と言って。

野蛮人にされるのは嫌であったらしいスパルタの男たちは、このときはただちに了解した。

総司令官ながら陣頭に立って闘い抜いたマルドニウスの遺体は、顔にへばりついていた血もきれいに洗い取られ、白い布地につつまれ、丘陵の最も高い地点に丁重に埋葬された。

その夜の戦勝祝いは、ペルシア王クセルクセスがマルドニウスに残していった豪華な天幕の中で行われた。ギリシア都市国家連合の全軍の司令官や隊長を招待した席で、総司令官でもあるパウサニアスは言った。

「これほどの富に恵まれていながら、クセルクセスはなぜ、これとは比べようもないくらいに貧しいギリシアを征服したいと思ったのだろうか」

これには、全員が笑った。いつもは厳粛な顔つきを崩さない、アリスティデスまでが笑ったという。

しかし、その次の一瞬、全員の顔が変わった。ペルシア人の調理人が逃げてしまったので、と言うパウサニアスの言葉の後に運ばれてきた一皿を見て、スパルタ人を除いた全員が、げんなりした顔に変わったのである。

運ばれてきたのが、あの世界一不味《まず》いという評価で一致している、スパルタでは武術訓練中の集団生活では主食の、肉の塊の浮いているよどんだ色のスープ、であったからだった。

調理人が逃げてしまったのはほんとうだったとしても、オリエントの富を象徴する金色と青で埋まった豪華な天幕と、その中で供される、スパルタの質実剛健の象徴と言ってもよい世界一不味いスープの愉快な組み合わせ。三十四歳のスパルタの若者は、たぐいまれな武将であることを実証しただけでなく、アイロニーとユーモアのセンスの持主でもあったようである。

しかし、アイロニーとユーモアはけっこうでも、通称「黒いごった煮」と呼ばれていた世界一不味いスープをすすりながらも、その席で決定したのはまじめな事柄であった。

第一に、大挙して逃走したアルタバゾス指揮下の四万は、放置すること。

これらのペルシア兵は、サラミス海戦後のペルシア王よりも早い速度でアジア側に逃げ帰るにちがいないので、放置しておいてもかまわない、となったのだった。

第二は、これまた相当にまとまった数で戦場から逃げていた、テーベの問題がある。

この件については、パウサニアスが、自分にまかせてくれと言った。

テーベは、テルモピュレーではギリシア側に立って闘っていながら、最後の最後になってレオニダスと三百を見捨て、ペルシア王に降伏した国である。パウサニアスは、このテーベはスパルタだけの問題だと言い、われわれだけでケリをつけたいと言ったのだ。他の都市国家の代表たちにも、事情が事情なので異存はなかった。

翌日、パウサニアスはスパルタの一万だけを率い、逃げたテーベ兵の追討行に発《た》って行った。

テーベの城門の前に立ったパウサニアスは、テルモピュレーとプラタイアに出兵したテーベ軍の責任者の引き渡しを要求した。

テーベ側は、城門を閉じたまま、拒否で応ずる。

パウサニアスは、テーベの周辺一帯の焼き打ちを命じた。

だが、兵糧攻め作戦を幾日にもわたってつづける必要はなかった。テルモピュレー以後はペルシア側に立っていたテーベも、プラタイア後は彼らだけがギリシアで孤立してしまったことに、眼を閉ざすほど愚かではなかったからである。

正当な裁判にかけることを条件に、責任者三人をスパルタ側に引き渡すことを承知した。

引き渡された三人のテーベの要人は、パウサニアスの命令で、コリントに護送された。裁判にかけるまでの期間、コリントで拘留してもらうためである。だが、コリントまでの護送役に指名された隊長には、ある密命が与えられた。

コリントに到着しだい殺せ、と隊長が口頭で伝えるよう言われた相手は、プラタイアの戦闘《バトル》では、コリント兵を率いて中央で闘った武将である。あの半月ほどの間にパウサニアスに好意を抱くようになっていたそのコリント人は、パウサニアスからの密命を忠実に果したのは言うまでもない。

しかし、この三人の要人以外のテーベの市民に対しては、パウサニアスは一指もふれさせなかった。いかにテルモピュレーへの仇討《かたき》ちとはいえ、一都市国家とそこに住む人々の全員を抹殺するなどという狂気を、パウサニアスは持ち合わせていなかったのだ。ベテラン兵の何人かがその彼に不満の視線を向けても、三十四歳の若将は無視しただけだった。

テーベ問題が片づいた後は、さらに北上してテルモピュレーに向う。前年の激戦地では、レオニダスと三百のスパルタ兵の遺体が、野ざらしにされたままの一年を経て、誰の骨ともわからない白骨の山と化していた。

パウサニアスはそれをすべて集めさせ、馬車に乗せてスパルタに連れ帰ると決める。こうして、「プラタイアの戦闘」の最大の功労者であるスパルタの重装歩兵の母国への帰還は、遺骨とともの凱旋《がいせん》になったのであった。

帰途の道すがら、デルフォイに立ち寄った。デルフォイにある、男神アポロンに捧《ささ》げられた神殿は、スパルタの人の信仰を集める神殿として知られていた。平たく言えば、スパルタ人が大好きな神殿で、何か起るたびにここに駆けつけ、御神託をうかがうという、彼らにしてみれば聖地であったのだ。

デルフォイでは、勇者たちの遺骨へのお清めも、欠かさなかったであろう。また、生きている勇者たちのほうも、勝利を与えてくれた、と彼らは信じていた、アポロン神への感謝の祈りも欠かさなかったにちがいない。

三十四歳のスパルタの若将も、神への感謝では例外ではなかった。だが彼は、感謝を捧げる兵士を率いて勝利をかち取った司令官である。それで、勝利した軍のトップにふさわしく、次の言葉を刻ませた銅板を、アポロン神に奉納したのだった。

「パウサニアス、ギリシア全軍の総司令官。敵ペルシア軍を壊滅したことを記念して、感謝の心とともにこれを奉納する」

これが、スパルタの国政を実際には動かしている、「五人のエフォロス」の猜疑《さいぎ》心を刺激することになるとは、このときのパウサニアスは考えてもいなかったろう。「五人のエフォロス」を日本語に訳すと、「五人の監督官」になる。だが、これを読み進めるうえで、読者にはお願いしたい。

この文中で「五人のエフォロス」という文字に出会うたびに、単なる「五人の監督官」ではなく、「小人閑居して不善を成す」の、「小人」の五人、と思って読んでほしいのだ。

猜疑心を辞書は、「そねみうたがう心」と説明している。他者をそねみ疑うような心は、閑居している小人しか持たない心情である。

たしかに、パウサニアス、と名を明記したのは、個人主義を何よりも嫌うスパルタでは異例のことではあった。

しかし、何と言ってもまだ三十四歳。それまでに一度として経験したことのない、すべては自分一人にかかっているというすさまじいまでの重圧を、半月以上もの間耐えに耐え続けた後に、爆発した叫びと考えてやるべきであった。全力で走ってきたアスリートが、ゴールに突入したとたんにあげる叫び声に似ている。緊張が切れたとたんに爆発した叫び声。

相手の立場に立つことの必要性を知っている普通の出来の人ならば、この程度のことで猜疑心などは持たなかったろう。だが、スパルタの「エフォロス」は、「小人」なのだ。それも、戒告程度で済ませる中庸の精神にも無縁な、イタリア語では「ピッコロ・ウオーモ」という、心の狭い小人たちなのであった。

しかし、「小人」にも、彼らなりの生存法がある。それは、猜疑心は抱いても、すぐには表に出さないというやり方だ。パウサニアスと一万のプラタイアでの勇者たちは、スパルタ市民の大歓迎の中で祖国への凱旋を果したのである。

エーゲ海、再びギリシア人の海に

しかし、第二次ペルシア戦役の二年目に当る紀元前四七九年は、スパルタだけに名を成させた年ではなかった。アテネも、今やギリシア第一となった海上戦力を、この年もフルに活用していたのである。

史家ヘロドトスによれば、ミカーレ攻略に出動していたギリシア連合海軍による勝利の知らせがもたらされたのは、プラタイアでの勝利の報が届いたと同じ日であったという。ならば、前四七九年も八月の末になる。サラミス島に疎開《そかい》中のアテネ政府は、プラタイアでのペルシア陸上軍壊滅の報と、ミカーレの攻略に成功したことでのペルシア海上軍壊滅の報を、ほとんど同時に受け取ったことになった。

エーゲ海を一気に横断して敵海軍の基地を直撃するという大胆きわまる作戦は、前年の秋にサラミスで勝利していたからこそ実行できた戦略である。

多島海とも呼ばれるエーゲ海に浮ぶ島の多くは、サラミスの海戦以前は、ペルシア王の要求した「土地と水」を受け入れて、民族的にはギリシア人でありながら、ペルシアの支配下にあったからで、その敵中を突破して敵基地を直撃するなどは、自殺行為でしかなかった。

それが、サラミスでのギリシア軍の勝利を知って以後、これらの島は続々とギリシア側にもどってきていた。でなければ、サラミス戦直後にギリシア海軍が、アンドロスの島で冬越しできたはずはなかったのだ。アンドロスもそれまでの十年間ペルシア支配下にあり、ギリシア船は水の補給のためにさえも寄港できなかったのである。

だが、この時点でもなお、ギリシア側にもどってきたのは、エーゲ海の南半分に浮ぶ島にかぎられていた。エーゲ海の北半分に浮ぶレムノス、レスボス、キオスの大きい島々は、すぐ東のイオニア地方がいまだペルシア支配下にあることから、ギリシア側にもどる勇気までは持てないでいたのである。

そのエーゲ海の北半分と南半分の境い目にあるのが、サモス島である。ここをペルシア側は、第一次ペルシア戦役でも第二次のペルシア戦役でも、常に自軍の海軍の基地にし、ギリシアへの侵攻も、海軍は常にこのサモスから出港していたのだった。

ミカーレとは、このサモス島に近接する半島の名称である。そのすぐ近くの島のサモスとは、海峡がへだてているとはいえ、五キロとは離れていない。サモス島を攻撃するのではなくそこに近いミカーレの攻略を目指したのは、ペルシア側の防衛戦力が、サモスに集中し、ミカーレは防衛薄であったからである。もちろん、ミカーレ攻略戦を続けながら、アテネ海軍司令官クサンティッポスはサモスの住民に密使を送り、彼らの側からの反ペルシア蜂起《ほうき》をうながすことは忘れなかった。

三段層ガレー船二五〇隻で成るこの年のギリシア都市国家連合海軍は、ミカーレの攻略にはさしたる苦労もなく成功した。そして、これと呼応したサモス島の住民も、実に二十年ぶりにペルシア軍の追い出しに起《た》ったのだった。

サモスに停泊していたペルシア海軍は、サラミスで大打撃をこうむっていた一年後ということもあり、使いものにならない船までふくめて二百隻足らずであったという。今度こそ量でも優れるギリシア海軍の猛攻を受けて全滅し、司令官の三人までが戦死した。生き残ったわずかの兵が、内陸にあるサルディスまで逃げのびることができただけだった。

ミカーレを攻略しサモス島を奪還した、この「ミカーレ攻略戦」の効果が表われるのは早かった。

ミカーレ半島からは東南の方角に、陸つづきで四十キロの距離に、イオニア地方の有力都市国家ミレトスがある。また、海上を五十キロ行った北には、これまたイオニア地方では有力な海港都市、エフェソスがあった。

サモスがギリシア側にもどったということは、ミレトスもエフェソスもギリシア側にもどれるときが来たことを意味していたのである。しかもそれは、エーゲ海北半分にある主要な島のレムノス、レスボス、キオスも、もどってこれる状態になったということであった。

「ミカーレ攻略戦」とは、これだけの波及効果を考えたうえで立てた、戦略であったのだ。そしてこれは、サラミス島に居つづけながら戦略を考えたテミストクレスと、その実行を託されたクサンティッポスの、二人のアテネの「ストラテゴス」によって実現したのである。

「鉄は熱いうちに打て」とは言っても、打ちどころをどこにするかで、その効果は天と地ほどもちがってくるのだから。

「ミカーレ攻略戦」の成功によってエーゲ海南半分からのペルシア勢を一掃した時点で、ギリシア連合海軍に参加していた都市国家の司令官全員がサモス島に集まって、この後の戦略を討議する会議が開かれた。

総司令官でもあるスパルタの王レオティキダスは、この年の対ペルシア戦はこれをもって終了し、参戦国はそれぞれの国に帰ることを主張した。彼自身は老齢でもあり、またスパルタ人は、これだけはペルシア人に似て、海の上では安心できないのだ。

だがこれに、アテネの司令官のクサンティッポスが反対した。季節は九月に入ったばかり、勝って士気あがる海軍を率いてこのまま北に向い、ペルシア軍のギリシア侵攻路になっていた、ヘレスポントス海峡を攻めて、侵攻路そのものの切断を強行すべきだ、と言ったのである。

だが、スパルタ側はゆずらなかった。スパルタは海外には関心はない、と言うのである。スパルタ人の多くにとっての海内はペロポネソス半島の内部に留まり、それ以外の地は土地も海もすべてが海外なのであった。

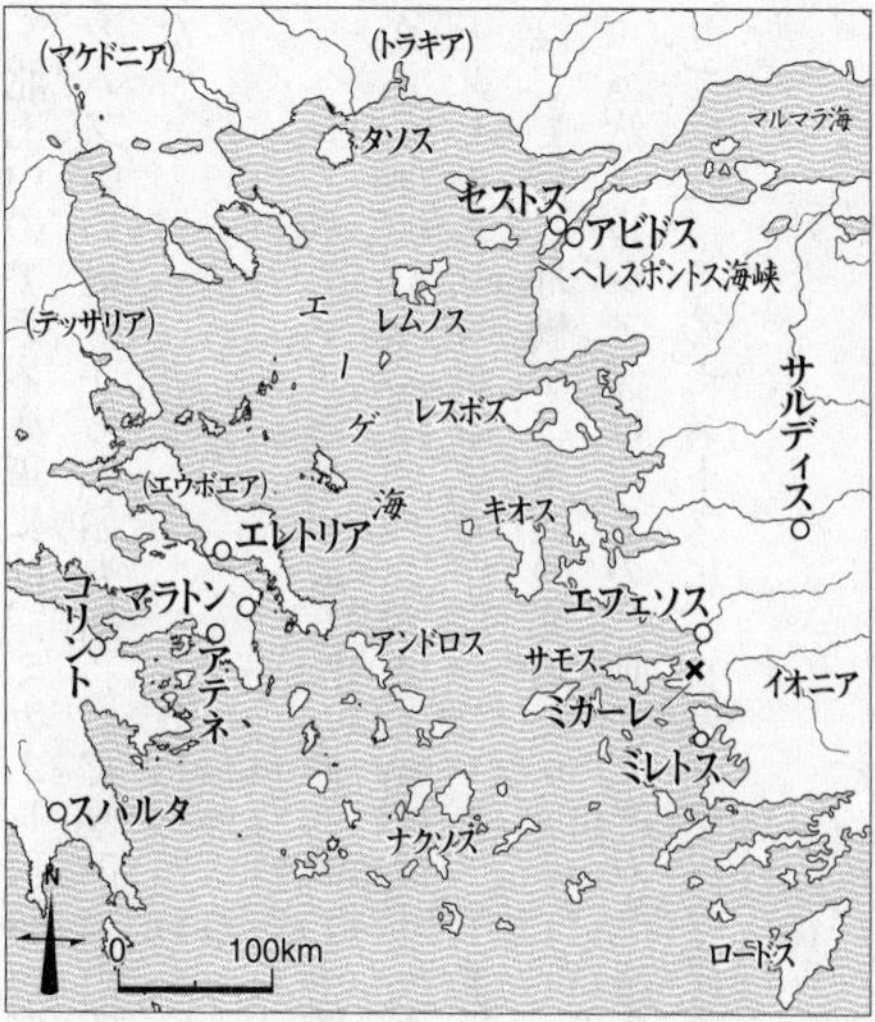

エーゲ海とイオニア地方

結局、ヘレスポントス海峡に向うのは、アテネ海軍の独自行動と決まった。独自行動とは言っても、二百五十隻中の二百隻がアテネ船であったから、ミカーレ攻略戦に参加した船のほとんどが、クサンティッポス指揮下、北に向ったことになる。

北上中のアテネ海軍には、ミカーレ攻略の波及効果を示して、キオス、レスボス、レムノスの島々からの船も加わって、アテネ海軍は、北上しつつも船数は増えていった。

ヘレスポントス海峡で最も狭い地点は、西岸はセストスの町、東岸はアビドスの街がある地点になる。この二地点を結ぶ海上には、ペルシア軍のギリシア侵攻路として王クセルクセスが命じて作らせた、並べた舟を強力なロープでつなぎ、その上に板を渡して作る舟橋が二本通っていた。

当然ペルシア側は、この二地点、それもとくにセストスを、強力な防衛戦力で守らせていた。そのセストスに、クサンティッポス指揮下のアテネ軍攻撃が集中したのである。

しかし、セストスを守るペルシア軍の抵抗もしぶとかった。サラミスでの海戦後に舟橋を渡ってアジア側にもどる際に、クセルクセスが、死守を厳命していたからである。クサンティッポスは戦法を、攻撃から兵糧《ひょうろう》攻めに変えた。セストスはペルシア下に入っていても住民はギリシア人で、住民の非協力を期待したのだ。

それでも、食の欠乏よりも住民蜂起のほうが怖《おそ》ろしくなったペルシアの防衛隊が、深夜小舟に乗って対岸のアビドスに逃げ去るまで、攻防戦は二ヵ月もの間つづいたのである。

二ヵ月後、敵は逃げ、それを待っていた住民たちが城門を開け、舟橋をつないでいたロープを断ち切って、セストス攻略は終了したのだった。紀元前四七九年も、十二月に入ろうとしていた。

冬の海もかまわずアテネの外港ピレウスに帰還したアテネ海軍は、戦利品である長いロープを海上に流しながらの凱旋であったという。

プラタイアでの勝利後はアテネ人に強いられていた疎開も解除され、アテネの市街も、徐々にしろ帰国する人々で賑《にぎ》わい始めていた。海軍の凱旋を迎えるアテネの群衆の中には、疎開中に十六歳を迎えていた、クサンティッポスの長男のペリクレスの姿もあったかもしれない。

こうして、ついに、第二次ペルシア戦役の二年目も終わった。

一年目の前四八〇年は、サラミスの海戦によってギリシア側が、ペルシア相手に

「決定打」を放った年になる。

二年目の前四七九年は、プラタイアでの勝利に加え、ミカーレとセストスの奪還成功によって、ギリシア側がペルシアに、「とどめ」を刺した年になったのだった。エーゲ海は再び、ギリシア人の海にもどったのである。

そして、セストス奪還も、波及効果を産む。陸伝いに侵攻してくるペルシアへの恐怖から解放されたことで、北部ギリシアのトラキア地方がギリシアに回帰する。そしてその西に位置するマケドニア、マケドニアの南に広がるテッサリアと、エーゲ海がギリシア人の手にもどっただけでなく、ギリシアの本土もギリシア人の手にもどったのである。

ギリシアを「ひとにぎりの小麦」としか見ていなかったペルシアが、そのひとにぎりの小麦に徹底的に敗れたからであった。

その間、ペルシア王クセルクセスは、安全な内陸部にあり、ペルシアがギリシア侵攻の前線基地と考えていたサルディスに留まっていた。

そのサルディスで、プラタイアとミカーレの敗北を知ったのである。

激しい怒りを制御できずに家臣の誰かれとなく怒鳴り散らす、ならばまだよかった。四十歳になっていたペルシア王を苦悩の底に突き落としたのは、怒りではなく、もっと性質《たち》の悪い感情であったような気がする。オリエントの貴公子を襲った人格の破綻《はたん》は、プラタイアやミカーレでの結果を待つまでもなく、すでにサラミスの海戦直後に始まっていたのではなかったか。

それまでの彼を律してきた、自己制御は崩れ落ちた。息子の愛妻に手を出し、それを王妃に知られ、怒り狂った王妃がその女人の四肢を切断させるという蛮行に走り、王家はメチャクチャになる。と言って当のクセルクセスにはそれを解決する意志もなく、さらなる無思慮な振舞いに走るばかり。

プラタイアでの敗北を知って初めて、サルディスを後にスーザに帰って行ったと言われているが、サルディスからスーザまでつづく、ペルシアでは唯一《ゆいいつ》の快適な街道を輿《こし》にゆられながら、四十歳にして人格の破綻をきたしてしまった男は、何を考えていたのであろうか。

ヘロドトスによれば、ペルシア・ギリシア両軍の将の中で、肉体的には最も美しい男、であったというクセルクセスであった。

この人は、その後も十四年、ペルシア帝国の王として生きる。だが、「王たちの王」とは呼ばれていてもその十四年は、ギリシアに完敗したことが公私ともに影を落とさざるをえない十四年になった。

広大な帝国の各地でまるで恒例行事のように起る反乱に悩まされる中での唯一の気晴らしが、と言うよりも安らかな気分にひたれる唯一の時間が、建築技師や装飾の職人たちと図面を前にしている時、であったとはあまりにも哀《かな》しい。父ダリウスが着手しながら完成には至らなかったスーザやペルセポリスが、当時の人々を驚嘆させるほどに壮麗で美しい都市に生れ変わったのは、クセルクセスがそれに全精神を投入したからである。

それでいながら彼には、安らかな死さえも与えられなかった。五十四歳の年、王位を奪おうとした家臣に暗殺されたのである。

そのうえ、死後の王位継承も、安らかにはいかなかった。この家臣と王の長男との間で争いが起ったからで、それによる混乱が収まったのは一年後、家臣と長男の双方が殺されてからである。

これが、ギリシアから帰ってきて以後は統治の気力も失っていたという、オリエントの貴公子の余生であった。

歴史研究者の多くによれば、ペルシア戦役を勝ち抜いたことによって、ギリシア人は自分たちの持つ資質に目覚め、自信を持つようになった、という。私も賛成だ。これ以後のギリシア人は、中でもとくにアテネ人は、最盛期を謳歌《おうか》することになるのだから。

しかし、第一次・第二次とつづいたペルシア戦役の中でもとくに第二次の二年間は、これ以降のギリシア人の進む方向を、明確に示すことにも役立ったのではないか。言い換えれば、指針を与えた、ということである。

ペルシア（東方）は、「量」で圧倒するやり方で攻めこんできた。それをギリシア（西方）は、「質」で迎え撃ったのである。

「質」と言ってもそれは、個々人の素質というより、市民全員の持つ資質まで活用しての、総合的な質（クオリティ）、を意味する。つまり、集めて活用する能力、と言ってもよい。

これによって、ギリシアは勝ったのである。ひとにぎりの小麦なのに、大帝国相手に勝ったのだった。

この、持てる力すべての活用を重要視する精神《スピリット》がペルシア戦役を機にギリシア人の心に生れ、ギリシア文明が後のヨーロッパの母胎になっていく道程を経て、ヨーロッパ精神を形成する重要な一要素になったのではないだろうか。

この想像が的《まと》を突いているとすれば、今につづくヨーロッパは、東方とのちがいがはっきりと示されたという意味で、ペルシア戦役、それも第二次の二年間、を機に生れた、と言えるのではないかと思う。

勝負は、「量」ではなく、「活用」で決まると示したことによって。

第四章　ペルシア戦役以降

こうして、勝利に終った第二次ペルシア戦役をもって、エーゲ海を囲むギリシア世界から、ペルシア勢は一掃された。

そして、紀元前三三四年から始まる大王アレクサンドロスによる東征までの百四十五年間、ギリシアとペルシアの間には、「戦役」と呼ばれる規模の戦争状態は起きないままに過ぎるのである。

百四十五年間と言っても、最後の三分の一にあたる時期のギリシアは相当な混迷にあえぐことになるので、ギリシア世界の安全が満足いく程度に保障されていたのは、ペルシア戦役終了から始まる百年、としたほうが適切と思う。

しかし、「安全保障」とは何だろう。

歴史の成り行きにまかせていたら、結果として百年間保障された、ということか。それとも、終了直後からの諸々の対策、保障されなくなった事態も考慮したうえで実行に移した諸々の対策、をつづけてきたからこそ、その結果として、百年間の安全が保障されたということか。

歴史を後世から見る立場に立つと、前者になる。同じ歴史でも、その時代に生きた人の視点で見ると、後者に変わる。

前者だと、所詮《しょせん》は成り行きどおりに進むのが歴史だから、それをどうこうしようとして成される人々の努力のすべてが無用に見えてしまう。その中でも常人以上に営々たる努力を惜しまなかったリーダーたちに至っては、常人以上の愚か者で、それでも彼らが何かをやったのは、地位や権力にしがみつきたかったにすぎない、とでも裁かれて終わりだ。

こう考える人には、「安全」が長期にわたって「保障」された状態を示す「平和」も、ピースと呼ぶほうがふさわしい。英語でピースと言っていると、何となく、そう言っているだけで実現するような気分になってしまうのだから。

一方、「ピース」の語源でもあるラテン語の「パクス」、となると、口にしたときの気分からしてちがってくる。
「パクス・ロマーナ」と言われるくらいにこの言葉を創《つく》り出し、ゆえに理念を創造した古代のローマ人は、「平和」を、「長期にわたる安全保障の継続」と認識し、厳しくも冷徹な人間たちによる努力の成果、と考えていたのであった。

このように考えると、権力者も普通の人もふくめた当事者全員の安全保障への努力も、バカバカしくは見えてこなくなる。たとえこの種の努力が、後世から見れば無用に終わったことであっても、愚かな行為には見えてこなくなるのだ。

それどころか、想定外の事態さえも考えに入れたうえで成された対策の数々があったからこそ、その結果として、たとえ百年間にしても、ギリシア人は「平和」を享受《きょうじゅ》することはできたのであった。ペルシア軍の侵攻を、心配しないで済んだのである。

これを、地位や権力にしがみつきたかったからであると断ずるのは、下品な言い方を許してもらえば、「下司《げす》の勘ぐり」にすぎない。下司の勘ぐりくらい、歴史に親しむのに、ふさわしくない心の持ちようもないと思っている。

歴史学者たちには、サラミスの海戦で一躍名をあげたテミストクレスが、その後の戦闘では陸海ともに、最高司令官としてギリシア軍を率いていないことを、不思議に思う人が少なくない。

まったく、前四八〇年の秋にサラミスでペルシア海軍に圧勝して以後、テミストクレスは二度と戦場に出ていない。おそらく、毎年十人が選出される「ストラテゴス」(司令官)の一人には選出されていたと思うので、彼が望むなら、あの時期に享受していた彼の名声からも、再び軍を率いて戦場に出るのに、異を唱える者はいなかったにちがいない。

年齢も、ペルシア側にとどめを刺すことになる次の年の前四七九年には、四十五歳になったばかりであった。

にもかかわらず、その重要きわまりない一年間に戦場で軍を率いたのは、陸上ではアリステイデス、海上ではクサンティッポスの、二人の「ストラテゴス」たち。アテネ側のこの二人とスパルタからのパウサニアスの三人が、彼らに課された責務をまっとうしてくれたことで、前四七九年は、「ペルシアにとどめを刺した年」になれたのである。

では、この前四七九年中、四十五歳のテミストクレスは、疎開《そかい》先のサラミスに置かれていたアテネ政府につめていただけで、それ以外はすべてから「退《ひ》いた」のか。答えは、完全にNO。

プラタイアが戦場になる陸上戦では、アテネは、重装歩兵八千に弓兵八百という、当時のアテネにとっては限度ギリギリの兵力を出している。同時期に進行させていたミカーレ攻略を目指した海上戦には、二百隻《せき》で参戦したアテネだ。二百もの三段層ガレー船の戦力化には、船の操縦や漕《こ》ぎ手に戦闘員の重装歩兵や軽装歩兵を加えると、四万人もの市民が必要だった。陸上戦への八千八百は、このアテネにとって、限界ぎりぎりの数であったのだ。

そして、陸上戦に出すアテネ戦力を指揮するのは、マラトンでの戦闘経験のある五十一歳のアリステイデス。ギリシア全軍を率いるほどの器《うつわ》ではなくても、次席を務める能力は充分にあることは、マラトンではこのアリステイデスと同僚であったテミストクレスにはわかっていて、この人を推したのにちがいない。サラミス海戦直後のテミストクレスの名声からして、もしも彼が反対していたらアリステイデスの派遣は実現しなかった、と思うからである。

なにしろ、この時点でのスパルタの将パウサニアスの能力は、彼の国スパルタだけでなくアテネ人の間でも未知数であったのだから、大胆不敵な戦略を考え出す能力はなくても、自軍の兵士たちをまとめる能力はある実績豊かなアリステイデスに、自国の無けなしの兵士たちを託す必要はあったのだった。

敵側の守りが薄く、それでいて敵海軍基地のサモス島に近接している半島の先端を攻略することでサモスの住民を反ペルシアに蜂起《ほうき》させることを目標にした「ミカーレ攻略戦」に、アテネ海軍の総力と言ってもよい二百隻を投入したのも、テミストクレスの頭脳から生れた戦略としか思えない。

サモス島は、十年前の第一次ペルシア戦役当時から、ペルシア海軍の集結地であった。それゆえに、エーゲ海を一挙に横断し敵海軍の本拠をたたくことは、単に敵基地の攻撃には留まらない。

エーゲ海最大のペルシア海軍の基地の攻略に成功すれば、サラミスの海戦後は相当に動揺しているとはいえ、いまだにペルシア支配下から脱け出す勇気までは持てないでいる、イオニア地方やそれに近接しているエーゲ海の島々の背中を、ギリシアの側に押してやることになるのである。

何となく、一石を投じただけでその周囲一帯の石垣を崩してしまうやり方に似ていなくもないが、このような形で敵の意表を突き、ゆえに効果も抜群な戦略を考え出せる人は、テミストクレス以外にはいなかったと思う。

そのうえ、「ミカーレ攻略戦」は、サモス島からペルシア勢を一掃しただけでは終わらなかった。

サモスの奪還に成功して以後、これ以上のエーゲ海での海上戦には関心がないと言って本国に帰ってしまったスパルタ勢はそのままに、アテネ船団だけでエーゲ海の北上を決行したのも、ペルシア一掃という最大目標のためには活用できることは何であろうと活用するとした、テミストクレスの考え方そのものである。

ペルシア陸上軍にとってのギリシア侵攻路であったヘレスポントスの狭い海峡を、ヨーロッパ側とアジア側にはっきりと分断することを目的にした、戦略であったからだ。

具体的には、まずは海峡のヨーロッパ側に位置するセストスを奪還する。次いで、そのセストスからは対岸にあたるアビドスまで渡されていた舟橋を、舟をつないでいた頑丈な造りのロープを断ち切ることで、「舟橋」でなくしてしまう。アジアからヨーロッパに渡るのを、容易にはできない難事にしてしまう策であった。

ペルシアは、超大国ではあったが、あくまでも陸上戦力に拠《よ》って立つ大国である。当時の陸上軍は、陸路伝いに侵攻してくる。「セストス攻略戦」とは、その陸路を断ち切ることを目標にしていた。

戦略や戦術などは考えたこともないと言う一般の人々でも、陸伝いに攻めてくる敵への恐怖は去った、ということは、ただちに理解したにちがいない。この一事ほど、「ペルシアの脅威からギリシアを解放した」ことを納得させてくれる具体例はなかったからである。

このような、戦略中の戦略としてもよい考え方を、それまでは一度として実戦経験がなく、この年が初陣《ういじん》と言ってもよいくらいのクサンティッポスに、考え出せる能力と、それを実行に移す決断力まであったとは思えない。

ゆえにこれもまた、他の人には思いつかないことばかりをやり、それでいて実績はあげてきた、テミストクレスに帰すしかないのである。

それならば、なぜ彼自身で実行しなかったのか。陸上戦である「プラタイアの戦闘」はともかく、サラミスで経験済みの海軍を率いるミカーレとセストス攻略ならば、彼さえその気になれば、やれる立場にいたにもかかわらず。

それは、テミストクレスが、自分が今や、頂点を極めたことを自覚していたからだと思う。

頂上に達した後には下降しかないことを、知っていたからだと思うのだ。

サラミスでの勝利の後にテミストクレスは、スパルタから招待され、あの、他国人には閉鎖的で一国平和主義路線を頑固に守っているスパルタ人から、今風に言えば、国賓級の大歓迎を受けたのである。

スパルタは、常日頃から多少の猜疑《さいぎ》心なしには見ないアテネ人であっても、テミストクレスとなれば賞讃を惜しまず、まるでオリンピアの競技会の優勝者にでもするように、このアテネの人の頭上に月桂冠を授けたのだった。

スパルタのベテランクラスは、アテネ人であろうとテミストクレスの武将としての才能は充分に認め、青少年たちはテミストクレスを、憧《あこが》れの眼で見上げたのである。

次のエピソードは、このしばらく後に開催された、オリンピアの競技会で起った話であるという。

競技が進行中のスタディアムの観客席に、テミストクレスが入ってきた。それまでは選手たちに集中していた観客全員の視線が、競技は進行中であったのにその選手たちから離れ、観客席に入ってきたばかりのテミストクレスに集中した、というのである。

テミストクレスは、アテネ第一の有名人になっただけでなく、ギリシア世界最高の有名人になっていたのだった。

このテミストクレスが、サラミス以後は自ら戦場に出なくなったのは、戦果が良好でなかった場合に自分の栄誉が傷つくことを怖《おそ》れてか、と思ったのでは、それこそ「下司の勘ぐり」になってしまう。

そうではなく、彼が怖れたのは、マラトン後のミリティアデスの轍《てつ》を踏むこと、にあったのではないか。

紀元前四九〇年にマラトンの平原を舞台に闘われたのが、「マラトンの戦闘《バトル》」であった。これと、前四八〇年にスパルタの王レオニダスと三百が玉砕した「テルモピュレーの戦闘《バトル》」、そして「サラミスの海戦」を加えた三つの戦闘は、二千五百年後の欧米人でも、侵攻してきたペルシア軍をギリシア人が迎え撃った、三大戦闘《バトル》として知っている。中でもとくに「マラトンの戦闘」は、近代になって再開されたオリンピックの競技会の最後を飾るマラソンの起源として、歴史には興味のない人でも知っているだろう。

この「マラトンの戦闘」は、二万五千のペルシア軍に、一万のギリシア軍が圧勝した戦闘であった。この勝利の最大の功労者が、事実上の総司令官として、味方の戦力を最大限に活用したミリティアデスである。

この勝利を祖国で待つ人々に一刻も早く告げるために、マラトンの野からアテネまで走りに走り、告げたとたんに倒れて死んだ兵士の古事から後のマラソン競技が生れたのだが、マラソンがマラトンと呼ばれていた時代のアテネ人が、狂喜したのには充分な理由があった。

第一に、この敗戦で士気を喪失したペルシア軍がそのまま撤退したので、第一次ペルシア戦役は、この一戦で終わったこと。

第二は、それまでは無敵の名をほしいままにしてきたペルシア軍に、ギリシア軍と言っても実体はアテネ市民軍が、数では劣りながらも圧勝したこと。アテネ市民は、自分たちの防衛体制の要《かなめ》である重装歩兵《ホプリーテス》に、絶対の自信を持ったのだった。

第三には、マラトンというアテネからはさして離れていない地での戦闘に勝ったことをあげねばならない。マラトンで敗れればその後は敵は一気にアテネに迫る、と怖れていた市民たちは、この恐怖から解放されて狂喜したのである。

勝将ミリティアデスの名声は、これを機に急上昇した。アテネ市民は、彼にまかせておけば戦闘には必ず勝つ、と思いこんでしまったのだ。

六十歳になって一挙に浴びたこの賞讃に、ミリティアデス自身も、動かされたのかもしれない。次の年に早くも、市民たちから求められるままに、今度は海軍を率いてのパロス島攻略に乗り出したのだった。

ところが、このパロス攻略戦は、準備不足に加えミリティアデス自身が重傷を負ったこともあって、一ヵ月足らずの攻防の末にアテネ軍は撤退してしまう。帰国したミリティアデスに対して、アテネの市民たちは激怒した。そして、重傷の身の総司令官を告訴したのである。

訴えられた「マラトンの英雄」は、悪くすると死刑、になりかねなかった。

このときに、ミリティアデスを死刑から救出しようと努力したのが、マラトンでは司令官の一人としてミリティアデスを助けた、テミストクレスである。だが、若き弁護人の努力も、死刑を罰金刑にするぐらいの戦果しか産まなかった。

わずか一年前には賞讃を浴びていたのに、五十タレントという莫大《ばくだい》な額の罰金を科され、息子キモンが少しずつ払うという条件で死刑を免れることはできたが、その後まもなく、傷が悪化して死んでしまう。

当時は三十五歳であったテミストクレスは、この事件で学んだのだと思う。民衆とは、期待が大きければ大きいほど、そのとおりにならなかった場合の失望も大きくなる生き物であることを。

また、過大な期待を抱いた自分たち自身を反省するのではなく、味わった失望の大きさをより強く感じ、その失望をもたらした当の人を憎む性質があることも学んだにちがいない。

しかし、マラトンの戦闘直後のミリティアデスは六十一歳だったが、サラミスの海戦直後のテミストクレスは、まだ四十五歳である。四十五歳の彼には、やらねばならないと思うことが、まだ残っていた。

それは、イノヴェーションの塊《かたまり》のようなテミストクレスにして初めて考えられる、一大事業であったのだ。そして、サラミス後の彼が享受するようになった、アテネ内だけでなくギリシア中にも広まった彼の名声が、そのアイデアの実現に役立ってくれるはずであった。アテネ内部から異を唱える人が出てきたとしても、その派の領袖《りょうしゅう》たちを、サラミス以前のように、陶片追放という強硬手段に訴えなくても黙らせること、に役立ってくれるはずであったのだ。

こう考えるテミストクレスにとって、サラミス後は自ら戦場に出ないことなど、問題でさえもなかったろう。

戦略を立てるのは、後方にいても充分に可能だった。司令官として、前線に送り出すに適した人物もいた。誰であろうと活用する主義のテミストクレスにとっては、かつては反対派の領袖であった、それゆえに陶片追放するしかなかった、アリスティデスやクサンティッポスを陸と海に送り出すのにも、迷いはなかったにちがいない。一度は国外に追放したこの二人を、市民集会に提案して呼びもどさせたのも、一年前の彼であったのだから。

そして、この二人とも、第二次ペルシア戦役のとどめを制す年となった前四七九年の陸と海の戦線で、充分に「とどめ」を刺してくれたのである。

サラミス以後にテミストクレスが戦場に出なくなったのは、彼に、自己制御の能力があったからだと思う。そして、「自己制御」は、「持続する意志」と表裏の関係を成す、人間にしかない能力でもあるのだった。

アテネ・ピレウス一体化

テミストクレスは、二度と強制疎開に訴えることはできない、と考えたのである。攻めてきたペルシア軍を前にアテネの住民の全員が他の地に疎開することで市街地を空っぽにし、敵との決戦は、海上での勝負に賭《か》けることで成功した、紀元前四八〇年の戦略はくり返せないと考えたのだった。

敵に攻めてこられるたびにそれをくり返そうものなら、まずもって敵がそれに慣れ、対策を講じてくるだろう。また、味方のほうも、さしたる期間も置かずに再び家にもどれた前回を思い出し、いかに疎開を強要しようとも徹底できない怖れもあった。

奇策とは、くり返せないから「奇策」なのである。

テミストクレスは、いかなる敵に攻めて来られても、アテネは、強制疎開に訴えることなしに守りきる、との最大目標を立てる。問題は、その目標を、具体的にはどのような形にして実現するか、にあった。

アテネの市街だけを高く堅固な城壁で囲み込むという案は、初めから除外するしかなかった。この時代の都市をめぐる攻防戦は、攻める側の軍事上の技術がいまだ幼稚な段階にあったこともあり、兵糧《ひょうろう》攻めで決する場合がほとんどであったのだ。そしてアテネは、この時代ですらも、ギリシアでは最大の人口を有する都市であった。

テミストクレスは、このアテネでは、いかに強固に要塞《ようさい》化しようと防衛しきれない、と見たのである。

とはいえアテネは、今ではギリシアの都市国家中最大で最強の海軍力をもつ国になっている。この海軍力を活用すれば、アテネが兵糧攻めに屈することはないはずであった。

今ではエーゲ海は、ギリシア人の海にもどっている。ということは、アテネは自国の船を使って、食糧その他の必需品を海外から運んでくることができる、ということであった。

しかし、アテネは、直接には海に面していない。外港のピレウスまでは、七・五キロの距離がある。

テミストクレスは、この七・五キロに、両側ともが城壁で守られた直線道路を通し、アテネとピレウスを一体化しようと考えたのだ。これが実現すれば、海に面していないというアテネの不利も帳消しになるのだから。

それにしても、アテネの市街全体を囲む城壁を以前よりは格段に堅固に再建し、全長ならばそれと同じ長さになるピレウス一帯を城壁で囲むだけではない。この二箇所を、長さ七・五キロ、幅百八十メートルになる直線道路で結び、その両側を守る城壁の高さは六メートルという、一大公共事業になるのである。

そのうえ、ピレウス一帯には、アテネの外港としての歴史の長いピレウス港以外にも、二つの港があった。テミストクレスの考えでは、ピレウスには港機能を集中し、それ以外の二港は造船機能専門にすることにあった。今後ともギリシア第一の海運国でありたければ、船の建造能力でもギリシア一でなければならなかったからだ。

さらに、選択肢をより多く持つために、アテネからファレロンまでの道路もまた城壁化することも考えていたのである。ファレロンは、サラミスの海戦当時に、ペルシア海軍が基地にしていた港だが、川からの土砂を常に取り除かねばならないという欠点があった。それでも、選択肢の一つにはなりえたのだ。

とはいえもちろんのこと、アテネ・ピレウス間の連絡道路づくりのほうが優先した。そして、この一本だけでも、容易に完成できる事業ではなかったのである。

この事業の重要性を、アテネ市民の多くがただちに理解できたわけではない。市民のほんとうの想《おも》いは、ペルシア軍によって破壊された市内の再建のほうが優先さるべきではないか、のほうにあった。それでも市民集会が賛成票を投じたのは、一にも二にも、あのテミストクレスが言い出したことだから、であったのだ。

彼自身は市民集会の場で、首都アテネと一体化された後のピレウスは、海港としてだけでなく、倉庫群は完備され、商品の取引所も常在化することで、ギリシア世界の一大通商センターになると説いたのである。

だが、先見の明は、誰にも恵まれる才能ではない。多くの人は、今現在眼で見られ、手でさわれることにしか、想像が及ばないものである。

テミストクレスの考え《アイデア》は、当時のアテネ人の想像を越えていたにちがいない。それでも、あのテミストクレスが説くことだ。アテネの有権者である市民の半ばは、それだけで賛成票を投じたのである。残りの半ばは、自分たちの利益になると考えて投票したのだった。

アテネが海運重視になればなるほど、職の保証は確実になる造船技師や船員たち。

作れば作るだけ売れると喜ぶ、壺《つぼ》制作を始めとする手工業の職人たち。

そして、新たな市場の開拓には常に敏感な、交易商人たち。

つまり、資産額ではアテネ社会の中と下の層を形成していた、第三と第四の階級に属す市民たちであった。

とはいえ、この種のメリットを理解してくれるよう彼らに求めるほど、テミストクレスは理想家《イデアリスト》ではなかった。

彼は、それらの職種に対しての優遇政策を、具体的な法律として可決させたのである。

海運関係者に対しては、毎年必ず二十隻の三段層ガレー船を進水させること。

手工業者や商人に対しては、大幅な減税。

この優遇政策によって、以前からこれらの職に就いていた人は自信を高め、また、これらの職場への若者の参入も促進されるようになったのも、当然の帰結であった。

このような事情もあって、一大公共事業というのに、常にはカンカンガクガクの議論の絶えない市民集会にしては、意外なほどスムーズに可決されたのである。だが、反対する者がいなかったわけではない。民主政を採用する以上、反対する者がいるほうが当然ではあったけれど。

今回もまた、テミストクレスの提案に異を唱えたのは、アリステイデスとその一派であった。

このアリステイデスという人は、人間学的にもなかなか興味深い人物である。テミストクレスよりは六歳年長で、ゆえにこの時期は五十代に入ったばかり。「穏健派《モデラート》」のリーダーとされ、アテネ政界に人材を提供しつづけてきた、名門アルクメオニデス一家を率いる立場にあった。それもあって、「急進派《ラディカル》」のリーダーと目されていたテミストクレスとは、ことあるごとにぶつかる関係にあったのだ。

とは言っても、国家存亡の危機と誰もが思った第二次ペルシア戦役では、ともに協力して祖国アテネのためにつくしている。「サラミスの海戦」の英雄がテミストクレスであれば、その翌年に闘われた「プラタイアの戦闘《バトル》」でアテネ軍を率いて勝ったのは、アリステイデスであったのだから。

しかし、この人は、第一次ペルシア戦役を決した「マラトンの戦闘」でも、第二次でペルシアにとどめを刺すことになった「プラタイアの戦闘」でも、彼の地位は常に次席であって、総司令官ではなかった。全軍の総司令官という、勝負の鍵《かぎ》を手にする立場には、一度も就いたことがなかったのである。

マラトンで勝負の鍵を手にしていたのはミリティアデスであり、サラミスでは鍵はテミストクレスの手中にあり、プラタイアではそれは、スパルタの若将パウサニアスがにぎっていたのだった。

「勝負の鍵を手中にする」とは、全軍の戦略を立て、自らも軍を率いて敵の主力にぶつかっていくことを言う。マラトンではミリティアデスが、サラミスではテミストクレスが、そしてプラタイアではパウサニアスが、結果がどう出ようとその責任は彼一人で負うという勝負に出て、勝利を獲得したのである。

だからこそ、一般大衆でさえもこの三人を、「英雄」と賞《ほ》め讃《たた》えたのだ。

アリステイデスは、この意味の「英雄」になったことがなかった。重要きわまりない「脇役《わきやく》」ではあった。だが、「主役」として賞讃の嵐《あらし》を一身に浴びる経験には、一度として恵まれなかったのである。

この人に、主役を張る才能がなかったのではない。好機到来と見るや主役に躍り出る、勇気、と言うか大胆さ、が欠けていたのである。

アリステイデスに会ったことのある人は、その人に人間を見る力があればなおのこと、この人物は生れたときからずっと、「大人《おとな》」であったにちがいない、という印象を持ったのではないか。彼には、ある性癖があった。
自身は背後にいて糸を引き、前面に立つのは別の人にやらせるクセがあったのだ。

第一次と第二次のペルシア戦役の間の十年間、海軍力の増強を説きつづけたのは、テミストクレスであった。そのテミストクレスに反対しつづけたのはアテネ政界の「穏健派」であり、前面に立って反対したのはクサンティッポスだったが、その背後で糸を引いていたのはアリスティデスである。

おかげで、陶片追放を政敵排除の手段に活用したテミストクレスによって、クサンティッポスは、三十六歳にして早々に追放されてしまう。それで前面に出ざるをえなくなったアリスティデスが陶片追放されたのは、その二年後であった。

この両人ともがペルシア軍侵攻とともに呼びもどされ、テミストクレスに協力して危機からの脱出に貢献した事実は、もはやくり返すまでもない。

そのことからも、テミストクレスに対するこの二人の立場は、何が何でも反対する、というたぐいの野党ではなく、今風に言えば、「責任野党」という感じではあった。ただし、国家存亡の危機に際しては「責任野党」、危機が収束した後は「野党」にもどる、という感じではあったのだが。

それで、危機収束後のアテネにとっての一大公共事業となるアテネ・ピレウス一体化だが、テミストクレスのこのアイデアに、自ら前面に出て反対を唱えたのがアリステイデスである。

五十代に入ったアリステイデスが、突如としてリスクを負う勇気に目覚めたからではない。

この種の「勇気」は、持って生れたか、持たないで生れたか、のちがいしかない。この機にアリステイデスが前面に立ったのは、前面に押し出すのに適した人が他にいなかったからである。

それまで常に前面に立っていたクサンティッポスは、彼が率いて成功したミカーレとセストスの攻略戦の翌年には、歴史上から姿を消している。没年も不明。彼自身の実績からも、また次の世代のアテネ政界の第一人者になるペリクレスの実父という立場からも、もしも戦場での死であれば記録に残されたはずで、それがないということは、病死と思うしかないのである。

いかに名門アルクメオニデス一家から出したくても、クサンティッポスの息子のペ

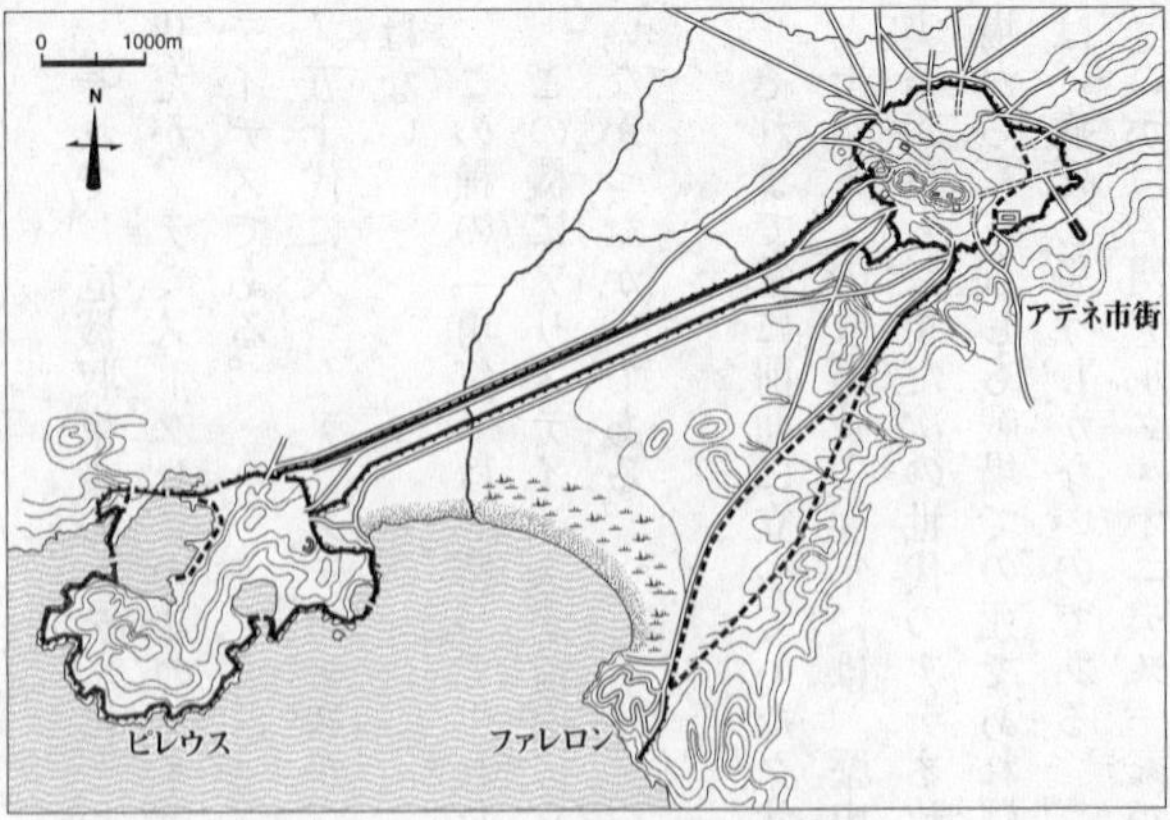

アテネとピレウスを結ぶ城壁

リクレスは、いまだ十七歳。古代では、ギリシアでもその後のローマでも、一人前になるのは二十歳、責任ある地位に就くのは三十歳から、と決まっていた。要するに、この時期のアリステイデスには、適当な人がいなかったにすぎないのだ。

それでやむなく自ら前面に出て、テミストクレスへの反対論をぶつ羽目になったアリステイデスだが、その彼の反対の理由にも、一理ならばあったのである。

アテネとピレウスの一体化が、再度のペルシア軍侵攻を想定しての安全保障策であることには、あの時期のアテネ市民の多くは理解していた。

ペルシアは陸上戦力の国であり、そのペ

ルシアが再度攻めてくるとなれば陸側からしかない、とは、市民全員の共通認識になっていたのである。

サラミスでの大敗、サモス島の海軍基地も今や無しでは、ペルシアが海から攻めてくるとは考えられなかった。そのうえ、今やアテネは、最大最強の海軍国になっている。心配するとなれば、陸側からの攻撃だけ。こう考えたから、テミストクレスの提案が、市民集会で簡単に可決されたのである。

しかし、陸上戦力を主戦力にしている国は、ギリシアの内部にもあった。スパルタである。

アリスティデスが反対した理由は、スパルタを刺激しかねない、ということにあった。

対ペルシアを目的にしたギリシア都市国家《ポリス》連合の結成とその成功によって、今やアテネとスパルタは良好な関係にある。それなのに、アテネ・ピレウス一体化の事業を強行することでこの関係にヒビが入るようになっては、アテネにとっても良策になるとは思えない、と言って反対したのである。

では、テミストクレスは、スパルタへの配慮を欠いていたのか。

欠いていた、とまでは言えないが、欠いてはいなかった、とも言えないのである。

ただし、テミストクレスという男は、先例があろうと無かろうと、大事業を決行するに際して、次のような心構えは持っていたと思う。

一つの目的の達成のみを考えて完璧《かんぺき》に成されたことは、他のどの目的にも応用は可能になる。

この考え方の正しさは、後にローマが街道網によって実証していくことになる。

いずれにしても、民主政アテネの最高決定機関である市民集会が可決したのだから、アリステイデスの反対は少数意見となり、工事は着工されたのである。アテネの民主政には少数意見の尊重という概念はないので、市民集会で可決された以上は、少数意見もそれに従うのに疑問をはさむ人はいなかった。

ところが、アリステイデスの心配を実証するかのように、工事開始に沸《わ》くアテネに、スパルタからの強硬な抗議が届いたのである。

わが国を仮想敵国視した工事であるからには、即刻中止してもらいたい、というわけだ。

スパルタは友好国である以上、このままでの放置は許されなかった。

スパルタへの釈明には、テミストクレスは、自分が行くと決める。それも、彼一人ではなく、アリステイデスにも追って来てほしい、と言った。

だが、スパルタに発《た》つ前に、秘《ひそ》かに工事の責任者全員を集め、その席で指示を与えていたのだ。

突貫工事で行け、と命じたのだった。とは言え、いかに工事は急いでも、アテネとピレウスを結ぶ道路の幅は原案どおりを守り、両側に立ち並ぶ四角の塔で守られた城壁の高さと厚さも、原案どおりでなければならない、と命じたのである。

突貫工事でも、重要なところはきちんと押さえた工事にせよ、というわけだ。その後で、テミストクレスはスパルタに発って行った。

アテネを代表する全権大使でもあるテミストクレスを迎えたのは、王ではなく、「五人のエフォロス」である。

何度となくくり返すが、都市国家スパルタの国家戦略を決めるのは、世襲制の王ではなく、市民集会で毎年五人ずつ選ばれる「エフォロス」(監督官)なのだ。アテネを代表してスパルタに出向いたテミストクレスの交渉相手も、地位ならば「事務官僚」という感じの「五人のエフォロス」になるのだった。

五人のエフォロスは、テミストクレスに詰め寄った。あれはスパルタを念頭に置いての工事にちがいない、と言って、即時の中止を求めたのである。

それにテミストクレスは、念頭にあるのはペルシアであってスパルタではない、と断言する。

そのうえ、スパルタ側への釈明役として、初めは反対していたものの市民集会での可決には従ったアリステイデスが追って到着することになっているから、その彼からなぜ当初の疑惑が晴れたかの理由を聞けば、あなた方も納得するだろう、などと言って、スパルタ側の疑惑解消にもいっこうに協力しない。

それどころか、ずいぶんと遅いですね、などと、アリステイデスの到着の遅れは彼にも意外だとさえ示すポーカーフェイス。

ようやく到着したアリステイデスも、釈明には一役買う。

アテネ・ピレウス一体化の工事の目的は、提案者であるテミストクレスはもちろんのこと、それに賛成票を投じた市民集会も、ペルシアを念頭に置いての安全保障であることでは一致しており、自分もそれには納得したのだと明言したのだった。

五人のエフォロスは、アリスティデスが、正義の人であり、ゆえに嘘《うそ》は言わないと評判の人であることは知っている。

しかし、スパルタの五人のエフォロスとは、猜疑心の塊であり、猜疑心によって国政を決めるからこそスパルタの国体は守られている、と信じて疑わない人々でもある。アリスティデスの証言でも、彼らの疑惑を晴らすには不充分だった。

それで、テミストクレスが言ったのだ。

あなた方自身でアテネに行って、自分の眼で見て確かめてはどうか。あなた方がもどってくるまでの間、わたしがここに人質として残ろう、と。

猜疑心が強いということは、人間への洞察力までが優れているということではない。それどころか、猜疑心に邪魔されて、洞察力が鈍ってしまう場合が多い。スパルタの五人のエフォロスは、ならばということで、またテミストクレスを人質にしているから安心だと、アリスティデスとともにアテネに発って行った。

しかし、テミストクレスが、あることを、伴《とも》の一人に密命を持たせ、アテネに送り出していたことまでは知らなかったのである。密命には、五人のスパルタ人を可能なかぎり長くアテネ市内に引き止め、もうこれ以上留めておくのは無理となったときに初めて、工事現場に連れて行くようにと命じていたのを、知らなかったのであった。

エフォロスたちがアテネに行っている間、人質のはずなのに、テミストクレスのスパルタ滞在は快適に過ぎて行った。外出も自由だったから、かの有名なスパルタの重装歩兵たちの訓練ぶりを見てまわったりしていたからである。

そのテミストクレスを、兵士たちは大喜びで迎えた。なにしろ、あのサラミスの英雄だ。ベテランたちもその彼には一目置く態度で臨んだし、若い兵士に至っては、ロック・スターのまわりに群がるファンたち、という感じだった。

あの、世界一不味《まず》いとの評価で一致している、豚肉の塊だけでなくその血まで入れて煮こんだ黒くにごったスープも、スパルタの質実剛健の象徴《シンボル》ということで、彼らとともに味わったかもしれない。なにしろ、目的は時間稼ぎ。スープぐらいは、我慢する価値はあったのである。

そうこうしているうちに、エフォロスたちがもどって来た。彼らは怒り狂っていた。はっきりした理由もないままに何日も足止めされ、ようやく工事現場に連れて行かれたときには工事はすでに完成段階に入っていたのを見せられて、欺《あざむ》かれたと知って激怒しなかったら、そのほうが普通でない。彼らは、その激怒を、帰国するなりテミストクレスにぶつけた。

ことここに至ってはと、テミストクレスも仮面を投げ捨てる。五人のエフォロスだけでなく市民全員の前での発言を求め、王もふくめて全員が重装歩兵というスパルタ市民を前にして、演説したのだった。

アテネとピレウスの間を結ぶ城塞づくりの通路の建設は、サラミス海戦前夜にアテネ一国だけで決断した強制疎開《そかい》から得た教訓に沿って、二度とあれをくり返さないために成された、アテネの安全保障政策の一つである。

ただし、アテネの防衛が保証されるのは、アテネ一国の利益に資すのみでなく、全ギリシアの安全保障にも深くかかわる問題であることは、ペルシア迎撃戦を経験することで、われわれギリシア人は納得いったはずである。

つまりあの工事は、アテネの防衛のためであると同時に、アテネの同盟者であるギリシアの全都市国家の防衛のための工事でもあるのだ。

そして、将来、これが他のギリシアの都市国家との間で問題になったとしても、そのときはアテネは、完璧に平等な立場での話し合いで平和裡《り》に解決することを誓う。

また、アテネがこの工事を行うことで成しとげた安全保障を、他の都市国家も踏襲するのは自由である以上、アテネの例に倣《なら》うか、それともアテネの言い分を受け入れて、自分たちのポリスではやらなくてもアテネがやるのは認めるか、も、各都市国家《ポリス》の自由な裁量にまかせられることは言うまでもない。

とまあ、テミストクレスは、彼なりとは言え、正論を堂々と展開したのであった。

結果は、と言えば、これで収まったのだから愉快だった。スパルタ人たちがこれで良しとしたのには、彼らには今のところ、海軍国ナンバーワンに躍り出たアテネとの関係を悪化させる気がなかったこともある。

いずれにしても、テミストクレスは無事にアテネに帰国し、アテネ・ピレウス一体化の工事も、完成に向けてますますピッチが上がったのであった。

正論を言うのなら、初めからそうしていれば良いものを、と思ってしまうが、人間世界はそうは単純にはできていない。

人間とは、何もスパルタ人にかぎらなくても、既成事実のない段階で正論を聴かされても、必ずどこか文句をつける箇所を見つけるものである。

それが、既成事実を前にして正論を説かれると、本心からは納得しなくても、まあそれで良しとしようという、対応も穏やかに変わる場合が多い。

テミストクレスも、相当な程度にまで完成している工事を見せた後で初めて、正論をぶつという、勝負に出たのだと思う。

目的は、アテネ・ピレウス間の一体化、であった。それを、強国スパルタの機嫌を損ねないで実現できれば、それに越したことはなかったのである。

ローマは首都で、オスティアはそのローマの外港だ。とはいえ、ローマとオスティアの間はテヴェレ河によってつながれている。アテネとピレウスの間には、河はない。また、ローマとオスティア間には二十二キロの距離があるが、アテネ・ピレウス間は七・五キロ。

アテネとピレウスの一体化は、それを行う「意義」があるとともに、それを実施する「現実性」もあるのだった。ローマとオスティアは別々の人間だが、アテネは下半身でピレウスは下半身、と言ってもよいくらいに。

そして、この一大事業は、前例もなかったが、後例も生れなかった。テミストクレスの独創そのものの、「作品《オペラ》」になるのである。

ただし、この時点での彼の「作品」は、やはり相当に突貫工事ゆえの欠陥を持っていたことが、後世の研究者たちから指摘されている。材料の調達も吟味している時間的余裕がなかったらしく、石材の大きさも一定してなく、中には墓石をはめこんだ箇所まであったのだから。

しかし、完璧ではなかったにしろ、当初のアイデアどおりに作りあげたことは重要だった。

この、ローマ人とはちがって社会資本を重要視しなかったギリシア人には珍しいインフラ工事は、テミストクレスの次にアテネを背負うことになる、ペリクレスによって大改造が行われ、それを経ることによって、それこそ文字どおりの「完璧」になるのである。

そして、当時のアテネ人の間では「城壁」と言っただけで通じた大工事は、これをやることによってアテネはギリシア世界の一大通商センターになると説いた、テミストクレスの言葉を現実にする。

まずアテネは、海軍・海運・交易のパワーすべてで先行していた、コリントとアエギーナを完全に追い抜くのである。

そしてその後も、アテネは、国内政治では迷走する時代になっても、エーゲ海の一大通商センターだけに留まらず、東地中海全域の一大通商センターの地位を守り抜く。

この地位を降りることになるのは、テミストクレスの時代よりは実に百五十年後、マケドニアの若者アレクサンドロスが建設した、エジプトのアレクサンドリアが台頭してくる時代になってからである。

テミストクレスは、「サラミスの英雄」だけの男ではなかったのだった。

スパルタの若き将軍

これと同じ時期、「プラタイアの英雄」のほうは何をしていたのであろうか。

第二次ペルシア戦役の二年目に当る紀元前四七九年、ギリシア都市国家連合軍を率いてプラタイアの平原で、ペルシア帝国の誇りで主戦力でもあった陸軍を完膚なきまでに叩《たた》きのめしたパウサニアスは、その年はまだ三十四歳だった。この若さでは、勝利の喜びを内に秘めておくなどできなかったのだろう。

デルフォイにあるアポロンに捧《ささ》げた神殿に、

——パウサニアス、ギリシア全軍の総司令官。敵ペルシア軍を壊滅できたことを感謝し、これを奉納する——

と刻ませた銅板を奉納したのだが、それが五人のエフォロスの注意を引いてしまうことになる。

スパルタは、リクルゴスが遺《のこ》した「憲法」一筋の国なので、個人がきわ立つのを極度に嫌う。その個人が王であっても、警戒の対象にされる点ではまったく変わらない。それどころか、王への締めつけのほうが厳しいくらいなのだ。リクルゴスの「法」が、権力を牽制《けんせい》することで国内の安定を期す考えに基づいていたからだった。

これがスパルタという都市国家である以上、「五人のエフォロス」が、このスパルタの法を守ることこそ自分たちに課された責務である、と信じて疑わない人々になったのも当然であったのだ。

デルフォイの一件を知るや彼らは、わざわざスパルタからデルフォイまで出向いて、パウサニアスが奉納した銅板をはずし、その一部を改めさせたのである。「パウサニアス、ギリシア全軍の総司令官」とあった部分からパウサニアスの名を削ったのであった。

パウサニアス個人に対しては、この時点では処分は何もなされなかった。だが、この一件後、スパルタの若き武将は、「五人のエフォロス」の要注意人物リスト、に載ってしまったことになる。

たしかにパウサニアスには、他者を敬し自らを卑下するという意味の、謙譲の美徳は欠けていたかもしれない。だが、謙譲の美徳と天才とは、もともとからして両立できるものであろうか。

それに、パウサニアスには、スパルタ人としてよりも、ギリシア人のほうを優先して考える性向もあった。

プラタイアでの戦闘終了直後のエピソードだが、パウサニアスに部下のスパルタ兵たちがつめ寄った。戦死した敵将マルドニウスの遺体を、テルモピュレーでペルシア王がレオニダスの遺体にしたように、頭部を切断し槍《やり》の先に突き刺して全軍の前にさらしてやろうではないか、と言ったのである。それを、三十四歳の勝将は許さなかった。

「そのような行為は、野蛮な民には許されても、われわれギリシア人のやるべきことではない」

デルフォイのアポロン神殿に奉納した銅板にも、「パウサニアス、ギリシア全軍の総司令官」であって、「パウサニアス、スパルタ軍司令官」ではなかったのである。

このパウサニアスを、現代の研究者の一人も言う。スパルタ人らしくないスパルタ人であった、と。

だが、百パーセント、スパルタ人らしくなかったのならば、まだ他に人生の選択はあったのだ。彼の不幸は、非スパルタ的は五十パーセントで、残りはやはりスパルタ人であったところにある。

「プラタイアの戦闘」直後の五人のエフォロスの本音を探れば、パウサニアスは帰国させ、しばらくの間にしても謹慎させること、にあったのではないかと思う。

だが、この時期のスパルタには、自国の兵士たちを託すにふさわしい人材が払底していた。なにしろ、スパルタ軍をまかせるとなると、現職の王か、王に次ぐ地位、つまりパウサニアスのように、自身からして前王の息子であり、それに加えていまだ未成年の次の王の後見人、でなければならなかったのである。ペルシア戦役の余波がまだ消えていないこの時期、容易には見つけられなかったのであった。

そうは言っても、プラタイアの戦闘《バトル》でのパウサニアスの功績は厳とした事実である。年齢も、三十代の半ばに達したばかり。他の都市国家《ポリス》ならば、このパウサニアスを前線に投入しつづけたであろうし、誰もそれを、法を破る行為、とは思わなかったろう。

しかし、スパルタは、この時代までですでに二百五十年もの歳月、リクルゴスの「憲法」一筋で来た国である。個人がもてはやされても良し、となるのは、テルモピュレーで玉砕したレオニダスのケースで、レオニダスはあそこで死んだからだった。「死せる英雄」は無害だが、「生きている英雄」は、有害に変わりうるかもしれないのだ。

「小人閑居して不善を成す」ではないが、この時点で五人のエフォロスは、パウリニアスのためにも、スパルタのためにも、またギリシア全体のためにも、「不善」を成すことになる。

プラタイアから凱旋《がいせん》してきたばかりのパウサニアスは、スパルタ陸軍の司令官の地位から解任された。

代わりに陸軍をまかされたのは、現職の王であるレオティキダス。パウサニアスが対ペルシア軍への戦略に神経をすり減らしていたのと同時期に行われた「ミカーレ攻略戦」で、アテネ側のクサンティッポスと協力してサモス島からペルシア勢を一掃した戦闘の、総司令官であった人である。

ただし、サモス島奪還後は、そのまま北上してヘレスポントス海峡の要《かなめ》セストスを攻略するというアテネ軍に対し、スパルタはこれ以上エーゲ海には関与しないと、スパルタ兵だけを連れて帰国した人でもあった。

五人のエフォロスにしてみれば、この人こそがスパルタの国益に適《かな》っていると思えたのかもしれない。ペロポネソス半島に敵の侵攻を許さないこと、を最優先するスパルタの安全保障政策を忠実に遂行する司令官、に見えたのにちがいなかった。

五人のエフォロスは、パウサニアスに代わってスパルタ陸軍司令官に就任したこの人を、ギリシア中部のテッサリア地方の制圧行に送り出したのである。テッサリアが、「プラタイアの戦闘」の前年に、マルドニウス率いるペルシア陸軍の冬営地になっていたからだった。

しかし、紀元前四七八年に行われたこのテッサリア制圧行は、成果もないままに、何となくという感じで終わってしまう。

当然だ。ギリシア中部を占めるテッサリア地方は、ペルシアの大軍に侵攻されてやむをえずペルシア支配下に入り、冬営地にされていたので、そのペルシア軍がプラタイアで完敗を喫して以後は、自然にギリシア側にもどっていたからである。制圧行を送るまでもなかったし、実際アテネは軍を派遣していない。

しかし、前四七八年当時の「エフォロス」の五人は、解任はしたもののパウサニアスを、スパルタ内で謹慎させるわけにはいかなかった。デルフォイに奉納した銅板の一部を改めさせることはできた。だが、パウサニアスから、「プラタイアの英雄」という名声を剝《は》ぎ取ることまではできなかったのである。

それで、陸軍司令官を解任したばかりのパウサニアスを、海軍の司令官に任命したのであった。

ところが、三十五歳のスパルタの若将は、海上でもまた、生まじめで一本調子のエフォロスたちを仰天させる戦果をあげてしまうことになる。

サモス島は奪還し、ヘレスポントスに沿うセストスの攻略にも成功し、サラミス後はイオニア地方もそこに近い島々もギリシア側にもどって来て、エーゲ海からペルシア勢を一掃できたと考えたギリシア側は、紀元前四七八年のエーゲ海には、大規模の戦力を送り出す必要はないと考えていたようであった。奪還した地方の確保、で充分と思っていたのかもしれない。

それでもまだ、対ペルシア・ギリシア都市国家連合軍の解散までは考えていなかった。その年の連合海軍総司令官に就任したパウサニアスの下《もと》には、百隻《せき》近い数の三段層ガレー船が配置されていたのだから。スパルタを始めとするペロポネソス半島からの二十隻、アテネの三十隻に、ペルシアの支配から脱して自由な都市国家にもどったイオニア地方やレスボス、キオス、サモス、ロードスの島々からの船を加えて、百隻近くにはなっていたらしい。

この百隻を率いる資格を与えられたパウサニアスには、もはやエーゲ海からペルシア勢は一掃されたということか、パトロール業務の他には他に明確な攻撃目標は与えられていなかった。

ただし、三十五歳の若将のほうが、やり方しだいでは閑職で済んだこの機会を、閑職にしなかったのである。

百隻を従えたパウサニアスは、そのままエーゲ海を脱け出て東地中海に入り、キプロス島を急襲する。

大義名分は、なくもなかった。地中海の東岸に近い海上に浮ぶこの島は、ペルシア領ではあるものの住民はギリシア人であり、ゆえにギリシア人をペルシア支配から解放するという、大義名分は成り立たなくもなかったからである。

だが、キプロスは、地中海に浮ぶ島の中でも、シチリア、サルデーニャ、クレタに次ぐ、大きな島である。百隻程度の戦力では簡単には攻略できないことは、この島を一周するだけでわかる。

そのうえ、フェニキアに近く、ペルシア側が黙って見過ごしてくれるはずもなかった。しかも、フェニキア人は二年前にサラミスで徹底的に打破され、その恨みはまだ消えていない。敵地に入りこみすぎたとわかったパウサニアスは、これ以上の深入りを避けることにする。

それで、兵を引き揚げたのだが、単に撤退したのではなかった。再び兵たちを乗船

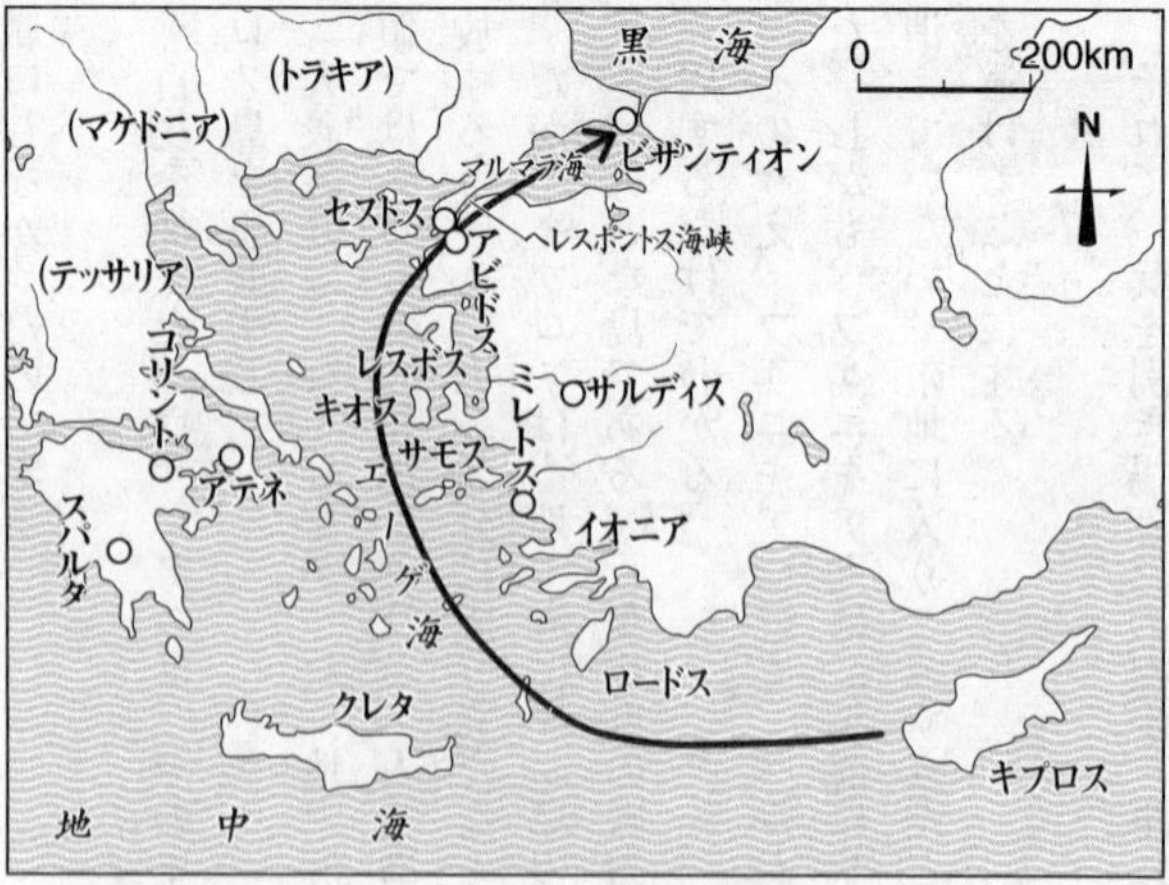

ビザンティオンの攻略

させた百隻を、今度は、エーゲ海に連れもどっただけでなく、そのエーゲ海を一気に北上し、ヘレスポントス海峡を通り抜け、マルマラ海も抜け、ビザンティオンの前に着くや攻撃を開始させたのである。

当時はギリシア語で「ビザンティオン」と呼ばれていたこの街は、ローマ時代の後期になると「コンスタンティノポリス」と呼ばれるようになり、十五世紀にトルコに征服されて以後は、「イスタンブル」となる街である。

だが、ビザンティオン時代までのこの街はギリシア世界の辺境に位置する小さな街にすぎず、ギリシア人からもペルシア人からもさして重要視されてはいなかった。

その攻略を考えたパウサニアスは、やはり、スパルタ人らしくないスパルタ人、と思うしかない。それどころかアテネ人さえも注目していなかったのだから、同時代人の死角を突いた、とするしかなかった。

しかし、考えてみれば、納得がいく「死角」ではあったのだ。つまり、ペルシアからの侵攻路を完全に断ち切りたければ、ヘレスポントス海峡の要《かなめ》セストスを手中にするだけでは充分でなく、その東北に位置するビザンティオン（現イスタンブル）までを手中にしなければ完全にはならない、ということがわかるのである。

とはいえ、パウサニアスは、テミストクレスさえも注目していなかったこのビザンティオンに、なぜ眼をつけたのであろうか。

おそらく、プラタイアでの戦闘では後方に陣取っていたことからほとんど無傷で逃げ出すことができたサルディスの長官アルタバゾスとその四万のペルシア兵の逃走路を、パウサニアス自身は追撃しなくても、注意はしつづけていたからではないかと想像する。

アルタバゾスと四万の敗走は、相当な難行軍になったのだった。ヘレスポントスの狭い海峡をアジア側に渡るのならば既定の道筋だったが、プラタイアでの結果を知ったこの地方のギリシア人がいっせいに反ペルシアに起《た》ち、長官と四万のペルシア兵の前に立ちはだかったからである。

アルタバゾスにとって、敗戦の後にもう一戦交えるのは避けたかった。なかなかに現実的なリーダーであったこのペルシアの大守は、トラキア地方の横断という近道は断念し、山沿いに大きく迂回《うかい》してビザンティオンに出、そこからアジア側にもどることにしたのである。少なくとも十二万はいたペルシア軍の中で唯一《ゆいいつ》まとまって逃げた四万は、セストスに渡された舟橋を通ってではなく、遠くビザンティオンを経由することで、さしたる損失もない状態で故国に帰れたのであった。

ということは、アジアからヨーロッパ側への侵攻を完全に防ぎたければ、ビザンティオンからセストスまでをすべて手中にする必要がある、ということになる。

ヘレスポントスの要《かなめ》セストスは、前年の秋に、アテネ人のクサンティッポスが奪還していた。そして、その一年後、ビザンティオンが、スパルタ人のパウサニアスによって、ギリシア側にもどってきたのである。

ただし、奪還が簡単に済んだわけではない。セストスのときもそうだったが、この地の重要性を知っているペルシア側が防衛隊を置いていたので、まずは彼らを撃破する必要があり、住民の反ペルシア蜂起《ほうき》はその後にくる。セストスの奪還も年を越す事業になったが、ビザンティオン攻略が完了したのも、前四七七年に入ってからになった。

これは、海の民でもないスパルタ人が海上戦力を使って成し遂げた、最初の快挙であった。

ペルシアの侵攻を迎え撃つために結成されたギリシア都市国家連合軍とは、結成時の規定によって、陸上でも海上でもスパルタ人が総司令官の地位に就く、と決まっている。

アルテミシオンでもサラミスでもミカーレでも、参戦力の大半はアテネが負担していながら、全軍を指揮する総司令官には常にスパルタの王が就いていた。

それでも彼らには、スパルタが海上では不慣れであるのがわかっていたので、戦略を立てるのも事実上の総指揮をとるのも、アテネ人のテミストクレスやクサンティッポスに一任するという〝良識〟はあったのだ。

しかし、ビザンティオン奪還戦は、名目上でも実質的にも、スパルタ人のパウサニアスが指揮したうえでの勝利である。

スパルタ中がこの快挙に沸いたとておかしくはなかったのだが、勝利を喜んだのは一般の兵士だけで、「五人のエフォロス」はちがった。

ちなみに、市民皆兵制ではアテネもスパルタも同じだが、アテネの兵士は「兼業」であるのに対し、スパルタでは「専業」なのである。自分たちをプロと任じている人々は、勝利というだけで喜びに沸く傾向がある。

しかし、リクルゴスの「憲法」の見張り役を任じている五人のエフォロスにしてみれば、パウサニアスの快挙は単純に喜ぶことはできなかったのだ。

第一に、スパルタ一国の防衛を最重要課題としている、リクルゴスの「法」に違反する。

第二に、スパルタの勢威が及ぶ範囲はペロポネソス半島内にかぎるとした、これまでのスパルタの国策にも違反した。

だからこそスパルタを盟主にした「ペロポネソス同盟」が以前からあるのだが、この同盟の視界には、エーゲ海は入ってはこないのだ。

と言って、五人の「エフォロス」も、ビザンティオン攻略に成功したパウサニアスに対して、明確な態度をとることはためらわれた。スパルタ国内では、パウサニアスへの兵士たちの支持が高かったからである。

このスパルタの内情を知ったアテネ側は、それを活用すると決める。

ヨーロッパとアジアを分断することになるヘレスポントスの海峡を押さえることは、ペルシア軍の侵攻路を断つうえで重要だったが、それは何も、セストスとその対岸の間に渡された舟橋を破壊しただけには留まらない。侵攻路が断たれたことで、そのすぐ西方に広がるトラキア地方の住民をペルシアの脅威から解放し、最終的にギリシア側にもどすことに役立つからである。

トラキア地方には昔からアテネ人の入植が盛んで、鉱山に恵まれたこの地方はアテネ人の海外資産の集積地の観があった。

ペルシア戦役の勝利は、このトラキアをアテネに返還したことになる。セストスを手中にしたことで、それはなお明確になった。

しかし、ビザンティオン攻略は、このアテネ人に、別の想《おも》いをもたらす。アテネ人とは、スパルタの「エフォロス」などには理解できないくらいに、ギリシア民族の中でもエコノミックな性向が強かった。

このアテネ人にとって、ビザンティオンは、黒海沿岸という新しい市場の開拓も意味していたのである。ビザンティオンは、黒海への入口に位置する。そこを押さえることは、ペルシア軍の侵攻路を完全に断つという軍事上の戦略に加え、黒海沿岸への進出という、経済上の利点まで恵んでくれることになるのだった。

だが、そのビザンティオンは今や、スパルタ人のパウサニアスが占拠している。どうやればパウサニアスを追い出し、セストスだけでなくビザンティオンまでの、つまり、エーゲ海から黒海までの、戦略上も経済上も要地である海域全体を、アテネの手中に収めることができるか。

それは具体的には、スパルタ内での反パウサニアス勢力であるエフォロスたちに、パウサニアス追い出しに使える材料を与えてやることであった。

実行役には、アリステイデスが立ったのではないかと思う。

五人のエフォロスは、アテネ政界の大物の中では、テミストクレスには警戒心を抱いていた。武将としては認めていても、テミストクレスの支持層がアテネの庶民で、これがスパルタの下層民に悪影響をもたらすのを心配していたからである。ペリオイコイやヘロットと呼ばれる自国の下層民に、スパルタは、市民権を与えていなかった。

一方、テミストクレスの政敵とされていたアリステイデスは、アテネ一の名門アルクメオニデス一家が代表する、穏健派の頭目として知られている。少数指導政（オリガルキア）を採るスパルタ人としては、「急進派」のリーダーのテミストクレスよりも、「穏健派」のアリステイデスのほうが信用置けると考えていたのだった。

こうして、アテネの穏健派は、パウサニアスに関する情報を集めてスパルタの「エフォロス」に送った。密告したのではない。頼まれたから集めて送ったという形にしたうえでの情報提供、である。とは言え証拠もなしの情報では巷《ちまた》の噂《うわさ》、つまり無責任な中傷、にすぎなかった。

曰《いわ》く、三十六歳になったばかりのこのスパルタの将軍は、ペルシアの力を借りてのギリシアの征服を、胸中で温めている。

曰く、ペルシア王クセルクセスに、王女の一人との結婚を申し入れた。
曰く、征服した後のギリシアでは、ペルシア王の第一の側近になるつもりでいる。
曰く、ビザンティオンではペルシアの風習に染まり、捕虜になっていたペルシア人から成る親衛隊を引き連れなければ外出もしない。
曰く、攻防戦中に捕えた捕虜たちを殺させなかったのは良しとするにしても、攻防戦をともに闘ったアテネや他の都市国家の人々に対しての振舞いが、独断的で専横的すぎる。

これらの情報を手にした五人の「エフォロス」は、パウサニアスを召還し、帰国後に裁判にかけると決めた。

「法」とは権力者の暴走をセーブする役割をもつと信じて疑わないスパルタの「エフォロス」には、王であろうと裁きにかける権利があったのだ。

ただし、スパルタでは、検察的な任務は五人のエフォロスが行うが、裁決を下すのは、「ゲルーシア」と呼ばれて、六十歳以上の現役終了後の二十八人に王二人を加えた三十人で構成される、「長老会議」の役割になる。

三十六歳で本国召還になったパウサニアスを裁いたのもこの「長老会議」で、その結果は、次のようになった。

同盟国の人々への独断的で専横的な振舞いは、有罪として戒告処分。

ただし、他の訴因に関しては、証拠不充分で無罪。

それでも、五人のエフォロスのもくろみは、事実上は達成されたのである。パウサニアスには以後、スパルタ軍を率いる立場には就かせないとした「エフォロス」たちの申し立てを、「長老会議」は認めたからであった。

一私人になったパウサニアスは、その後しばらくはスパルタに留まっていたようである。王族の中には彼に同情する人も少なくなかったようで、その一人の娘を妻に迎え息子まで生《な》した。

だが、あいかわらず彼を要注意人物視する「エフォロス」には嫌気がさしたのか、ついに祖国を捨てる。レオニダスの遺児でまだ未成年の王の後見人の立場は弟に託し、妻子の他には国を捨てても彼に従《つ》いて行くと言う数人とともに三段層ガレー船に乗り、イオニア地方では最も北東に位置する海辺の町コロナイに移り住んでしまったのである。

コロナイからは北に三十キロも行けば、トロイの古戦場がある。あの性格からもホメロスの英雄たちに親近感を抱いていたにちがいないパウサニアスにとっては、そのことも、移住先選択の理由になったのかもしれない。

いずれにしても、一私人になった「プラタイアの英雄」には、平穏な第二の人生が恵まれるはずであったのだが。

私がスパルタの「五人のエフォロス」を、閑居して不善を成す「小人《ピッコロ・ウオーモ》」と見なすには理由がある。先を読む能力がないにかかわらず、スパルタの国政を左右した機関は他に存在しないからである。

まず、パウサニアスへの判決が下った段階で、五人のエフォロスはビザンティオンに、パウサニアスに代わって統治する役割を課した、ドルキスを送り出した。

だが、それを待っているアテネではない。早くもアテネは、近くのセストスにいたキモンを、ビザンティオンに送り出していたのである。キモンとは、「マラトンの英雄」ミリティアデスの息子で、当時三十三歳。父親に似て戦闘のセンスに優れ、アリステイデスがテミストクレスへの対抗馬として、育てていた若将である。

このキモンがすでにビザンティオン入りしているところに到着したドルキスだが、それがまた無能で、ビザンティオンがスパルタ側に留まるどころか、すでに駐留していたスパルタ兵とともに追い出される始末。

そしてスパルタ人には、情況が自分たちの思ったようにならなかったときは、その情況を自分たちに有利に変えようと努力するのではなく、すべてを捨てて引き揚げるという性癖がある。

ゆえにそのときも、パウサニアスの一件は、次の二つのことになってはね返ってきた。

第一に、エーゲ海から黒海に至る地方の要地のすべてが、スパルタにとってはライヴァルのアテネに占拠されてしまったこと。

第二は、エーゲ海を囲む地方に住むすべてのギリシア人に、スパルタは頼りにならない、と思わせてしまったことである。

あの時期の彼らの立場に立てば、無理もなかった。

ペルシア戦役とは、イオニア地方の都市国家ミレトスが、ペルシアの支配に抗して起った反乱から始まった戦争である。

あの当時、ミレトスはアテネとスパルタに救援を求めたのだが、スパルタは、エーゲ海には関心はないという理由で断わり、アテネも、断わりはしなかったが三段層ガレー船二十隻の派遣という、何やら腰の引けた救援をしただけだった。

この、ギリシア本土の二強国の対応に絶望したのは、ミレトスばかりではない。小アジアの西岸一帯に北から南にかけて広がるイオニア地方とその近くの海に浮ぶ島々のすべてが、ペルシアの支配を受け入れたのだった。第二次ペルシア戦役には多くのギリシア人が陸海ともにペルシア側に立って闘っているが、この人々にはそうするより他に道はなかったからである。

この状況が一変したのは、「サラミスの海戦」と「プラタイアの戦闘」と「ミカーレ攻略戦」によってであった。

エーゲ海から、ペルシア勢は一掃された。

イオニア地方もエーゲ海の島々も、ペルシアの鎖から解放された。

状況はこうも好転したというのに、またもスパルタが、われわれは関係ありませんから、である。

と言われても、二度とペルシアの支配下にはもどりたくない。そう思うギリシア人の視線が、アテネに向うようになるのは当然であった。しかも今のアテネは、二十隻どころか二百隻をもつ海軍大国になっている。

スパルタの五人のエフォロスが、「デロス同盟」成立の産婆《さんば》役を務めたようなものであった。

デロス同盟

ギリシア史に留まらず西洋史上でも有名な「デロス同盟」だが、この名で呼ばれたのは、同盟の本部を、アポロン信仰では地中海全域に知られていたデロス島に置いたからである。

これによって、以前から存在していたスパルタを盟主にする「ペロポネソス同盟」に並立する形で、アテネを中心にした「デロス同盟」が誕生した。

いずれも目的は多国間で協力することでの集団防衛システムであるのは同じだが、「デロス同盟」がアテネの提案を受けて成立したのではないことは、現代の学者たちも一致している。

とは言っても、アテネにとっては、「渡りに舟」であったことは確かであった。

第一に、提案したのがアテネでないことから、それもスパルタが退《ひ》いたがゆえの提案になったのだから、スパルタには、抗議をしたくてもその権利はない。

また、「デロス同盟」の目的はエーゲ海域の集団防衛であって、ペロポネソス半島のみの安全保障を目的とする「ペロポネソス同盟」とは利害は反しない。

第二は、自国の安全保障を首都とピレウス間の一体化で成し遂げようとしていたアテネにとって、エーゲ海全域を巻きこむ「デロス同盟」は、その延長線上にあるためにすこぶる好都合であること。

第三だが、保有船力と造船能力の双方ともで、同盟参加都市国家《ポリス》の優に十倍の力を持つまでになったアテネが、同盟を主導するようになるのは当然の勢いであること。

というわけでアテネは、舟が来たからそれに乗ったのである。舟が来ても乗る勇気のない人もいるから、これはこれで、好機の活用、ではあった。

同盟に関する諸々を討議する会議も、エーゲ海の南半分に浮ぶ島デロスで開かれた。この辺りの海は、まさに多島海の名そのままに、その一つに渡れば水平線上には次の島が見えてくる、という海域である。ギリシアでは政治上の重要事は冬期に成されるのが常だが、この季節に海に出るのは完全に安全とは言えない。だが、デロス島に参集した都市国家の数は多く、同盟成立への関心が強いことを示していた。アテネは、五十二歳のアリステイデスを、首席代表として送り出していた。

「目的のためには、手段は選ばず」式の考え方は、テミストクレスである。「目的のためであろうと、手段は選ぶべきである」は、アリステイデスのほうだ。戦時のリーダーと平時のリーダーのちがいでもあるが、平和時に成立を期す討議には平時のリーダーのほうが適している。

それに、しばしば意表を突いてくるテミストクレスを前にするのでは緊張を強いられるが、正義の人という評判のアリステイデスならば、嘘《うそ》は言わない人でもあるらしいので安心していられるという、プラス面もあった。

調整役としてのアリステイデスの能力は優秀であったらしく、「デロス同盟」は短期間で成立した。

なにしろ、「小」までふくめれば、三百を超す都市国家《ポリス》が参集したのである。それも、四年に一度休戦して開くオリンピアの競技会に存在理由があったことが示すように、年がら年中争っているギリシア人を一致に持っていくのだから容易ではなかった。それでもこの「デロス同盟」は、その後半世紀以上にもわたって存続するのである。存続できたのには、いくつかの理由があった。

第一に、大国ペルシアの脅威からわが身を守るには、集団防衛しか道はないことを、ギリシア人は肝に銘じて理解したこと。隣国同士は仲が悪くても、危機意識ならば共有していたのである。

第二は、同盟に参加したい都市国家はその規模に関係なく、一定と決まった額以上の参加資金の提供は求められなかったこと。大・中・小の都市国家《ポリス》は、それぞれの国力なり事情なりに応じて、参加することが許されていたのである。

ちなみに、軍船とはイコール三段層ガレー船であったこの時代、そのガレー船一隻の戦力化には、船の操縦が任務の船員、現代ならばモーターになる櫂《かい》の漕《こ》ぎ手たち、それに当時の海兵という感じの戦闘員を加えると、少なく見積っても二百人は乗船させる必要があった。

アテネが二百隻を海上に出せば、四万人のアテネ市民が海に出るのだ。「デロス同盟」の中でも海軍力があるとされたアエギーナやレスボスやキオスでも、このアテネの五分の一から十分の一の間。

そして、これは提供船数だが、毎年払う同盟への参加料のほうも、国力に応じて高低がもうけられた。三段層ガレー船となると一隻も提供する力はない小規模の都市国家《ポリス》は、年に一度払う参加料のみで良し、とされたのである。

それでいて、自国が襲われたときには、他の国々が救援に来てくれると期待できたのだ。集団防衛システムのメリットは、その点にこそあったのだから。

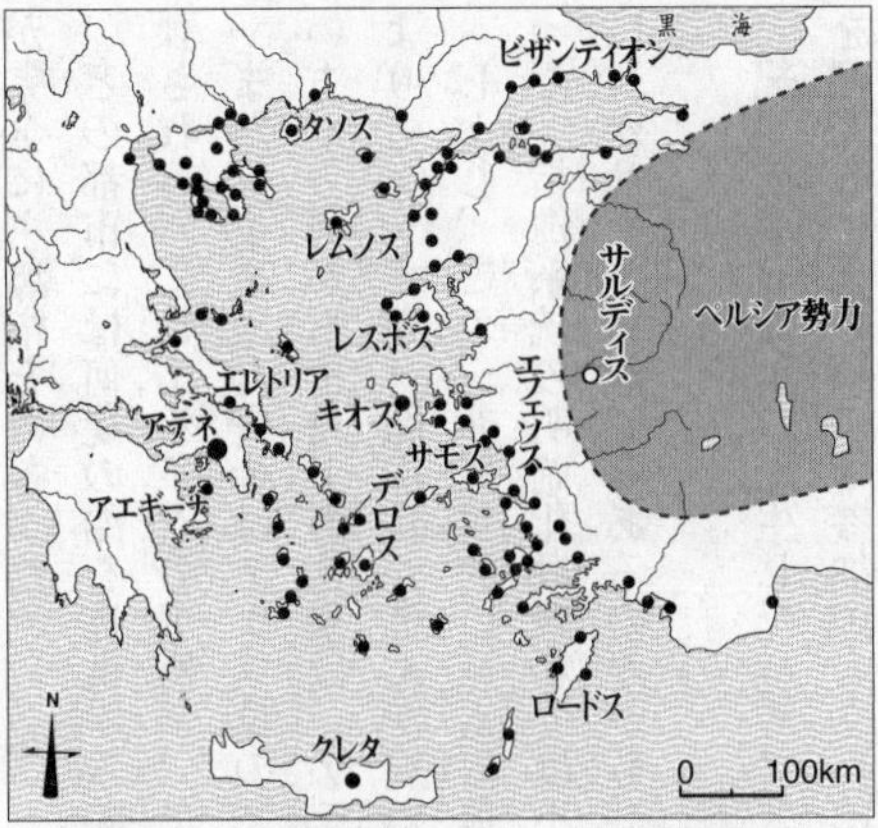

デロス同盟に加盟した主な都市国家

この「デロス同盟」が長期にわたって存続できた理由の第三は、形式上では実に民主的になっていたが、その運営となると非民主的であったところにある。

「渡りに舟」にしては当初から、アテネ

が完全に主導権をにぎった。

どの都市には何隻の船を提供する義務があり、どの都市国家にはいくらの参加料が課されるかに始まる多くの事柄が、アテネの主導で決められていったのである。

また、集まった資金はデロス島のアポロン神殿に保管されると決まったが、その使い方から何から事務上の仕事は、アテネ政府の官僚たちに一任される。他の都市国家よりもアテネが、組織化が進んでいたという事情もあった。

しかし、この、非民主的に見える運営方法は、責任の所在を明らかにする役には立った。指揮系統の明確化は戦場では不可欠だが、平時でも、組織を機能させていくには欠かせない条件でもあるのだから。

紀元前四七七年に誕生した「デロス同盟」は、三十年後の前五世紀半ばには最盛期を迎える。その頃には参加国もさらに増え、エーゲ海には一隻たりともペルシアの軍船は入ってはこられない状態にまでなる。

しかし、「デロス同盟」が成功したのは、軍事上の集団防衛にのみ役立ったからではない。エーゲ海に沿うギリシア世界すべてが、一大経済圏になったからでもあった。姿を消したのは、ペルシアの軍船だけではない。海賊も姿を消したのだ。

そして、ペルシア勢を一掃したと言っても、それはペルシアの軍事力のことで、ペルシア人までが一掃されたわけではなかった。とくにイオニア地方の繁栄は、背後に迫るペルシア帝国との交易で成り立っている。ペルシア帝国の民であるペルシア人もフェニキア人もエジプト人も、対ペルシアを旗印にかかげて結成されたことなど関係ないという感じで、「デロス同盟」に参加している各ポリスのギリシア人との間の交易関係をつづけるのに、異論はないようであった。古代は多神教の世界であったので、宗教がしゃしゃり出る余地もなかったのである。

この「デロス同盟」が、その後変容はしながらも長期にわたって存続できた理由は、ここまでに述べた諸々の事情にあったのではないかと思う。

それが「渡りに舟」で始まったというのには笑ってしまうが、好機とは、何はどうあれそれを活用した者に、勝利を恵むものでもあった。

英雄たちのその後

紀元前四七一年、陶片追放によってテミストクレスが、国外に追放された。

サラミスの海戦からは九年、
プラタイアの戦闘からは八年、
アテネ・ピレウス一体化からは七年、
「デロス同盟」成立からは六年、
が過ぎていた。
少なくとも「デロス同盟」成立後からの六年の間に、水面下での共同謀議は進んでいたと思えてならない。
もちろん、後代になって造られた「共同謀議」という言葉そのものは、ヘロドトスの『歴史』にも、その後を継いで書かれたツキディデスの『戦史』にも、一語も出てこない。だが、彼らの叙述の中に散在する細部を拾っていくと、どうしても「共同謀議」という言葉に行き着いてしまうのである。
テミストクレスとパウサニアスの完全な失墜を狙《ねら》ったこの謀議の参加者は、スパルタ側では五人のエフォロスであり、アテネ側ではアリステイデスとその一派であった。

なぜ今になって、への答えは簡単だ。相手が強力なうちは、狙いたくても狙えない、からである。

それに、ギリシア世界にとっての危機は、過去の話になっていた。危機が過去になったのはあの二人の功績ではないか、と思うが、日本にも「十年ひと昔」という格言がある。人間とは忘恩の徒になりやすいということであり、そこに、恩は忘れても別の想いは忘れない、一部の人がつけこむのである。

この六年間のアテネは、すべてが順調に進んでいた。

ペルシアの脅威は去った。

アテネと一体化したピレウスはエーゲ海最大の港に変貌《へんぼう》し、近くの二つの港にある造船所の周辺には、それに関連する仕事に従事する技師や職人たちの居住区域までが、定着化しつつあった。

まず、テミストクレスの提案を市民集会が可決した、アテネは毎年二十隻の三段層ガレー船を進水させるとした法によって、恒常的な内需は保証されていた。だがそれに加え、「デロス同盟」の成立後からは、充分な自前の造船能力を持たない中小の同盟参加国からの注文まで、アテネが引き受けるように変わっていたのである。

また、アテネが主導する「デロス同盟」ゆえに当然でもあるが、同盟海軍を率いる総司令官に、アテネ人が就くのに異議を唱えるポリスはなかった。そしてその地位には、三十代とまだ若いキモンが、つづけて就任していたのである。

マラトンの英雄ミリティアデスの息子のキモンは、父親に似て、戦闘の感覚にはすこぶる秀《ひい》でていた。この若将の指揮下、エーゲ海はますます「ギリシア人の海」であることを確かにしつつあったのだ。キモンにまかせておけば心配ない、とアテネ市民の多くが思うほどに。

このキモンがアテネ人の間で注目されるようになるきっかけは、マラトンの英雄の遺子ということではなかった。サラミスの海戦時に、テミストクレス下の一隻の指揮権を与えられ、三十一歳の若さそのままに、獅子奮迅《ししふんじん》の働きを見せたからである。あれがミリティアデスの息子か、と、あらためて人々は、莫大《ばくだい》な罰金を科して死に追いやった、マラトンの英雄を思い出したのであった。

しかし、この時点ではまだ、テミストクレスの対抗馬を探していたアリスティデスの注目を引くまではいかなかった。対抗馬では、キモンよりは十歳年長の、クサンティッポスがいたからである。

ところが、クサンティッポスは、この翌年のミカーレ、セストスとつづいた攻略戦での大活躍の後、病死でもしたのか舞台から退場してしまう。アリスティデスがキモンに眼をつけたのは、この後からであったと思う。

アテネとピレウスの一体化を期した城壁づくりの道路建設に抗議してきたスパルタへの釈明行に、まずテミストクレスが先に行き、追ってアリスティデスもスパルタに行ったのだが、それにキモンを同行している。キモンをテミストクレスへの対抗馬に育てる作戦は、その頃から始まっていたのである。

若いキモンは、父に科された五十タレントもの罰金支払いという重荷を負っていた。少しは返済したらしいが、まだ相当に残っていたようだ。

この時期のアテネには、カリウスという名の大金持がいた。この人をキモンに引き合わせたのがアリスティデスであったという、確証はない。だが、アリスティデス率いるアテネ政界の「穏健派《モデラート》」は、テミストクレス率いる「急進派《ラディカル》」とちがって、富裕階級の牙城《がじょう》と思われていた。

その一人であるカリウスが、キモンの妹と結婚できるならば罰金の残りは肩代わりする、と申し出たのである。

キモン自身も偉丈夫と評判の男だったから、その妹も、ミロのヴィーナスにも似た美女であったのかもしれない。いずれにしても、キモンの肩の荷は消えたのだった。

次は、キモン自身の結婚である。今度はアリステイデスが積極的に動いて、結婚話をまとめた。

妻になる女人は、名門アルクメオニデス一族の娘。それも、かつての総帥《そうすい》メガクレスの孫娘という、アテネばかりかギリシア中に知られたこの名門の直系だ。民主政の国なのに不利にはならないのか、と思われるかもしれないが、庶民は常に「貴種」に憧《あこが》れるものなのである。

キモンをアルクメオニデス一門に引き入れることでテミストクレスの対抗馬に仕立てあげるというアリステイデスの意図は、これで完成したのであった。

それに、キモンも、名家に婿《むこ》入りしただけで満足する男ではなかった。

もはや、「サラミス」や「プラタイア」のような、存亡を賭《か》けた戦闘《バトル》は必要ではなくなっていた。しかし、アテネ一国の安全保障でも、また集団防衛システムである「デロス同盟」でも、制度を作っただけでその後のメンテナンスを怠ったのでは、長期にわたっての機能は望めない。と言って、この種のメンテナンスには、地味なやり方もあるが派手にやる方法もある。

戦術のセンスには優れているキモンは、常に派手だった。実際は金鉱の獲得が目的のタソス島攻略でも、アテネ建国の始祖とされているテセウスの遺骨、それが本物としてだが、いずれにしてもそれを持ち帰ってアテネの市民を熱狂させたりしたのである。

それにキモンは、戦術の天才ではあっても策士ではない。アリステイデスはスパルタの五人のエフォロスとは常に良好な関係にあっても、それを表には出さなかったが、キモンは堂々と公《おおやけ》にする。生れた息子に、ラケデモニウスと名づけたりした。ラケダイモン（スパルタ）の子、とでもいう意味だ。スパルタへのシンパシーを、隠さなかったのである。だがこれも、アテネの市民たちは、正直な男である証《あか》し、と受けとったのだった。

こうして、今や名門アルクメオニデスの一員になっただけでなく、華々しい戦果をあげて帰国するキモンの声価が上がるにつれて、テミストクレスの存在が薄れて行ったのも当然の成行きである。三十九歳のキモンに対し、テミストクレスは、五十三歳に達していた。

このキモンが、紀元前四七一年、テミストクレスを陶片追放にする目的で開かれた市民集会で、追放に処すべきだと強調した当の人であったのだ。

ただし、ツキディデスを始めとする同時代の史家たちの誰一人として、テミストクレスが陶片追放に処されたのがいかなる理由によってであったのかを、明確に記述してくれた人はいないのである。

とは言っても、十年間も国外に追放するからには何らかの理由があったはずだが、それが何であったかはいまだにはっきりしていない。

ヘロドトスが『歴史《ヒストリア》』中に暗示しているように、サラミス海戦直後にペルシア王が置き去りにした財宝を将たちの間で山分けしたとかを、十年が過ぎた今になってむし返されたのかもしれなかった。だが、それとて、いまいちはっきりしないのである。

現代になって学者たちが、アクロポリスの丘から発掘されたすべての陶片を子細に調べたところ、「ネオクレスの息子テミストクレス」と小刀で刻みつけた陶片に、どうも同一人物の手で成ったらしいものが多数ある、という調査結果もあるのだ。なぜなら、字の形が同じだけでなく、まちがっている箇所まで同じだというのである。また、プルタルコスが『列伝』中のアリステイデスの項で書いたように、アテネ市民にも文盲はいた。文字を書けないばかりでなく読めないこれらの人々に、あらかじめ「ネオクレスの息子テミストクレス」と刻んだ陶片を、誰の名かも告げないで渡し、投票箱に入れてもらったのかもしれないのである。

そうとすれば、アテネ人は民主政体を発明したが、不正投票も発明したことになるのだが。

いずれにしても、「サラミスの英雄」はその九年後に、陶片追放されてしまったことになる。

五十三歳になってのこの境遇の急変に、テミストクレス自身は、さして深刻な打撃は受けなかったようであった。

追放された？　ああそう、という感じで家族も連れず、さっさとアテネを後にアルゴスに移り住んだのである。

移住先をアルゴスにしたのは、謹慎の意を示す必要のある境遇になった以上は賢明な選択ではなかった、と現代の学者たちは言う。

だが、テミストクレス自身、謹慎の意を示さなくてはならないとは思っていなかったのではないか。なぜなら彼自身からして、政敵排除の策として、陶片追放制度を活用し、それも目的を果した後は呼びもどしただけでなく要職に就けることで活躍の機会を与えるという、はなはだ〝不まじめ〟な陶片追放制度の実施者であったのだ。必要になったら市民集会も、自分を呼びもどすだろう、と思っていたのかもしれない。

だが、アリスティデスは、テミストクレスではなかった。

陶片追放とは、十年間は国外にいよ、とした制度だから、アテネの国境の外ならばどこに住もうとも自由であった。それをアルゴスと決めたのは、なぜかはわかっていない。

ギリシアの都市国家の一つであるアルゴスは、ペロポネソス半島の東部に位置し、南側の国境はスパルタが首都のラコーニア地方と接している。それでいて、と言うよりだからこそ、とすべきかもしれないが、伝統的にスパルタとは仲が悪かった。ペルシアの侵攻に抗して結成されたギリシア都市国家連合軍にも、スパルタ人が総司令官になるというだけで、参加しなかった国である。

このアルゴスからアテネまでは、陸路ならばイスミアの狭い地峡を抜けることでペロポネソス半島を出、その後は東にメガラを横断すれば達せる。海路ならばもっと簡単だ。船でエピダウロスをまわってアエギーナ、サラミスの島を見ながら北上すれば、その日のうちに着けた。

テミストクレスのアルゴス移住を知って、六十歳になっていたアリスティデスはどう思ったのであろう。

もともとからして、陶片追放だけでは、長年のライヴァルの勢威失墜には充分ではないのは知っている。彼自身、追放された一年後に早くも呼びもどされたのだから。

そして、アテネ内部でのテミストクレス支持勢力は、いまだに強大だった。

一方、スパルタの「エフォロス」たちも、テミストクレスの国外追放を知って、長年にわたって温めてきた猜疑《さいぎ》心にケリをつけるときが来た、とでも感じたのであろうか。

「サラミスの英雄」は失脚した。ならば、「プラタイアの英雄」を倒しても抵抗感は少ないのではないか、と。こう考えたのか五人の「エフォロス」は、トロイの古戦場に近いコロナイに移り住んで引退生活を送っていたパウサニアスに、本国への帰国命令を発したのである。

プラタイアの英雄も、四十三歳になっていた。一私人としての引退生活も、すでに七年が過ぎていた。

実は、エフォロスたちと衝突して自主亡命したスパルタ人は、パウサニアス一人ではなかったのである。これら亡命スパルタ人には王族出身者が多く、ペルシアに逃れたり、イタリア半島に行ったりした者が多かったが、エフォロスたちは、ある意味では「エフォロス」が牛耳るスパルタの体制への反逆者であったこの人々に対して、本国召還令を発したり、刺客《しかく》を送って暗殺させたりしたことは一例もない。スパルタを出てしまえば、無害な存在と見なしたからだろう。

しかし、パウサニアスは、「プラタイアの英雄」であった。それゆえ、国を出た後も、「エフォロス」たちの眼には、有害な存在に映ったのだ。つまり、スパルタの明日を担《にな》う青少年たちに、悪影響を与える存在と断じられたのである。

スパルタの「エフォロス」制度の弊害は、猜疑心に使命感がプラスされたところにあったのだから。

忘れてはならないのは、パウサニアスとは、五十パーセントはスパルタ的だが、残りの五十パーセントは非スパルタ的であったということである。

非スパルタ的な戦略を強行したからこそプラタイアではペルシア軍を壊滅できたのだが、戦闘に勝つということが男子一生の目的であるのを何よりも重要視していたという点で、すこぶるスパルタ的であったのだった。

そして、責任を一身で負う総司令官になったこともなく、一兵卒の経験しかない「エフォロス」たちに、自分を裁く資格はない、とも思っていた。

しかも、六年前の裁判では、無罪放免になっている。ゆえにその年の召還命令も、前回のくり返しになると思っていたのではないか。だが、この年の「エフォロス」の五人は、初めに罪ありき、で固まっていた。そして、物的証拠まで、用意していたのである。

パウサニアスの罪状とされた事柄は、次の二つに要約可能だ。

曰く、ペルシア王クセルクセスとの間で手紙を交換し、ペルシアの軍事力を使って
ギリシアを征服しようとした罪。

曰く、そのための手段の一つとして、スパルタ国内のヘロットを扇動して、反スパルタに蜂起《ほうき》させようと謀《はか》った罪。

ところが、ペルシア王に向けて書かれたとされた手紙の発信地は、ビザンティオンなのである。そのビザンティオンにはパウサニアスは、攻略後まもなく退去させられていたのだから、前四七七年のこととなり、七年前の話になる。

ここまでならば前回の裁判の訴因と大差ないが、今回の新味は、ヘロットたちを反乱に向けて扇動した、という点にあった。こうなるともはや国家反逆罪となり、それに対する裁判は長老会議を離れ、五人のエフォロスに帰すことになる。

それで、「物的証拠」とされた手紙だが、これを歴史家ツキディデスは、信頼する

に足る、史実であったとして紹介している。

「スパルタの司令官パウサニアスより、ペルシア王クセルクセスへ、わたしは胸中に、あなたが喜ばれるであろう考えを持っている。あなたの娘を妻に迎えたい。その代わりにわたしからは、スパルタと他のギリシア全土が献上されることになるだろう。具体的な実現方法については、あなたからの忠告や助言どおりにしたいと思っている。

もしもこのわたしの申し出にあなたが興味を示されるならば、仲介役として信頼する人物を送っていただきたいと願う」

クセルクセスは、この手紙を読んで喜んだ。早速、ビザンティオンにパウサニアスを訪ねるようサルディスの長官アルタバゾスに命じ、王からの手紙を手渡すようにとも命じた。

ペルシア王の家臣は、パウサニアスに会って、王の手紙を渡した。

「王よりパウサニアスへ、

あなたの申し出には、全面的に賛成だ。夜であろうと昼であろうと、あなたが約束したことの実現を妨害しないで欲しいと思うくらいである。

金銀の出費がいかほどになろうとも、強力な軍勢を編成するためならば障害にはならない。アルタバゾスを、活用されるよう。有能であり、われわれ二人の望みの実現に、大変に役立つ人物である」

これが、ペルシアと通じギリシアを裏切ったことを実証する、「物的証拠」とされたのである。

この物的証拠をスパルタにいる「エフォロス」五人がなぜ入手できたかだが、パウサニアスの親しい友人のアルジリオスという名の男が、手紙を読んだところ怖《おそ》ろしくなり、「エフォロス」に届け出たからであるという。

スパルタ国内の農奴《ヘロット》たちを反乱に扉動したとされる証拠のほうは、存在したのかしないのかも不明で、少なくともツキディデスはふれていない。

それにしても、歴史家ツキディデスの権威は絶大であった、と言うしかなかった。

これが「偽物《にせもの》」であると実証されるまでに、実に二千三百年もの歳月を要したのだから。

その間ずっと、古代のギリシア人やローマ人に留まらず、中世から近世から近代までのヨーロッパ人までが、パウサニアスは優れた武将ではあったが憎むべき裏切者でもあった、と信じて疑わないできたのである。

二十世紀に入ってドイツの学者たちからあがった偽物説だが、偽物とするのには何も特別な学識は必要ではないとさえ思う。

第一に、ペルシア相手の攻防戦が終了したばかりのビザンティオンの街に、ペルシア側の高官がノコノコ入ってこれるわけがない。

第二に、パウサニアスがビザンティオンの攻略に成功した年には、ペルシア王クセルクセスはすでに首都のスーザにもどっている。

中東にあるスーザと、小アジアの西部に位置しアルタバゾスが統治するサルディスの間には、王道と呼ばれた舗装道路が通っていたが、これを踏破するには、少なくとも二ヵ月はかかるといわれていた。

もしもパウサニアスがペルシア王に手紙を送っていたとしたら、まずはビザンティオンからサルディスへ、次いではサルディスからスーザまで、手紙を託された人物は旅しなければならないことになる。

そして、その手紙を読んだペルシア王が、サルディスにいるアルタバゾスに命じてビザンティオンに持って行かせたというのならば、パウサニアスの書いた手紙とそれへの王からの返書の往復だけでも、優に六ヵ月はかかってしまうことになる。攻略成功後まもなくスパルタに呼びもどされたパウサニアスには、これほどの時間的余裕があったはずはなかった。

二十世紀に入ってドイツの学者たちが火を点《つ》けたことから始まった偽物説も、要旨はこの線に沿っている。そしてこれを契機に、ヨーロッパでは俄然《がぜん》、パウサニアス冤《えん》罪《ざい》説が巻き起り、今ではそのほうが真相とされているのだ。

それにしても、ヘロドトスでも幾分かの疑いは抱きながら記述しているのに、ヘロドトスよりは実証的な歴史書を書くと自負していたツキディデスが、幾分かの疑いさえも抱かなかったのはなぜだろう。

ツキディデスは、パウサニアスが好きではなかったのだ。

パウサニアスに関してとなると、巷《ちまた》の噂《うわさ》話というより中傷としたほうがよいエピソードまで、ほとんど丸飲みという感じで紹介している。

ツキディデスの著作『戦史』は、ペルシアとギリシアの間の戦役ではなく、その後しばらくして起る、アテネとスパルタの間で闘われた戦役を書いている。アテネ人であるツキディデスにとって、パウサニアスは、一時代前の主役であったとはいえ、今では敵国になったスパルタの人間であった。

そのパウサニアスによるプラタイアの勝利も、その重要性は認めながらも、アテネ人ツキディデスにとっては、敵国スパルタの人間の成した偉業、であったのだ。

歴史家は公平な立場に立って叙述すべきであり、登場人物の好き嫌いなどはしてはならない、と言う歴史学者は多い。

だが、まずもってそれでは、人間の行為の集積である歴史が、生彩を欠くものになってしまう。

あの歴史家は誰が好みで誰が嫌いとわかるほうが、書く側の立場を明確にすることになるから、読む側にとっても役に立つと思うのだ。

いずれにせよ、ツキディデスのおかげで、パウサニアスは、スパルタの「エフォロス」にとってだけでなく、その後も長く、「裏切者」と断罪されてしまったのであった。

それゆえか、ここまでに登場した人々の肖像は紹介できても、彼の肖像だけは紹介できない。一つも遺《のこ》っていないからである。

古代のギリシア人の肖像が現代にまで遺ることができたのは、古代のローマ人が数かぎりとなく模作させたからである。ギリシアを尊敬していたローマ人は、公共の図書館であろうと自宅の書斎であろうと、ギリシアの偉人たちの肖像を置くのを好んだからであった。

パウサニアスの像だけが存在しないのは、あの戦闘巧者のローマ人でさえも、パウサニアスを、「裏切者」としか見ていなかった証しである。

おかげで、ペルシア帝国を完膚なきまでに叩《たた》きのめした「プラタイアの戦闘」への後世の評価までが、「サラミスの海戦」と並ぶものにならなかったのだ。

スパルタが主役の戦闘《バトル》は、レオニダスと三百のスパルタ兵によるテルモピュレーの玉砕だけが、後世に名を遺すことになってしまったのである。

玉砕して敗れるよりも、玉砕しないで勝つほうが、どれほどの難事であるかを考えもせずに。

本国召還の命令に服して帰国したパウサニアスには、六年ぶりに見る祖国を味わう時間も与えられなかった。滞在先の友人の家に五人の「エフォロス」が訪れ、逮捕し連行すると告げたのである。

とっさのこととて動転したのか、着のみ着のままで短剣さえも持たずに裏口から逃げ出した彼は、近くの神殿の内陣に駆けこみ、扉を閉めて立てこもった。

それを見た五人の「エフォロス」は部下たちに命じ、内陣への扉を壁土で塗り固め、天井をおおっている屋根瓦《がわら》まではずさせた。そして、神殿の周囲を完全に立入禁止にしたうえで、待ったのである。

食もなく、水もなく、昼間は太陽が照りつけ、夜は涼しさを越えて寒気が満ちる中で、四十三歳のパウサニアスが何を思っていたのかは、もちろんわかっていない。何日間生きていられたのかも、わかっていない。はずされた屋根瓦のすき間から常に誰かに監視されながら、さして広くもなく神像が立つだけで他には何もない内陣で、「プラタイアの英雄」は、死に向っていたのだった。

この状況下で何日生きていけるかは誰も検証してくれないので、知人の日本の医学者にたずねたのである。その人の専門は脳神経外科だが、法医学者にも問いただしたうえでという回答を、そのままで紹介したい。

「食物と水の摂取が完全にない場合、人は通常、三から四日で死亡するとされています。最大限の可能性を考えても、一週間生存するのがやっとだと思う。

ただし、食物は不可でも充分な水分摂取が可能な場合、一から二ヵ月程度は生存する可能性はあるようです。

スパルタの戦士が逃げこんだ神殿の状況ですが、食物がないことは確実、一方水分については空から降る雨によって補給が可能となると、どの程度雨が降っていたのか、これが生存期間を決定する要因になると思います。

人は息をしているだけで、一五ml／体重kg／日数（気温二八度以下の条件）の水分が体内から蒸発していきます（不感蒸泄《ふかんじょうせつ》と呼びます）。

体重が八〇キロとすると、一日に一二〇〇㎖の水分が不感蒸泄として体内から失われることになり、太陽が照りつける状況下では、その水分喪失の量はさらに多くなります。

したがって、一日に少なくとも二〇〇〇㎖あるいはそれ以上の水分摂取が生存のためには必須《ひっす》となり、これが担保されないかぎり、上述の一から二ヵ月程度の生存でも不可能になるでしょう。

くり返しますが、空から降る雨によりどの程度の水分摂取が可能であったのかがポイントにはなるものの、地中海性気候などを勘案すると、鍛えぬかれた肉体のスパルタの戦士であったことと、その人が四十代半ばにも達していなかったという条件を差し引いても、逃げこんでから虫の息で引きずり出されるまで、最長一週間程度が限界のように思います」

短剣さえも持っていなかったから、自死することもできなかった。屋根瓦がはずされたということは、この事件が起ったのは、地中海性気候では雨の降る冬から春にかけてではなく、夏であった可能性のほうが高い。

虫の息にしろまだ息があるのに引きずり出されたのは、神域を死場所にされては困るからである。神域の外に引きずり出されてからまもなく、パウサニアスは死んだというのが、「エフォロス」からの発表だった。

同時に、「物的証拠」とされた手紙も公表される。それを示されたパウサニアスが自ら、飢えと渇きによる死を選んだ、というのが、スパルタ側の公式発表であった。

その後、スパルタの「エフォロス」たちは、この一件を、パウサニアスの死によって幕引きにする、と決めたようである。友人たちも近親者も息子も、不問、となった。

息子は順調に成長した後、レオニダスの遺子が王になった次のスパルタの王位に就いている。また、その息子、つまりパウサニアスにとっては孫になる名も同じのパウサニアスは、これより六十年以上も後になるが、スパルタの王位に就任した。

ただし、この人は王になって以後、「エフォロス」制度の改革を試みている。それでも、長年つづいた厚い壁を崩すことはできなかった。

使命感に燃えている人々に、他者の生殺与奪の権利を与えるほど、危険なことはないのである。

キリスト教を知らなかった古代人に、無実の男女を大量に火あぶりにしたヨーロッパ中世の異端裁判官の怖ろしさは、無縁であったろう。だから彼らの歴史叙述に、「エフォロス」の弊害についての切実さが欠けているのも、しかたがないことなのかもしれない。

スパルタの「エフォロス」たちはパウサニアスを死に追いやった後で、関係者たちへの追及はしないと決めたのだが、それはスパルタ人にかぎっての処置、と考えていたようである。

スパルタからアテネに特使が派遣され、正式に申し入れが成された。

パウサニアスがスパルタ国内のヘロット（農奴《のうど》）たちを扇動して反政府運動に起《た》たせようとしていたことを、隣国のアルゴスにいるテミストクレスが知らないはずはなく、それを調査し、そのうえでの裁判にかけてもらいたい、という申し入れである。

テミストクレスを陶片追放にした後のアテネ政府は、キモンを表面には立てているものの、アリステイデスがにぎっていた。

市民の支持がいまだに強いテミストクレスの排除を、陶片追放にしたくらいでは不充分と思っていたアリステイデスである。スパルタからの申し入れを、好機と見た。実際にはどう動いたのかは不明だが、アテネ政府は、アルゴスにいるテミストクレスに対して、即時の帰国を命じた。スパルタからの申し入れを受けての尋問とそれに基づいての裁判が、出頭命令の理由であった。

スパルタと国境を接するアルゴスにいたテミストクレスは、パウサニアスの最期《さいご》は知っていただろう。また、パウサニアスの罪状とされていたことにも、通じていたにちがいない。なにしろ、「エフォロス」たちは、パウサニアスの死の直後に、それらすべてを公表していたのだから。

そしてテミストクレスは、帰還命令を送ってきたアテネの現政府が、いまだに自分への対抗意識を捨てないでいるらしい、アリステイデスの手中にあることも知っていた。

テミストクレスは、出頭命令には応じない、と決めたのである。

とたんにアテネ政府からもスパルタ政府からも、逮捕命令が発せられ、それを実行するための部隊が、アテネからもスパルタからも、アルゴスに向った。

五十四歳になっていたテミストクレスは、国外追放だけでなく、「国際指名手配」にもされてしまったのである。

それでも逃げると決めた彼に、誰かが船を提供した。ペロポネソス半島を大きくまわってイオニア海に入り、そこを北上してコルフ島に逃げたのである。

コルフ島では、上は王から下は普通の島民までが、この逃亡者を喜んで迎え入れた。サラミスの英雄を、彼らは忘れてはいなかったのだ。

だが、しばらくすると、このコルフにも、アテネとスパルタからの使節が到着した。テミストクレスの身柄引き渡しを要求し、それに応じない場合は、この両国は海軍による攻撃さえも辞さない、と伝えたのである。

アテネとスパルタに攻められては、コルフ島とてたまったものではない。困惑する王を見て、テミストクレスは、自分が去ると告げた。

コルフの王は、そのテミストクレスが望むままに、ギリシア本土に渡るための船を用意する。だが、それだけでなく、充分すぎるほどの額の金貨も贈った。

陶片追放されただけならば、資産の所有は保証され、追放先への送金も認められているのだが、国際指名手配になっては、国内にある資産すべてが没収されてしまう。海外資産には縁のなかったらしいテミストクレスには、逃避行のための資金は、誰かに助けてもらうしかなかった。

コルフ島からは、すぐ近くにあるエピュロスへ渡る。この地の王も彼を温かく迎えてくれたのだが、しばらくするとそこも、アテネとスパルタに気づかれてしまった。それで、マケドニア王国に逃げたのである。マケドニアでも王から居住先を提供されたりしていたのだが、またもこの地からも去らねばならなくなった。

テミストクレスの逃避行を後世のわれわれでもたどることができるのは、逃避先が判明するたびに、アテネとスパルタからは、逮捕の一隊が派遣されたからである。

しかし、五十四歳から結局は六十歳の年までつづく逃避行であったにかかわらず、決死の逃避行とか、孤独な逃避行とかは、何ともそぐわない。

どこに行ってもこの人は、常に誰か、助けの手を差しのべてくれる人に不自由しないのだ。それも、やむをえずとか、いやいやながら、でもなく、誰もが、助けてあげられること自体が喜びだ、とでもいう感じで。逃避行ではなく、冒険行と名づけたほうが、適切ではないかと思うほどである。

とは言っても、アテネとスパルタに気づかれないための注意は忘れるわけにはいかなかったから、愉快なだけの歳月ではなかったことはもちろんであった。アテネ市民の海外資産が集中していたトラキア地方には、一度たりとも足を向けていない。

そのうえ、注意しなければならなかったのは、賞金稼ぎに対してでもあった。サラミスの海戦直後にペルシア王クセルクセスは、テミストクレスの首に、二百タレントの懸賞金をかけていたのである。二百タレントとは天文学的な額で、しかもそれには、生死にかかわらず、という一項までがついていた。

ギリシア第一の有名人であった時代のテミストクレスならば、賞金稼ぎに注意する必要はなかったかもしれない。だが今では、国際指名手配中の身。この意味でも、冒険行ではあったのだった。

これに嫌気がさしたのか、逃避行も二年が過ぎた頃になって、テミストクレスは、アテネ政府からすれば、絶対にあの地にだけは足を向けない、と思ったにちがいない地への上陸を敢行したのである。

その地とは、イオニア地方でも重要な都市の一つとして知られるエフェソスで、すぐ近くには、アテネ海軍が基地にしていたサモス島があった。

つまり、ミカーレの岬を中にしたエフェソス、サモス、ミレトスの一帯は、アテネ人がウヨウヨしている一帯なのだ。その一つを逃避先にするなど、アテネ政府は考えてもみなかったのだろう。だが、テミストクレスは、考えたのであった。

以前は私も、海に面している街エフェソスから、眼の前の海をサモス島に向うアテネの軍船団を見ながら、テミストクレスはどのような想《おも》いにひたっていたのだろうか、などと考えていたが、今ではそのような感傷は抱かない。

アテネ海軍は、テミストクレスが創造したようなものである。

海軍関係者は、そのことを忘れていない。

そして、アテネの海軍は、以後はしばしば本国政府に必ずしも従順でなくなるが、それは彼らに、都市国家アテネの安全保障は海軍にかかっているという、強い自負があるからだった。

その自負心を与えたのが、サラミスで大勝した、テミストクレスであったのだ。エフェソスに逃げてきているテミストクレスに対して、サモス島の基地からは近いゆえにエフェソスには頻繁に訪れたにちがいない海軍関係者からの、秘《ひそ》かな援助が絶えなかったのではないかとさえ思う。

なにしろ、エフェソスにいるテミストクレスを、アテネ政府は、四年もの長きにわたって気づかなかったのだから。

その間テミストクレスは、これまたアテネの友人たちの助けによって一緒になれた家族とともに、エフェソスの有力者の一人が提供してくれた屋敷で悠然と暮らしていたのである。

しかし、悠然たる暮らしばかりだと、退屈してしまうのもテミストクレスなのだ。屋敷の持主は、ギリシア人でありながらもペルシア社会とも関係の深い人物で、その人との話の中でテミストクレスは、ペルシアでは、前年に死んだクセルクセスの後に、新しい王が即位したことを知ったのである。

六十歳になっていたにもかかわらず、テミストクレスは、最後の勝負に打って出ると決める。その人に、王位に就いたばかりの新王に会わせてくれるよう頼んだのである。

手広く交易業を営んでいたらしいその人物は、ペルシア宮廷に手をまわした結果、王との会見をセットするのに成功した。

どこで会ったのかは、わかっていない。どこにせよ、二人は面と向って会ったのである。通訳を務めたのはおそらく、会見をセッティングした当の人であったろう。

六十歳のアテネ人は、三十一歳のペルシア王に向って言った。

「わたしの名はテミストクレス、このわたしほど、あなたの父上に打撃を与えた者もいない。だが、このわたしは今、あなたの前に来ている」

ペルシア帝国のトップになったばかりの三十一歳は、その日は口もきけなかったという。

彼は、王の次男に生れていた。長男は首都に残したクセルクセスも、次男以下の息子たちは、ギリシア征服行に同行させていたのだった。

それで、今では亡《な》き父に代わって王位に就いているアルタ・クセルクセスも、十六年前に闘われたサラミスの海戦を、崖《がけ》の上から観戦する父王のかたわらで、彼も観戦していたのである。

それは、若き王にとって、忘れることのできない「十五歳の秋の一日」であった。あの日、ペルシア海軍を完膚なきまでに打ち砕き、その全容を眼下に観《み》る羽目になってしまった父王を、絶望に突き落とした当の人が、今、眼の前にいるのだった。口もきけなかったのも、わかる気がする。

翌日に再び会うことにして、別れたのだが、その夜、王の寝所からはしばらくの間、奇声が聴こえていたという。

私の想像ならば、次のようになる。

三十一歳の若き王は、一人だけになった寝所で、王の威厳をあらわす衣装を次々と脱ぎ捨てながら、わきあがってくる高揚感を押さえきれずに部屋中を踊りまわる。

「テミストクレスが来ちゃった、ランランラン。

来ちゃった、来ちゃった、ランランラン」

翌日の再会では、話は初めからおかしな方向にそれたのだった。

若き王は、眼の前にいるテミストクレスに、あなたには二百タレントもの懸賞金がかけられているのだが、あなたが自ら出頭してきた以上、その賞金はあなたに与えられるべきではないか、などと言い出したからである。

テミストクレスは、カネの件はさらりとかわし、代わりにこう言った。

わたしがここに来たのは、あなたに保護を願うためである。あなたが王であるペルシアのために仕事をしたいと思っているが、それには一年間の猶予《ゆうよ》が欲しい。一年の間にペルシア語を習得し、何をやれるかを考えてみたい。

ペルシア王は、即座に承諾した。それも、OKしただけでなく、テミストクレスを、マグネシアの街とさらにもう二つの地方の長官に任命したのである。この三つからの収入を、生活費用にどうぞ、というわけだった。

そのための地としてマグネシアを選んだのが、なぜであったかはわかっていない。わかってはいないのだが、絶妙な選択ではあった。

まずもって、若きペルシア王には、テミストクレスに対して、個人的には恨みを持つ理由がなかった。

テミストクレスによってギリシア征服の野望を打ち砕かれた父王が、その後に人格破綻《はたん》を起し、あげくは家臣に暗殺され、しかもその後を継いで王になるはずだった兄までが殺されていなければ、若き王はペルシアの王位には登れなかったのである。長子継承が当然とされてきたペルシアで、長子に生れなかった彼が王になれたのも、糸をたぐれば、「サラミスの海戦」に行き着くのであった。

しかし、ティグリスとユーフラテスの大河が流れる中東だけでなく、中近東もエジプトも小アジアの大部分までも領有していたペルシア帝国である。そのトップになったアルタ・クセルクセスにとって、単なる「御礼」であったら、広大な帝国のどこにでも贈与できる街はあった。それをわざわざ、小アジアの西の端に位置するマグネシアを与えたのはなぜか。

私の想像するには、ギリシア侵攻を企てながら敗退したペルシアの、今では王になっている彼にとって、ただ単に、「窮鳥懐《ふとこ》ろに入れば狩人これを哀れむ」だけでは済まなかったからだと思う。

ペルシアを敗退に追いこんだギリシア軍の主力は、アテネとスパルタであった。この二国に対しては、少しばかりにしても意地悪はする必要がある、と考えたのではないか。

それで、アテネとスパルタが追いまわしているテミストクレスを、わざとマグネシアの統治者にしたのではないだろうか。

マグネシアは、エフェソスから三十キロ、サモス島からは六十キロ、ミレトスからも四十キロという、イオニア地方の主要都市のいずれからも近い距離にある。

もちろん、これらの都市はすべて、サラミスの海戦後にペルシアの支配を脱し、今ではアテネが主導する「デロス同盟」の参加国になっていた。

この、今や完全にギリシア世界にもどっているイオニア地方にこうも近い距離にありながら、マグネシアを始めとするテミストクレスに与えた地方は、ペルシア帝国の領土内にある。

ということは、ペロポネソス半島の外には関心の薄いスパルタは措《お》くとしても、今やエーゲ海は自分たちの海、と思っているアテネでも、容易には手は出せない、ということになる。それに、アテネの司令官《ストラテゴス》の誰に、テミストクレスが迎え撃つとわかっている地に、攻め込む勇気のある者がいようか。

国際指名手配も及ばない土地を贈与されたテミストクレスだが、イオニア地方とは境を接しているマグネシアに移り住んだからには、ギリシア人との交流も完全に自由になった。アテネに住む友人たちも、正々堂々と訪れてくるようになる。

また、マグネシアと他の二つの地方は、テミストクレスに、アテネの大金持並みの年収を保証していたのである。

懐ろに入ってきた窮鳥を、哀れと思ったのかどうかは知らない。だが、三十一歳のペルシア王は、六十歳になっていたテミストクレスに、相当に親切な配慮で対したことは確かであった。

若きペルシア王は、最初の一年さえも待てなかったようである。テミストクレスを、狩りに誘った。

狩りへの同行を許すということは、武器の携帯を認めるということでもある。

その一年が過ぎた後も、ペルシア王からの狩りへの誘いはつづいた。そのたびに若き王は、テミストクレスに、ありとあらゆる相談を持ちかけ、テミストクレスはそれに、適切と考えた解決策を示したり、忠告や助言を与えることで応じたという。スーザにあるペルシア宮廷では、そのテミストクレスを、「王に最も影響力をもつギリシア人」と呼んでいた。

それでいてペルシア王は、テミストクレスに、何かをせよという、具体的な命令を与えたことは一度としてなかった。若き王にとっては、テミストクレスが自分の側にいてくれるだけで充分であったのかもしれない。少なくとも、この名将が率いるアテネ海軍に、攻めて来られる心配だけはなかったのだから。

マグネシアと他の二つの地方の統治など、テミストクレスにとっては、朝飯前のことであったろう。組織を整備し、その各所に適切な人物を配し、大もとだけはコントロールしていればよいのだから、海軍を機能させるよりも、格段に容易だった。

領民たちは、この外国人の統治者の善政に感謝感激し、彼が死んだときにはマグネシアの街の中央広場に壮麗な墓所を建てただけでなく、遺族たちには年収を送りつづけたというのだから、テミストクレスは、知事としても有能であったことになる。

だが、このテミストクレスに、いつかはペルシア王が、対ギリシア侵攻軍の総指揮を命じてくるという、心配はなかったのであろうか。

なかった、と私は思う。

ペルシア王アルタ・クセルクセスは、初めは祖父ダリウスが、次いでは父のクセルクセスが、ギリシアへの侵攻を企てては大敗を喫し、撤退せざるをえなかった事実を知っていた。ギリシアに手を出すたびに、大火傷《やけど》を負った事実を忘れていなかったのである。

それによる打撃は、ギリシア軍との戦闘による兵力の損失だけでは済まなかった。

広大な帝国の各地方での反乱を呼び起し、祖父も父もその鎮圧に苦労したのだ。父に至っては、家臣に暗殺されたことで、敗北は王の権威の失墜につながるという、好例まで示したのだった。

この父を見て育ったアルタ・クセルクセスが、ギリシアにだけは手を出さない、と心に決めていたとしても当然である。帝国の最高統治者としても、理に適《かな》っていた。

その想いを胸中に秘める若き王を、狩りをともにしながらテミストクレスは観察し、ペルシアとギリシアの間にはもはや大規模な戦争は起らない、という想いを強くしたのではないか、と思う。

この時期のアテネは、キモンという戦闘巧者を得て、ペルシア相手に相当に攻撃的に出ていたのだが、それに対してもペルシア側は、大規模な反撃に出ていない。

また、前四四九年になると、アテネとペルシアの間で講和が成立することになる。アテネ側の調印者の名をとって、「カリアスの講和」と呼ばれるものだが、これはもはや、相互不可侵条約であった。

テミストクレスは、すでにこの十年前に死んでいる。だが、講和には、既成事実を確認し合う、という役割もある。

そして、この講和をペルシア側で望んだのは、四十六歳になっていたアルタ・クセルクセスであり、その実現にアテネ側で積極的に動いたのは、テミストクレスの考えを受け継ぎさらにそれを強化しつつあった、同じく四十六歳のペリクレスであった。

テミストクレスよりは三十歳は若かったペルシア人とアテネ人が、ペルシアとアテネの間の平和を確認し合ったのである。

ある種の人間には、肉体的には死んでも、このような「生き方」があるのかと思ってしまう。

紀元前四五九年、テミストクレスは、マグネシアの自宅で、波瀾万丈《はらんばんじょう》と言うしかない、六十五年の生涯を終えた。

歴史家ツキディデスはその死が、ペルシア王からアテネを攻めよと命じられて自ら毒をあおって死んだ、とする説は排し、病による死であった、と明言している。

私も同感だ。ただし、単なる「病死」ではなく、「カントリー・ジェントルマンの日常に飽き飽きした末の病死」としたい感じだ。追われているのでもなく、生活費に不自由するわけでもないカントリー・ジェントルマンの生活は、五年に及んでいたのであった。

最後に、生れたのはテミストクレスが死ぬ一年前、という歴史家ツキディデスによるテミストクレス評を、要約するのではなく、内容を順に追っていく形で紹介したい。

「テミストクレスの存在そのものが、感嘆しないではいられないくらいの驚異であった。

中でもとくに、必要となるや必ず発揮された、たぐいまれなる信念の強さ。

これまた、機に応じて提示された、天才的と言ってもよい独創性。

彼の知力たるや、機敏でいてしなやかで、学問で得た知識からも、経験で得た蓄積からも自由であり、

その洞察力は鋭くかつ深く、一見しただけで状況を完璧《かんぺき》に把握し、狡猾《こうかつ》と言っても

よいやり方でも迷わずに実行に移すことによって、今現在のみでなく、将来的にも有効な解決策を講ずることができたのである。

彼が自ら関与していた場合は、実行に移されるあらゆる行為の意味するところを正確に知っていたし、それを他の人々にも明快に説き明かす能力も持っていた。

彼自身では関与していなかった場合でも、彼の下す状況への判断とそれへの対応策が、誤ったことはなかった。

とりわけ優れていたのは、他の人が想像もしない前にすでに、将来起りうる事態での利益と不利益の双方を、正確に見透していた先見性である。

彼の洞察力は、今現在に留まらず、遠い将来までも見透す力までも持っていたのだった。

テミストクレスとは、強靭《きょうじん》な天賦《てんぷ》の才に恵まれた人物であった、と言うしかなく、集中力や瞬発力では他に類を見ない力を発揮し、障害に突き当ったときには瞬時に解決策を見出《みいだ》す才能だけでも、まことに驚異的とするしかない人物であった」

一世代後のアテネ人にはこうも評されることになるテミストクレスだが、永眠の地となると、いかに立派な墓は建ててくれてもやはり祖国を選んだ。

彼の遺言に忠実に、遺骨は、友人たちが秘かにアテネに持ち帰り、秘かに埋葬された。

国際指名手配はそのままであったので、都市国家アテネは、たとえ骨になろうとも犯罪人の帰国を許してはいなかったからである。

ただし、アテネ政府は、知ってはいても知らないフリはした。

歴史家ツキディデスは、テミストクレスへの評価とその死を述べた後で、次のように書いてこの時代を終えている。

「こうして、スパルタの人パウサニアスもアテネの人テミストクレスも、それぞれの生涯を終えた。

だが二人とも、彼らが活躍した時代に留まらずその後のギリシアにも、輝かしい栄光をもたらした点では共通していた」

人間とは、偉大なことでもやれる一方で、どうしようもない愚かなこともやってしまう生き物なのである。

このやっかいな生き物である人間を、理性に目覚めさせようとして生れたのが「哲学」だ。

反対に、人間の賢さも愚かさもひっくるめて、そのすべてを書いていくのが「歴史」である。

この二つが、ギリシア人の創造になったのも、偶然ではないのであった。

（第1巻・終）

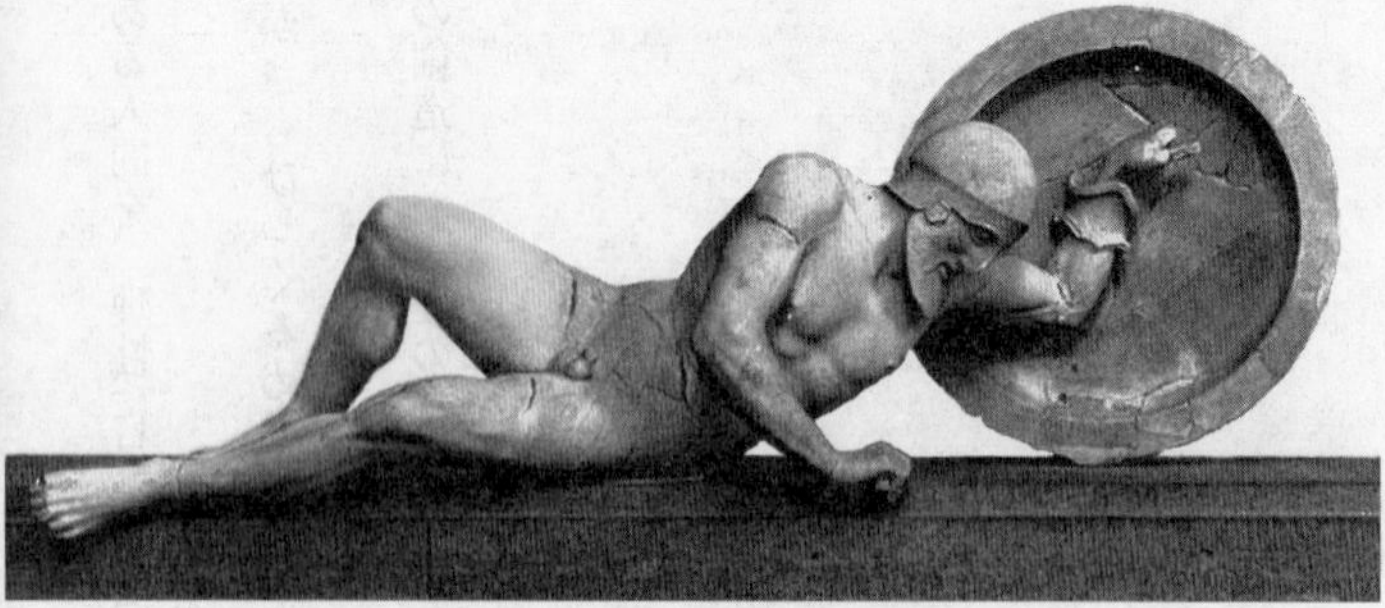

年代（紀元前）	ギリシア世界	その他の世界
八世紀頃	ギリシア各地に都市国家（ポリス）成立 ギリシア人の植民活動が活発化。第一次はイオニア地方、南イタリア、シチリア地方などに、第二次は北部ギリシア、黒海南辺へと植民した この頃、エーゲ海、「ギリシア人の海」となる この頃、ホメロスの叙事詩『イーリアス』『オデュッセイア』が成立	
七七六年	オリンピアの「聖なる森」で第一回オリンピック競技会が開催される	
八世紀末	この頃、スパルタでリクルゴスによる「憲法」が制定され、身分制度や政体が整備されていく	
五九四年	アテネでソロンによる改革が始まる（貴族政から民主政へ）。債務による奴隷化の禁止、平価切り下げによる経済の活性化、資力による市民の権利と義務制度が確立する	（五九五、五八六年）バビロニアのネブカドネザルによる「バビロン捕囚」（イェルサレム陥落）
五八〇年	ソロン、自主亡命ののち、アテネに帰還する。この頃、アテネ市民の間で抗争が激化する	
五七八年頃	ソロン、親族の一人であるペイシストラトスとともにサラミスの領有に乗り出す	

五七〇年	サラミス、アテネ領に。ペイシストラトスが「サラミスの英雄」として市民の支持を集めるも、一方で反ペイシストラトス勢力も強まる ペイシストラトス、北ギリシアに撤退。トラキアで鉱山の開拓に着手し、鉱山業者として富を集める。近接するマケドニアの王やナクソス領有を狙うリグダミスらと接点をもつ	
五四六年	ペイシストラトスによるクーデターが起こる。軍を率いてマラトンの平原近くに上陸。アテネ軍も応戦するも、撤退。ペイシストラトス、アテネに無血入城 ペイシストラトスによる統治と改革が始まる。古典ギリシアのはじまり。農地改革、商工業・海外交易の奨励、独立通貨ドラクマの鋳造など。ほか、ペイシストラトスの治世下で、優れた絵の施された壺製造が盛んになり、ホメロスの『イーリアス』や『オデュッセイア』が定本化される ペイシストラトスによる安定した統治下で強力化するアテネに対し、スパルタが警戒心を強め、「ペロポネソス同盟」が結成される	（五三九年）アケメネス朝ペルシアのキュロス大王がバビロニアを征服。中東全域がペルシア下となる
五二七年	ペイシストラトスが死去（七十三歳）。子のヒッピアスとヒッパルコスが後を継ぐ。この頃、亡命していた名門アルクメオニデスの領袖クレイステネスがアテネに帰還	（五三八年）キュロス、ユダヤ人のイェルサレム帰還を許可
五二五年	クレイステネス、内閣（アルコン）に選出される（四十歳）	ペルシア、エジプトを征服

五一九年	テーベ、近隣のプラタイアに侵攻。プラタイアはスパルタに援助を求めるも、スパルタはアテネが援軍を派遣すべきと主張 ヒッピアス、プラタイアへ軍を派遣。テーベとの初戦に勝利をおさめる テーベ、領内のボイオティア地方南部をペイシストラトスの後継者一派と対立するアルクメオニデス一門に割譲 ペイシストラトスの盟友だったナクソスのリグダミスが死去	（五二二年）ペルシアでダリウス一世が即位 この頃、ダリウスが小アジア西岸部に近いサルディスを領有。スーザからサルディスまで「王の道」を通す
五一四年	この頃、クレイステネスが再度の亡命 ヒッパルコスが殺害される 前線基地としたボイオティア地方へ戻ったクレイステネス、一族を率いアテネ国境を目指して進軍を開始 この頃、クレイステネスが自費でデルフォイの神殿を再建。スパルタの好感を得る	
五一一年	クレイステネスとスパルタの間に共闘関係が成立。	
五一〇年	春、スパルタ軍がアッティカ地方へ上陸するも、テッサリアの騎兵軍に敗れる スパルタ王クレオメイネス、重装歩兵を率いてアテネに進軍。アテネ軍とテッサリア騎兵軍を破る ヒッピアス、降伏して北部ギリシアへ向かう。ペイシストラトス体制の終焉	

五〇八年	クレオメイネス、民主政アテネへの警戒から親スパルタのアテネ人イサゴラスをアルコンに据え、イサゴラス政権樹立を目指すも、市民の反対を前に挫折。イサゴラスは逮捕時に逃亡し、クレオメイネスもアテネ進出を放棄 クレイステネスがアテネに復帰。治世が始まり改革に着手。はじめて一般市民の国政参加を認める。また勢力圏を各地域ごとに十の区に分け、それぞれを行政区（トリブス）とし、各行政区をデモスに統合 アルコンとは別に十人のストラテゴスを設置し、軍事・行政機能を移管し、五百人委員会（ブレ）を設置。また、国政の最高議決機関を「市民集会」とする。陶片追放を制度として導入	
四九四年	ギリシアからの植民者の多いイオニア地方のミレトスがペルシア王ダリウス一世に屈服。エフェソスやハリカルナッソスなどとともにペルシアの支配下に 続いてエーゲ海のレスボス、キオス、サモスなどの島々もペルシア支配下に ミレトスから援軍要請が来るも、スパルタは拒否。アテネはわずかなガレー船を派遣するに留まる	ダリウス、「王の道」をエフェソスまで延長し、イオニア地方への侵攻を続ける
四九二年	クレイステネス死去（七十三歳） 名門の出でトラキア東部地方の長官であったミリティアデス、ペルシア軍の侵攻をうけてアテネへ帰還	

四九一年	ミリティアデス、翌年担当のストラテゴスに選出される ペルシア軍、前線基地としていたサモス島から西に進軍開始。サルディスの長官アルタフェルネス率いる一万の第一軍と、ペルシアの将軍ダティス率いる一万五千の第二軍に分けて進軍 アテネ、スパルタに参戦を打診。プラタイアが参戦を表明 ペルシア軍、ナクソスを領有 秋、ペルシア軍、エウボエア島のエレトリア近くの浜に上陸。エレトリアを降し、エウボエア島で冬営	ペルシア、ギリシア本土へ向けて進軍開始
四九〇年	第一次ペルシア戦役が本格的に始まる 春、ペルシアの第二軍（一万五千）がマラトンの平原へ向けて進軍を開始 ギリシア軍（アテネ軍九千とプラタイア軍一千）、マラトンへ向かう 夏、両軍がマラトンの平原で衝突（「マラトンの会戦」）。指揮官ミリティアデスの作戦が奏功し、ギリシア軍が大勝。スパルタ軍は一日遅れて戦場に到着した。ペルシアの第一軍は戦場に現れず、退却した	
四八九年	ミリティアデス、ペルシア支配下のパロス島攻略に向け進軍 八月、パロス攻防戦。ミリティアデス、脚部に重傷を負う 秋、攻防の決着がつかず、ギリシア軍が撤退を開始 帰還したミリティアデス、対立勢力に告発され、有罪判決が下された後、脚部の負傷がもとで死去（六十一歳）	マラトンの戦いに敗れたペルシアに対し、支配下となっていたエジプトやバビロニアをはじめとした属州で反乱が続く

四八八年	ミリティアデスとともに対ペルシア強硬派だったテミストクレスと、アリステイデス、クサンティッポス、メガクレス、ヒッパルコスら穏健派との対立が深刻化	
四八七年	テミストクレス、陶片追放でヒッパルコスを追放	
四八六年	テミストクレス、同様にメガクレスを追放 テミストクレス、性能を強化した軍船の新造を進める	ダリウスが死去。クセルクセスがペルシア王に即位
四八五年	テミストクレス、ペルシアに降った海軍国アエギーナに対抗するために、さらなる軍船の新造を提案するも、スパルタへの配慮を主張した穏健派に阻まれる	
四八四年	テミストクレス(四十歳)、陶片追放でクサンティッポスを追放し、続く前四八二年にアリステイデスを追放。二百隻を超える新型軍船の建造が進められる	
四八一年	テミストクレス、政治・軍事を一人の「ストラテゴス・アウトクラトール」(最高司令官)が担うこととし、翌年の最高司令官に自ら就任	クセルクセス率いるペルシア軍がスーザを発つ。冬、サルディスに集結
四八〇年	第二次ペルシア戦役が始まる。ペルシア軍は陸上軍二十万、海上軍八百隻で臨む。対するギリシア軍は陸上軍一万、海上軍三百三十隻足	

らず

春、ダリウスの後継王クセルクセス率いるペルシア軍がサルディスを発ち、ヘレスポントス海峡を渡ってギリシアへ入り、北部ギリシアを南下してアテネを目指す

スパルタ王レオニダス率いる三百のスパルタ兵をはじめとするギリシア軍が、迎撃のため国境地帯のテルモピュレーの峠へと向かう

八月、ペルシア軍がテルモピュレーでギリシア軍を攻撃、「テルモピュレーの戦い」が始まる。スパルタの重装歩兵の敢闘によりペルシア軍二万の兵が戦死、退却

アルテミシオンの岬で両海軍による海戦。テミストクレス、ペルシア船の湾内侵入を防ぎ、敵陸軍との合流を阻止

翌日、ペルシア軍がテルモピュレーで二度目の総攻撃に出るも再び敗退。精鋭の近衛軍団「不死身の男たち」にも多くの戦死者が出る

クセルクセス王の「玉覧」のもと、十八万のペルシア軍が三回目の総攻撃。迎撃するはテーベ兵四百、テスピアイ兵七百、スパルタ兵三百。

ペルシアの猛攻撃によりテーベが降伏。テスピアイ兵が壊滅する。最後まで残った三百のスパルタ兵も命懸けの玉砕を果たし、テルモピュレーの戦いが終結

テミストクレス、アテネ市内の全員を強制疎開させ、連合海軍を率いてサラミス湾へ向かい、ペルシア海軍の総攻撃に備える

クセルクセス、無人のアテネに入城。街と神殿を破壊

九月二十三日、サラミス湾で両海軍が激突。「サラミスの海戦」始ま

	る。ペルシア海上軍九百隻前後に対して、ギリシア海上軍三七五隻 テミストクレス率いるアテネ軍がペルシア海上軍の主力フェニキア軍をサラミス湾内へ誘い込み、新造船の特徴を活かし、勝利 クセルクセス、陸上軍を残し小アジアのサルディスへ撤退 ギリシア軍、イスミアの会談で翌年のミカーレ岬攻撃を決定	
四七九年	八月二十八日、ギリシア軍が中部ギリシアのプラタイア付近の平原でペルシア軍を撃退（「プラタイアの戦闘」）。スパルタの英雄レオニダスの甥パウサニアスが活躍 この頃、ギリシア海上軍がミカーレ岬の海戦に勝利、ペルシア軍の前線基地となっていたサモス島を奪還 十一月、アテネ海上軍がヘレスポントス海峡西岸のセストスをペルシア下から奪還。海峡の舟橋を切断してペルシア陸上軍の侵略路を断つ エーゲ海の島々や北部ギリシアのトラキア、マケドニア、テッサリアがギリシア側に戻る	中国で孔子が死去
四七八年	テミストクレス、アテネの防御のため、外港ピレウスとつなぐ堅固な城壁の建設に着手 パウサニアス、ペルシア下のキプロス島を急襲	
四七七年	パウサニアス、ビザンティオン（のちのコンスタンティノポリス、現イスタンブル）を奪取するも本国スパルタに召還され、独断的な振	

	舞いに戒告を受け、イオニア地方北東のコロナイへ移住。スパルタはパウサニアスに代わる将軍をビザンティオンに送るも、統治には失敗 アテネ、ビザンティオンをはじめエーゲ海から黒海へ至る地方の要地を手中にする エーゲ海の安全保障のため、アテネを中心とした集団防衛システム「デロス同盟」（本部デロス島）が結成される	
四七一年	テミストクレス、対抗馬とされていたキモン（ミリティアデスの子で穏健派）の主張により、陶片追放となる。アテネを離れ、ペロポネソス半島東部のアルゴスへ この頃、パウサニアスがふたたび本国に召還され、有罪逮捕。逃れた教会に監禁され、衰弱死（四十三歳）。しかしパウサニアス有罪の根拠とされた証拠は後代の研究により偽物と実証された この頃、テミストクレスに穏健派のアリステイデスによる追い落としのための本国召還が命じられるも、テミストクレスはこれを無視。外地生活を続け、イオニア地方のエフェソスへ	
四六四年	テミストクレス、ペルシアの新王アルタ・クセルクセスに会う。アルタ・クセルクセスの依頼で小アジア西端のマグネシアほか二都市の長官の任を受け、相談役ともなる	（四六五年）ペルシア王クセルクセスが死去。息子のアルタ・クセルクセスがペルシア王に即位
四五九年	テミストクレス、マグネシアで死去（六十五歳）。アテネの歴史家ツ	

四四九年	キディデスはのちに「こうして、スパルタ人パウサニアスもアテネ人のテミストクレスも、それぞれの生涯を終えた。だが二人とも、彼らが活躍した時代に留まらずその後のギリシアにも、輝かしい栄光をもたらした点では共通していた」と書いた クサンティッポスの子で、アテネの指導者となっていたペリクレス（四十六歳）とアルタ・クセルクセス（四十六歳）の間でアテネ・ペルシアの講和が成立（カリアスの講和）

p. 293　テミストクレスの彫像、ヴァチカン美術館蔵（ヴァチカン)、
© Rijksdienst voor het Cultureel Erfgoed

p. 542　グリュプトテーク、古典古代彫刻館蔵（ミュンヘン）
© Tarker / Bridgeman Images

地図作製：綜合精図研究所（pp.16-17, p.38, p.86, p.103, p.118, p.135, pp.162-3, p.166, p.182, p.201, p.221, p.243, p.253, p.263, p.286, p.326, p.329, p.346, p.425, p.458, p.478, p.495)

参考文献は最終巻巻末に示す。

図版出典一覧

口絵　すべてメトロポリタン美術館蔵（ニューヨーク）
Public Domain from the collection of The Metropolitan Museum of Art (New York).

p. 22　ローマ国立博物館蔵（ローマ）、© Alamy Stock Photos

p. 52右　大英博物館蔵（ロンドン）、© Ancient Art & Architecture Collection Ltd / Alamy Stock Photos

p. 52左　ルーヴル美術館蔵（パリ）、© Bridgeman Images

p. 67　ナポリ考古学博物館蔵（ナポリ）、© Bridgeman Images

p. 97　ヴァチカン美術館蔵（ヴァチカン）、© Bridgeman Images

p. 100　著者所蔵、新潮社写真部撮影

p. 106　オックスフォード大学アシュモレアン博物館蔵（オックスフォード）、© Bridgeman Images

p. 108　ターラント国立考古学博物館蔵（ターラント）、© Alamy Stock Photos

p. 145　米オハイオ州議事堂蔵（コロンバス）、© The Ohio Statehouse

p. 174　ペルシア兵を描いたレリーフ（ペルセポリス）、© Bridgeman Images

p. 177右　カピトリーニ美術館蔵（ローマ）、© AKG/PPS 通信社

p. 177左　ラヴェンナ国立博物館蔵（ラヴェンナ）、© AKG/PPS 通信社

p. 208　クセルクセスを描いたレリーフ（ペルセポリス）、© Heritage Image Partnership Ltd / Alamy Stock Photos

p. 223　画：畠山モグ

p. 224　同上

p. 228　アゴラ博物館蔵（アテネ）、© AKG/PPS 通信社

p. 277　レオニダス像（テルモピュレー）、© Stephen Frink Collection / Alamy Stock Photos

この作品は二〇一五年十二月新潮社より刊行された。

塩野七生著

小説 イタリア・ルネサンス（1〜4）

ヴェネツィアの外交官マルコとローマから来た高級遊女オリンピアの恋の行方は――。塩野七生、唯一の歴史小説。豪華口絵を附す。

塩野七生著

想いの軌跡

地中海の陽光に導かれ、ヨーロッパに渡ってから半世紀――。愛すべき祖国に宛てた手紙ともいうべき珠玉のエッセイ、その集大成。

塩野七生著

十字軍物語（1〜4）

中世ヨーロッパ史最大の事件「十字軍」。それは侵略だったのか、進出だったのか。信仰の「大義」を正面から問う傑作歴史長編。

塩野七生著

皇帝フリードリッヒ二世の生涯（上・下）

法王の権威を恐れず、聖地を手中にし、学芸を愛した――時代を二百年先取りした「はやすぎた男」の生涯を描いた傑作歴史巨編。

塩野七生著

ローマ亡き後の地中海世界
――海賊、そして海軍――（1〜4）

ローマ帝国滅亡後の地中海は、北アフリカの海賊に支配される「パクス」なき世界だった！ 大作『ローマ人の物語』の衝撃的続編。

塩野七生著

ローマ人の物語 1・2
ローマは一日にして成らず（上・下）

なぜかくも壮大な帝国をローマ人だけが築くことができたのか。一千年にわたる古代ローマ興亡の物語、ついに文庫刊行開始！

ギリシア人の物語 I

民主政のはじまり

新潮文庫　し - 12 - 46

令和五年八月一日発行

著者　塩《しお》野《の》七《なな》生《み》

発行者　佐藤隆信

発行所　株式会社 新潮社

郵便番号　一六二―八七一一
東京都新宿区矢来町七一
電話　編集部(〇三)三二六六―五四四〇
　　　読者係(〇三)三二六六―五一一一
https://www.shinchosha.co.jp

価格はカバーに表示してあります。

乱丁・落丁本は、ご面倒ですが小社読者係宛ご送付ください。送料小社負担にてお取替えいたします。

印刷・錦明印刷株式会社　製本・錦明印刷株式会社

ISBN978-4-10-118112-7　C0122